Ser justo en un mundo injusto

Ser justo en un mundo injusto

De la bondad a la grandeza

Ryan Holiday

Traducción de
Ignacio Gómez Calvo

CONECTA

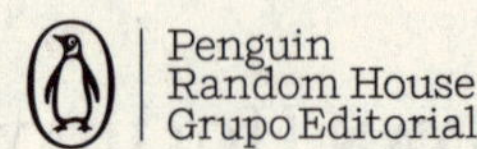

Título original: *Right Thing, Right Now*

Primera edición: octubre de 2024

Impreso en Colombia - *Printed in Colombia*

ISBN: 978-84-17992-88-0

La injusticia también es blasfemia. La naturaleza ha diseñado a los seres racionales para el beneficio mutuo: para que se ayuden unos a otros, según su mérito, sin hacerse daño. Transgredir el deseo de la naturaleza constituye, pues, una blasfemia contra la más antigua de las divinidades.

MARCO AURELIO

Índice

Las cuatro virtudes 13
INTRODUCCIÓN 19

PRIMERA PARTE
El yo (personal)

Estar ante reyes... 29
Cumple tu palabra 51
Di la verdad 56
Asume la responsabilidad 61
Sé tu propio árbitro 67
Bueno, no grande 72
Sé un libro abierto 77
Sé decente 83
Cumple con tu trabajo 89
No te ensucies las manos 97
La integridad lo es todo 103
Desarrolla tu potencial 108

Sé leal 114
Elige una estrella polar 122
Sé justo, ahora 127

SEGUNDA PARTE

El nosotros (sociopolítico)

Tomad la antorcha que os arrojan nuestras manos exangües... 133
Solo tienes que ser amable 154
Mira cómo vive la otra mitad 159
Tienes que ayudar 165
Empieza por algo pequeño 173
Crea alianzas 179
Hazte poderoso 187
Practica el pragmatismo 194
Desarrolla la competencia 202
Da, da, da 209
Cultiva un árbol de entrenamiento 214
Cuida del desfavorecido 220
Causa problemas buenos 226
Sigue intentándolo 232
Algo más grande que nosotros... 238

TERCERA PARTE

El todo (es uno)

Para amar de tal manera el mundo... 243
Escala tu segunda montaña 271

Deja de pedir la tercera satisfacción 276
Dales esperanza 282
Sé un ángel 287
Perdona 292
Repara el daño 297
La gran unidad 303
Expande el círculo 309
Encuentra el bien en todo el mundo 315
Ofrece todo tu fervor 322
El amor vence 327
Crea una cadena de favores 333

EPÍLOGO 339
¿QUÉ LEO AHORA? 355
AGRADECIMIENTOS 357

Las cuatro virtudes

Ha pasado mucho tiempo desde que Hércules llegó a la encrucijada.

En una tranquila intersección en las colinas de Grecia, a la sombra de unos nudosos pinos, el gran héroe de la mitología griega se enfrentó a su destino.

Nadie sabe exactamente dónde ni cuándo ocurrió. Tenemos constancia del momento por las historias de Sócrates. Las más bellas obras de arte del Renacimiento lo plasmaron. Percibimos su energía en ciernes, sus fuertes músculos y su angustia en la clásica cantata de Bach. Si en 1776 John Adams se hubiese salido con la suya, Hércules en la encrucijada habría sido inmortalizado en el sello oficial de los recién fundados Estados Unidos.

Y es que allí, antes de que el héroe adquiriese su fama inmortal, antes de los doce trabajos, antes de que cambiase el mundo, Hércules se enfrentó a una crisis tan transformadora y genuina como la que podríamos haber sufrido cualquiera de nosotros.

¿Adónde se dirigía? ¿Adónde quería ir? Ese es el meollo de la historia. Solo, anónimo, inseguro, Hércules, como muchos otros, no lo sabía.

Donde el camino se bifurcaba se encontró con una diosa que le ofreció todas las tentaciones que pudiera imaginar. Engalanada con ropas elegantes, le prometió una vida desahogada. Le juró que nunca conocería la necesidad ni la desdicha, el miedo ni el dolor. Si la seguía, dijo, todos sus deseos serían satisfechos.

En el otro sendero había una diosa más severa ataviada con una inmaculada túnica blanca. Esa diosa le hizo una invitación más discreta. No le prometió más recompensas que las derivadas de su esfuerzo. La travesía sería larga, dijo. Debería sacrificarse. En algunos momentos tendría miedo. Pero era un viaje para un dios. Lo convertiría en la persona que sus antepasados querían que fuese.

¿Fue un episodio real? ¿Ocurrió de verdad?

Y en caso de que solo sea una leyenda, ¿acaso importa?

Sí, porque es una historia sobre nosotros.

Sobre nuestro dilema. Sobre nuestra encrucijada.

Para Hércules, el dilema consistió en elegir entre el vicio y la virtud, la vía fácil o la difícil, el sendero trillado o el camino menos transitado. Todos nos enfrentamos a esa elección.

Tras vacilar un instante, Hércules escogió la que lo cambiaba todo.

Eligió la virtud.

La palabra «virtud» puede parecer anticuada. Sin embargo, virtud —*areté*— se traduce en algo muy sencillo y eterno: excelencia. Moral. Física. Mental.

Antiguamente, la virtud constaba de cuatro elementos clave:

Coraje.

Templanza.

Justicia.

Sabiduría.

Los «fundamentos de la bondad», los llamó el rey filósofo Marco Aurelio. Millones de personas las conocen como las virtudes cardinales, cuatro ideales casi universales adoptados por el cristianismo y la mayor parte de la filosofía occidental, pero igual de valorados en el budismo, el hinduismo y en casi cualquier filosofía que se te ocurra. Se llaman «cardinales», apuntó C. S. Lewis, no porque procedan de autoridades eclesiásticas, sino porque tienen su origen en el latín *cardo*, «bisagra».

Son elementos fundamentales. Y sobre ellos gira la puerta de la buena vida.

También son el tema de este libro y de esta serie.

Cuatro libros.* Cuatro virtudes.

Un objetivo: ayudarte a elegir...

Coraje, valor, fortaleza, honor, sacrificio...

Templanza, autocontrol, moderación, compostura, equilibrio...

Justicia, imparcialidad, servicio, hermandad, bondad, gentileza...

Sabiduría, conocimiento, educación, verdad, introspección, paz...

* Este es el tercero.

Estos valores son la clave de una vida de honor, de gloria, de excelencia en todos los sentidos. Son rasgos de personalidad que John Steinbeck describió a la perfección como «agradables y deseables para quien los posee y que le hacen realizar actos de los que puede sentirse orgulloso y con los que puede estar contento». Esta descripción es extensible a toda la humanidad. En Roma no existía una versión femenina de la palabra *virtus*. La virtud no era masculina ni femenina, solo era.

Y lo sigue siendo. No importa si eres hombre o mujer. No importa si eres fuerte o muy tímido, si eres un genio o si tienes una inteligencia media. La virtud es un imperativo universal.

Las virtudes están interrelacionadas y son inseparables, aunque se diferencian unas de otras. Hacer lo correcto casi siempre requiere coraje, del mismo modo que la disciplina es imposible sin la sabiduría para saber elegir. ¿De qué sirve el coraje si no se aplica a la justicia? ¿De qué sirve la sabiduría si no nos hace más humildes?

Norte, sur, este, oeste: las cuatro virtudes son una suerte de brújula —por algo las cuatro direcciones de una brújula se llaman «puntos cardinales»—. Nos guían. Nos muestran dónde estamos y qué es verdad.

Aristóteles describió la virtud como una especie de oficio, algo a lo que aspirar, como uno aspira al dominio de una profesión o una habilidad. «Los hombres se convierten en constructores construyendo, y los citaristas, tocando la cítara —escribe—. Pues bien, del mismo modo nos convertimos en personas justas al realizar acciones justas y valientes».

La virtud es algo que hacemos.

Es algo que elegimos.

Y en más de una ocasión, ya que la encrucijada de Hércules no fue un episodio aislado. Es un reto diario al que nos enfrentamos no una sola vez, sino continuamente, en repetidas ocasiones. ¿Seremos egoístas o desinteresados? ¿Valientes o temerosos? ¿Fuertes o débiles? ¿Sabios o tontos? ¿Adquiriremos una buena costumbre o una mala? ¿El coraje o la cobardía? ¿La felicidad de la ignorancia o el reto de una nueva idea?

¿Seguir como siempre... o evolucionar?

¿El camino fácil o el correcto?

Introducción

> La justicia, ese máximo esplendor de la virtud por la cual las personas se ganan el calificativo de buenas.
>
> CICERÓN

La prueba más clara de que la justicia es la más importante de todas las virtudes se desprende de lo que ocurre cuando se elimina. Es increíblemente desolador: la presencia de la injusticia vuelve de inmediato cualquier gesto de virtud —coraje, disciplina, sabiduría—, cualquier habilidad, cualquier logro, inútil... o algo peor.

¿El coraje en pos del mal? ¿Una persona brillante sin moral? ¿La disciplina llevada al punto del egoísmo absoluto? Se puede decir que, si todo el mundo actuase con justicia a todas horas, no necesitaríamos tanto el coraje. Mientras que la discreción modera la valentía y el placer alivia el exceso de autocontrol, los antiguos señalaban que no existe virtud que contrarreste la justicia.

Simplemente es.

Simplemente es el elemento central.

De todas las virtudes. De todos los actos. De nuestra propia vida.

Nada va bien si no hacemos lo que está bien.

Sin embargo, resulta revelador del mundo actual que cuando la gente oye la palabra «justicia», lo primero en lo que piensa no es en la honradez o en el deber, sino en el sistema judicial. Piensa en abogados. Piensa en política. Nos interesa lo que es legal, luchamos por «nuestros derechos» mucho más que por lo que es correcto. Puede que resulte exagerado considerar esto una «crítica» de los valores modernos, pero cuesta verlo como otra cosa.

«La justicia significa mucho más que lo que pasa en los juzgados —recordaba C. S. Lewis a sus radioyentes en una famosa serie de charlas—. Es el nombre antiguo para referirse a todo aquello que ahora denominaríamos "imparcialidad". Incluye la honestidad, la flexibilidad, la sinceridad, el cumplimiento de las promesas y toda esa parte de la vida».

Ideas muy simples pero sin duda muy poco comunes.

Tenemos que entender que la justicia no es algo que se da entre el ciudadano y el Estado sin más. Olvida el proceso legal; ¿qué haces? ¿Atenerte a los precedentes judiciales? La justicia nos mira a la cara. ¿Actuamos de acuerdo con ella? No solo en momentos importantes de responsabilidad, sino también en los cotidianos: cómo tratamos a un extraño, cómo llevamos nuestro negocio, la seriedad con la que aceptamos nuestras obligaciones, la forma en que realizamos nuestro trabajo, el impacto que tenemos en el mundo que nos rodea.

Por supuesto, nos encanta debatir sobre la justicia. ¿Qué es? ¿A quién se la debemos? Desde que somos niños, nada anima más a la gente que una discusión sobre lo que es justo, sobre si a alguien le han estafado o no, sobre si deberían permitirnos hacer algo. Nos encantan las hipótesis engorrosas, debatimos sin parar sobre las engañosas excepciones a las reglas, las consecuencias morales que demuestran que nadie es perfecto.

La filosofía moderna hace ejercicios de contorsionismo en torno a problemas complejos como el denominado dilema del tranvía o la existencia del libre albedrío. Los historiadores debaten sobre lo correcto o lo incorrecto de las decisiones militares, políticas y empresariales que han conformado nuestro mundo, y tan pronto se recrean en las ambigüedades como hacen juicios generalizados donde solo hay blancos y negros acerca de lo infinitamente gris.

Como si esas decisiones morales fuesen claras y sencillas, o como si se tratase de casos únicos y no continuos. Como si nosotros fuésemos los que hacen la pregunta y no la vida la que nos la hace a nosotros.

Mientras tanto, solo en las primeras horas del día, cada persona ha tomado montones de decisiones éticas y morales de no poca importancia, a muchas de las cuales no nos molestamos en dar una décima parte de consideración. Al pensar en lo que podríamos hacer en una improbable situación de mucho riesgo, existe un número infinito de oportunidades de interactuar con esas ideas de forma real en el mundo real. Naturalmente, preferimos la justicia como una abstracción para distraernos de tener que actuar —aunque sea de una forma mejorable— con justicia.

Hasta que dejamos de debatir, no podemos empezar a hacer. Siempre estamos debatiendo para no tener que empezar a hacer.

La justicia como forma de vida

En los libros anteriores de esta serie sobre las virtudes estoicas, definimos el coraje como la disposición a jugarse el pellejo y la autodisciplina como la capacidad de mantener el control. Podemos definir la justicia como el establecimiento de unas «normas clarísimas», como diría el general James Mattis, o el mantenimiento de unos límites. Es decir, el límite entre el bien y el mal, lo correcto y lo incorrecto, lo ético y lo poco ético, lo justo y lo injusto.

Qué harás.

Qué no harás.

Qué debes hacer.

Cómo lo haces.

Para quién lo haces.

Qué estás dispuesto a dar a esa persona.

¿Existe algún grado de relatividad en todo esto? ¿Conlleva a veces soluciones de compromiso? Claro, pero en la práctica en las distintas épocas y culturas, todavía hallamos un grado de atemporalidad y universalidad tranquilizador: un grado de acuerdo extraordinario sobre qué es lo correcto. Como verás, a pesar de las diferencias entre los héroes de este libro —de género y origen, de guerra y paz, los poderosos y los que no tienen poder, los presidentes y los empobrecidos, de activistas a abolicionistas, de diplomáticos a doctores—, todos están alineados de un modo extraordinario en asuntos relacionados con la conciencia y el honor. De hecho, los gustos de los seres humanos han cambiado constantemente a lo largo de los siglos, pero hay un consenso que se mantiene inalterable: admiramos a los que cumplen su palabra; odiamos a los mentirosos y a los tramposos; honramos a aquellos que se sacrifican por el bien común y aborrecemos a aquellos que se hacen famosos o ricos a costa de otros.

Nadie admira el egoísmo. En última instancia, despreciamos el mal, la codicia y la indiferencia.

Los psicólogos tienen motivos para creer que hasta los niños pequeños pueden entender estas ideas, una prueba más de que «el hambre y la sed de justicia» se hallan dentro de nosotros desde nuestra más tierna infancia.

Hacer «lo correcto» es complicado, pero también es muy sencillo.

Todas las tradiciones filosóficas y religiosas —de Confucio al cristianismo, de Platón a Hobbes y Kant— giran en torno a una versión de la regla de oro. En el siglo I a. C., un escéptico preguntó a Hilel, el anciano judío, si podía resumir toda la Torá a la pata coja. En realidad, el rabino logró hacerlo en menos de veinte palabras. «No hagas a tu prójimo lo que no quieres que te hagan a ti —dijo Hilel al hombre—. Todo lo demás es comentario».

Preocúpate por los demás.

Trátalos como deseas que te traten.

No solo cuando te viene bien o cuando comporta reconocimiento, sino en especial cuando no es así.

Incluso cuando no sea retribuido. Incluso cuando te cueste.

«El relato de la verdad es simple, y la justicia no requiere interpretaciones sutiles porque es sublime en sí misma —dijo el dramaturgo Eurípides—. En cambio, el relato injusto, enfermizo de por sí, necesita de enfoques sabios». La justicia se reconoce al verla o, a un nivel más visceral, se siente, sobre todo su ausencia y su contrario.

Un niño llamado Hyman Rickover viajó a Estados Unidos en 1906 huyendo con su familia de los pogromos contra los judíos de Rusia. Ascendió en la Academia Naval de Estados Unidos, donde se imbuyó de las virtudes clásicas. Durante una larga carrera que se extendió a lo largo de los mandatos de trece presidentes —de Woodrow Wilson a Ronald Regan—, Rickover se convirtió poco a poco en uno de los hombres más poderosos del mundo: fue pionero en el uso de barcos y submarinos nucleares, y acabó dirigiendo programas dotados de miles de millones de dólares en maquinaria, decenas de miles de soldados y trabajadores, así como armas de enorme potencial destructivo. A lo largo de seis décadas y varias guerras mundiales, en las que la amenaza de un conflicto nuclear apocalíptico era constante, cuando un solo accidente en una instalación nuclear o a bordo de un barco podría haber tenido consecuencias devastadoras, Rickover llegó a influir en más de una generación de los oficiales más brillantes del mundo.

En ocasiones Rickover decía a esos futuros líderes que una persona debe comportarse como si cargase con el destino del mundo sobre los hombros —una cita de Confucio, en realidad—, y en algunos momentos de su carrera fue casi cierto. Sin embargo, Rickover también fue un ser humano normal y corriente, alguien con genio, con compañeros y subordinados, con esposa, un hijo, padres, vecinos, facturas que pagar y tráfico que sortear. Lo que lo guiaba, el tema del que hablaba en discursos y reuniones, era la importancia de tener un sentido del bien y el mal, un sentido del deber y el honor que guiase a una persona en los innumerables dilemas y decisiones en los que se vería envuelta. «La vida no carece de sentido para el hombre que considera que determinados actos están mal simplemente porque están mal, tanto si infringen la ley como si no —explicó en una ocasión—. Ese tipo de código moral dota a una persona de foco, de una base a partir de la cual comportarse».

Ese tipo de código es la materia de la que trata el presente libro. Aquí no encontrarás complicados legalismos ni ocurrencias ingeniosas. No estudiaremos las raíces biológicas o metafísicas del bien y el mal. Aunque tendremos en cuenta los profundos dilemas morales de la vida, nuestra finalidad será sortearlos —como han tenido que hacer los seres humanos que los han vivido— para no enredarte con abstracciones inútiles. Tampoco hallarás una gran teoría de la ley, ni promesas celestiales o amenazas infernales. La meta de este libro es mucho más simple, mucho más práctica, en la tradición de los hombres de la antigüedad que consideraban la justicia una costumbre o una destreza, una forma de vivir.

Porque eso es lo que debería ser la justicia, no un nombre, sino un verbo.

Algo que hacemos, no algo que conseguimos.

Una forma de excelencia humana.

Una declaración de intenciones.

Una serie de actos.

En un mundo de gran incertidumbre, en un mundo en el que tantas cosas escapan a nuestro control, en el que el mal existe y con frecuencia queda impune, el compromiso de vivir con rectitud es un refugio en medio de la tormenta, una luz en la oscuridad.

A eso es a lo que aspiramos, a fijar el norte en nuestra brújula, la estrella polar de nuestra vida, y dejar que nos guíe y nos oriente, en los buenos y en los malos momentos. Como sucedió con Harry S. Truman y Gandhi, Marco Aurelio y Martin Luther King Jr., Emmeline Pankhurst y Sojourner Truth, Buda y Jesús.

Cuando el almirante Rickover colgaba de golpe el auricular al final de una llamada o ponía fin a una reunión, no se extendía en sus grandes expectativas ni daba instrucciones concretas sobre cómo quería que se hiciese una cosa. Dejaba a sus subordinados con una exhortación que era mucho más elevada y al mismo tiempo de un esclarecedor pragmatismo: «¡Haz lo correcto!».

Acabemos, pues, esta introducción con esa misma orden:

Haz lo correcto.

Hazlo ahora.

Por ti.

Por los demás.

Por el mundo.

Y en estas páginas, abordaremos cómo.

PRIMERA PARTE
El yo (personal)

> La virtud de un hombre no se mide por sus esfuerzos excepcionales, sino por su conducta cotidiana.
>
> BLAISE PASCAL

La búsqueda de justicia no empieza en lugares remotos. Empieza en casa. Empieza por ti. Empieza por la decisión sobre quién vas a ser. Los anticuados valores de integridad personal, honradez, dignidad y honor. Las conductas básicas en las que se manifiestan esos ideales: practicar lo que se dice. Hacer negocios como es debido. Tratar bien a la gente. Los estoicos decían que la tarea principal en la vida es centrarse en lo que controlas. Puede que la injusticia, la arbitrariedad y la crueldad absoluta rijan el mundo, pero está en manos de cada uno de nosotros ser una excepción a esa norma. Ser una persona recta y digna. Independientemente de la ley, independientemente de la cultura, independientemente de lo que podríamos conseguir, tenemos la posibilidad de elegir acatar nuestro propio código: un código riguroso y justo. Quizá algunos lo consideren restrictivo. A nosotros nos parece lo contrario: el código nos libera, nos da sentido y, por encima de todo, deja una huella positiva. Esa buena nueva no se predica con palabras, sino con actos: sabiendo que cada acto es como un faro que horada la oscuridad; cada decisión de hacer lo correcto, un testimonio que nuestros colegas, nuestros hijos y las futuras generaciones podrán oír.

Estar ante reyes...

Tal vez fuera el momento más delicado de la historia del mundo. Un presidente querido por el pueblo yacía en la capilla ardiente. Una guerra proseguía con furia en los dos frentes. En Europa, la masacre continuaba y los campos de concentración seguían alimentando sus terribles hornos y cámaras de gas. En el Pacífico, la larga campaña para conquistar una isla tras otra se prolongaba, acercando cada día que pasaba una temida invasión que haría palidecer el desembarco de Normandía.

Una espantosa era nuclear —envuelta aún en secretismo— acababa de comenzar. Un ajuste de cuentas racial, aplazado cientos de años, avanzaba imparable. Los nubarrones de la guerra fría entre dos grandes potencias victoriosas se cernían en el horizonte.

Allí, con millones de vidas pendiendo de un hilo, con la amenaza de tiempos inciertos y difíciles, un hombre iba a encontrar su momento. ¿A quién habían mandado los dioses? ¿Qué había deparado el destino para semejante prueba?

Un granjero de un pueblecito de Missouri. Un hombre bajo con unas gafas de culo de botella tan gruesas que le hacían los ojos saltones. Un dependiente de una tienda de ropa fracasado que no se había licenciado en la universidad. Un exsenador de uno de los estados más corruptos del país que había se había metido en política porque había fracasado prácticamente en todos los demás proyectos de su vida. Un vicepresidente al que el ya difunto Franklin Roosevelt apenas se había molestado en formar para el puesto.

El momento encontró al hombre: Harry S. Truman.

La sorpresa pronto dio paso al miedo, no solo del pueblo de Estados Unidos y los soldados en el extranjero, sino del propio Truman. «No sé si alguna vez les ha caído encima un montón de heno —declararía el sucesor de Roosevelt a la prensa—, pero cuando me contaron lo que ocurrió ayer, me sentí como si la luna, las estrellas y todos los planetas se me hubieran venido encima». Y cuando Truman preguntó si podía hacer algo por la ex primera dama, la afligida viuda de Roosevelt negó con la cabeza, seria, y contestó: «¿Hay algo que podamos hacer nosotros por usted? Porque ahora es usted el que está en un lío».

Sin embargo, no todos habían perdido la esperanza. «Yo estaba tranquilo —reflexionaría uno de los hombres más poderosos y con más experiencia de Washington—, porque lo conocía. Sabía la clase de hombre que era». Ciertamente, la gente que de verdad conocía a Truman no estaba preocupada en absoluto, porque, como dijo un capataz del ferrocarril que había conocido al futuro presidente cuando el muchacho mantenía a su madre con 35 dólares al mes, Truman era «legal de la cabeza a los pies en todos los aspectos».

Y así empezó lo que podríamos denominar un experimento increíble, en el que una persona aparentemente corriente pasaba a estar no solo en primer plano, sino en una posición de responsabilidad casi sobrehumana. ¿Podía una persona normal triunfar en una empresa tan monumental? ¿Podía no solo mantener su carácter intacto, sino demostrar que el carácter valía algo en el desquiciado mundo moderno?

La respuesta de Harry Truman fue que sí. Por supuesto que sí.

Pero ese experimento no empezó en Washington. Ni en 1945. Había empezado muchos años antes, cuando estudiaba la virtud y el ejemplo de un hombre del que ya hemos hablado en esta serie de libros. «Su verdadero nombre era Marco Aurelio Antonino —recordaría Truman más adelante—, y fue uno de los grandes». No sabemos quién dio a conocer a Marco Aurelio a Truman, pero sí sabemos lo que Marco Antonio dio a conocer a Truman. «Él escribió en sus *Meditaciones* que las cuatro mayores virtudes son la moderación, la sabiduría, la justicia y la fortaleza —explicó Truman sobre la cosmovisión que adoptó del emperador—, y si un hombre consigue cultivarlas, no necesita más para llevar una vida feliz y llena de éxitos».

Sería gracias a esa filosofía, y las enseñanzas de sus padres, como desarrolló Truman una suerte de código de conducta personal. Uno de acuerdo con el cual vivió de manera indefectible en los buenos y los malos momentos. «Si no es decoroso, no lo hagas —subrayó Truman en su gastado ejemplar de las *Meditaciones*—; si no es verdad, no lo digas [...]. En primer lugar, intenta no hacer nada irreflexivamente o sin propósito, sin relacionarlo con algo; en segundo lugar, procura que tus actos comporten un bien social».

Truman era puntual. Era sincero. Trabajaba mucho. No engañaba a su esposa. Pagaba los impuestos. Le desagradaban la atención y la ostentación. Era educado. Cumplía su palabra. Ayudaba a sus vecinos. Era respetado en todo el mundo. «Desde la infancia, sentado en la falda de mi madre —relató el presidente—, he creído en el honor, la ética y la vida recta como una recompensa en sí misma».

Era una suerte que lo considerase una recompensa en sí misma, porque durante bastantes años no obtendría mucho más que eso.

Después del instituto, Truman probaría suerte como mozo en la oficina de clasificación de correspondencia del *Kansas City Star*, como cronometrador de la Compañía Ferroviaria de Santa Fe, como cajero de banco y de una tienda y como granjero. Fue rechazado primero en West Point por problemas de visión, y luego —repetidas veces, de hecho— por el amor de su vida, Bess Wallace, cuya familia no lo consideraba lo bastante bueno para ella.

De modo que siguió bregando, sobreviviendo... a duras penas. Esperando una oportunidad de demostrar su valía.

La primera le llegó exactamente veintisiete años antes de entrar en la Casa Blanca, cuando viajó por primera vez fuera del país y aterrizó en la ciudad de Brest, Francia, como miembro de las Fuerzas Expedicionarias de Estados Unidos y capitán de la batería D, una unidad de artillería. La lista de los motivos plausibles de exención de Truman de la Primera Guerra Mundial es larga. Tenía treinta y tres años, muy por encima de la edad de reclutamiento. Ya había prestado servicio en la Guardia Nacional. Tenía una vista pésima. Y como granjero y único sostén de su hermana y su madre, nadie esperaba que se alistase. Sin embargo, le parecía inconcebible que otra persona sirviese en su lugar. Espoleado por el llamamiento de Woodrow Wilson para salvar el mundo en defensa de la democracia —a trabajar por un «fin social», como le habían enseñado los estoicos—, se alistó y partió.

Fue allí, de repente, cuando su estricto código de conducta personal se manifestó por primera vez ante otras personas.

«Ya sabéis que la justicia es un tirano horrible», escribió Truman en una carta a casa, en la que reflexionaba sobre la disciplina que tenía que aplicar a sus hombres, infligiendo castigos severos pero justos a los transgresores. Sin embargo, también era el tipo de líder que se arriesgaba a que lo sometieran a un consejo de guerra por concederles una noche de descanso extra en pleno conflicto, y que, muchos años más tarde, continuaba frecuentando negocios regentados por hombres de la batería D para ayudarlos a mantenerse a flote.

Tras la guerra, Truman abrió una tienda de ropa que tuvo éxito el tiempo justo para darle esperanzas, para hacerle sentir que su mala suerte se había terminado. Pronto se convertiría en otro fracaso empresarial y le dejaría deudas que sentiría tal obligación moral de saldar que quince años después todavía las arrastraba (y pagaba con intereses), ya en plena carrera política.

De hecho, fueron esas deudas las que lo obligaron a meterse en la política. «Tengo que comer», fueron sus palabras cuando acudió con humildad a un compañero del ejército, Jim Pendergast, sobrino del todopoderoso cacique de Kansas City. Tom Pendergast, que controlaba todos los cargos y ayudas del estado, fue benévolo con el amigo de su querido sobrino y le permitió presentarse como candidato a juez del condado de Jackson en 1922.

Si uno tuviese que escribir la historia de fondo de un político corrupto, la vida real de Truman despertaría la simpatía del público más cínico. Había sido un hombre bueno. Había servido a su país. Había visto cómo su padre hacía sus pinitos en la política local como supervisor de carreteras en Grandview, Missouri, en 1912, un puesto en el que la corrupción no solo era común, sino también aceptada: prácticamente formaba parte del proceso político. Y sin embargo, a pesar de estar sin blanca, el padre de Harry resistió la tentación de engañar a sus vecinos y llenarse los bolsillos. El trabajo debilitó a su padre, y dos años más tarde moriría dejando solo deudas a la familia, una tradición que Harry parecía predispuesto a continuar.

Allí estaba Harry, sin dinero y desesperado por un trabajo, introducido en la política por uno de los caciques más corruptos y ricos del país, en una situación parecida a la que había vivido su padre. ¡Era su oportunidad de ganar dinero! De demostrar a su esposa que era alguien especial. De hacerse un sitio en el mundo.

En cambio, demostraría ser, en palabras de Pendergast, «la mula más condenadamente terca del mundo». Empeñado en construir un palacio de justicia para el condado, Truman recorrió cientos de kilómetros en coche pagando los gastos de su propio bolsillo en busca de edificios y arquitectos. Cuando la construcción empezó, iba a la obra a diario y supervisaba los progresos, negándose a permitir robos, estafas o trabajos deficientes. «Me enseñaron que el desembolso de dinero público se hace por el bien público —explicó—, y no he cambiado de opinión al respecto. Nadie ha recibido nunca dinero público del que yo haya sido responsable a menos que haya prestado un servicio honrado a cambio de él». Los contratistas del aparato político enviados a Truman se sorprendían de que quisiese comparar ofertas y de que no prefiriese los negocios de siempre a empresas más eficientes de fuera del estado. «Conseguiréis contratos gracias a mí —dijo— cuando me hagáis la oferta más baja». Más adelante calculó que podría haber robado hasta 1,5 millones de dólares al condado durante su etapa en el cargo.

En cambio, le ahorró una cantidad muy superior.

«El 30 de abril de 1929, tras repartir algo más de 6 millones de dólares en concesiones para la construcción de carreteras —escribió su biógrafo David McCullough—, Harry fue condenado por impago a abonar 8.944,78 dólares por las viejas deudas contraídas con la tienda de ropa. Entretanto, su madre se había visto obligada a hipotecar la granja de nuevo. No obstante, cuando una de las nuevas carreteras que él gestionaba ocupó casi media hectárea de la propiedad de ella, consideró que debía negarle el desembolso que concedía el condado por una cuestión de principios, habida cuenta del cargo que ostentaba».

«Parece que en el condado de Jackson se enriqueció todo el mundo menos yo —escribió Truman a su esposa Bess—. Me alegro de poder dormir con la conciencia tranquila, aunque a ti y a Margie os resulte duro que sea tan pobre». Confesaría a su hija que había fracasado en el plano económico, pero le diría con orgullo que había intentado dejarle «algo que (como dice el señor Shakespeare) no se puede robar: una reputación honorable y un buen nombre».

Resultó que fue esa frustrante y obstinada exigencia lo que acabaría impulsando la carrera de Truman más allá del ámbito local, «ascendiéndolo de una patada», por así decirlo, al escaño en el Senado por Missouri. Sin duda no estaría de más contar con un hombre en Washington, pero en general Pendergast, que había tenido la prudencia de no pedirle nunca a Truman que hiciese algo inmoral, prefería a alguien más convencional —más receptivo— en el puesto.

Por supuesto, la gente de Washington no lo veía así. Los colegas que no despreciaban a Truman por pueblerino se referían a él como el «senador de Pendergast», dando por supuesto que estaba comprado. Lo único que Truman pudo hacer fue volver a Marco Aurelio, en concreto a un pasaje que había marcado con la nota «¡Cierto! ¡Cierto! ¡Cierto!».

> Cuando los hombres te vituperen, apela a sus almas, ahonda en ellas y observa quiénes son. Descubrirás que no hay motivo para preocuparte por lo que esos hombres opinen de ti. No obstante, debes mostrarles benevolencia, pues son, por naturaleza, tus amigos.

Truman trabajó arduamente en la oscuridad como senador, pero no consiguió impresionar al público hasta 1941, cuando su subcomisión de Movilización de Guerra empezó a investigar contratos firmados en tiempos de guerra. De repente, las experiencias con la tentación y la corrupción municipal le resultaron muy útiles: sabía cómo funcionaba el sistema, dónde estarían enterrados los cadáveres. Y habiendo visto el escrutinio hipócrita al que los políticos y la prensa habían sometido el dinero del New Deal destinado a ayudar a los pobres y los desesperados, Truman no pensaba «tolerar» el derroche que esos mismos grupos estaban dispuestos a aceptar cuando los beneficiarios eran contratistas de defensa.

Según un perfil publicado en la revista *Time* en 1943, lo que se dio en llamar la «comisión Truman» haría pasar «vergüenza a miembros del gabinete, jefes de organismos de guerra, generales, almirantes, grandes empresarios, pequeños empresarios y dirigentes sindicales». La iniciativa acabaría ahorrando a los contribuyentes de Estados Unidos alrededor de 1.500 millones de dólares y mandaría a la cárcel a funcionarios corruptos, incluidos dos oficiales de brigada.

«Espero labrarme una reputación como senador —había escrito Truman a su esposa—, aunque, si vivo lo suficiente, los éxitos económicos quedarán en segundo plano. Pero tendrás que soportar mucho si lo consigo, porque no pienso aceptar el tráfico de influencias y estoy totalmente dispuesto a que echen pestes sobre mí si tengo razón».*

En la actualidad, con nuestras numerosas (aunque insuficientes) leyes de financiación electoral, algo así puede parecer poco importante. El hecho de que la corrupción resulte a todas luces inaceptable y vergonzosa hace que sea fácil pasar por alto lo extraordinaria y solitaria que fue la honrada vida política de Truman: una cosa es intentar no mancharte las manos y otra muy distinta conseguirlo en una guarida de ladrones.

Tal vez no veas qué tiene de importante que un presidente insista en pagar el franqueo de las cartas que manda a su hermana —«Porque eran personales. No había nada oficial en ellas»—, pero esa es la cuestión. O eres la clase de persona que establece límites éticos como ese o no lo eres. O respetas el código o no lo respetas.

¿Fue esa sinceridad y la buena voluntad que engendraba lo que convenció a Franklin Delano Roosevelt de elegir a Truman

* Mientras tanto, en medio de la campaña de Truman de 1940, la granja de su madre se subastó en la escalinata del palacio de justicia.

como compañero de lista? ¿O lo escogió porque no suponía una gran amenaza? Lo único que sabemos es que, en abril de 1945, Roosevelt sucumbió a una hemorragia cerebral mientras descansaba en Warm Springs, Georgia, y de pronto el hombre corriente pasó a ser presidente.

Aunque hasta ese momento ni el atractivo del dinero ni las tentaciones de la fama habían hecho mella en su carácter, alguien podría haber pensado que el poder absoluto acabaría lográndolo. Pero eso tampoco afectó a la disciplina de Truman. Antes de asumir el cargo, era un hombre puntual. Se lo habían inculcado a una edad temprana, desde que iba a la escuela, cuando el reglamento dictaba que los alumnos debían «ser puntuales y constantes en la asistencia, obedientes de espíritu, pulcros en los actos, diligentes en el estudio, amables y respetuosos en el comportamiento». Y una vez que era presidente, aunque todos habrían esperado por él sin rechistar, seguía pareciéndole impensable llegar tarde. «Cuando se iba a comer —explicó uno de sus secretarios—, si dejaba dicho que volvería a las 14 horas, volvía sin falta no a las 14.05 ni a la 13.15, sino a las 14.00».

Había cuatro relojes en el escritorio del Despacho Oval, más otros dos en la estancia y uno en su muñeca. Hasta su andar, que había adquirido en el ejército, era como un reloj: siempre 120 pasos por minuto. Los conserjes de los hoteles y los periodistas podían poner sus relojes en hora atendiendo a la rutina diaria de Truman. «Oh, saldrá del ascensor a las 7.29», decían cuando visitaba Nueva York.

¡Y así era! ¡Sin falta!

Poco después de asumir el cargo, Truman mantuvo lo que a él le pareció una conversación corriente con Harry Hopkins, uno de los ayudantes y confidentes de Roosevelt más longevos, a quien había enviado en una misión urgente a Rusia. «Tengo una gran deuda con usted por lo que ha hecho —le dijo Truman—, y quiero darle las gracias». Hopkins se quedó pasmado y, al salir del despacho, dijo al secretario de prensa: «Acaba de pasarme algo que no me había pasado en la vida... El presidente me ha dado las gracias».

Truman era la clase de hombre que cuando operaron a la hija de un miembro del gabinete mientras su padre estaba en el extranjero por cuestiones de Estado, llamó al emisario para ponerlo al corriente de su estado desde el hospital; que después de un diálogo sucinto con un universitario en California, pidió al chico que le escribiese y solicitó al decano que lo mantuviese informado de las notas del muchacho; que, en medio del bloqueo de Berlín, enviaría un mensaje de pésame desde la Casa Blanca cuando el hijo de un veterano de la batería D falleció en un accidente de tráfico; y que, por último, haría llorar al expresidente Hoover invitándolo a la Casa Blanca tras doce años en el exilio.* Pero la primera vez que el público tuvo ocasión de atisbar ese afecto personal y esa empatía se produjo solo seis días después de que tomase juramento, cuando Truman asistió al funeral de Tom Pendergast, considerado *persona non grata* tras haber sido condenado a la cárcel y haber caído en desgracia. «¿Qué clase de hombre no iría al entierro de su amigo por miedo a que lo criticasen?», preguntó Truman.

* Asignó a Hoover la misión de enviar comida y provisiones a Europa, que había sido la especialidad de Hoover después de la Primera Guerra Mundial y durante la gran inundación del Mississippi de 1927.

Hace falta ser un tipo de persona especial para tener la capacidad de preocuparse por los demás en lo que sin duda fue el periodo más estresante de su vida y muy posiblemente uno de los más estresantes para todos los seres humanos del momento. En un espacio de treinta días, los soviéticos intervendrían en Polonia y entrarían en la guerra contra Japón, mientras se formaba la ONU para impedir futuras guerras y el primer cargamento de uranio estaba en camino para ser usado con fines militares.

«Es un hombre de una enorme determinación —diría Winston Churchill de Truman poco después de conocerlo—. No se fija en si el terreno es resbaladizo, se limita a plantar el pie con firmeza». Menos mal, porque durante los siguientes meses se producirían la crisis económica de Europa, el bloqueo de Berlín y la puesta en práctica de la doctrina Truman.

La más importante de sus decisiones en ese periodo fue, cómo no, el lanzamiento de las bombas atómicas de Hiroshima y Nagasaki. Esa decisión es objeto de encendido debate en la actualidad y lo fue justo después del lanzamiento, pero un hecho que suele pasarse por alto es el escaso debate que generó antes. Pocos meses antes de las primeras explosiones de la era nuclear, Truman ni siquiera sabía que la bomba existía. Fue un proyecto militar y una decisión de carácter principalmente militar, como más tarde pondría de manifiesto un general que describió a Truman como un «niño en un tobogán que nunca tuvo la oportunidad de decir que sí. Lo único que podía decir era que no». En realidad, fue algo más complicado, como el propio Truman observó el día de las primeras pruebas, lamentando un mundo en el que «las máquinas llevan una ventaja de varios siglos a la moral», y deseando un futuro en el que algo así no existiese.

Sin embargo, en su presente, libró batalla contra un enemigo implacable y de una maldad casi incomprensible. El 30 de julio de 1945, el USS Indianapolis, el barco que solo cuatro días antes había llevado a la isla de Tinián los materiales para montar la primera bomba nuclear, fue hundido por un submarino japonés. Más de mil hombres murieron, muchos devorados por tiburones mientras flotaban en el océano.

Sabemos que Truman optó por no decir que no, y que durante el resto de su vida creyó que había sido la decisión correcta, que como presidente elegido por millones de madres y padres, su deber era proteger la vida de los estadounidenses por encima de cualquier otra consideración. Sin embargo, después de los daños causados el 6 y el 9 de agosto, las repercusiones de esa decisión se pusieron plenamente de relieve. La incineración de más de doscientos mil japoneses es una tragedia que quedará grabada para siempre en la historia de la humanidad, pero una de sus consecuencias más decisivas fue la convicción posterior de Truman en que un poder tan horrible no podía dejarse bajo ningún concepto en manos de oficiales militares. Pisando con firmeza en terreno resbaladizo, impuso el control civil de las armas nucleares, donde ha permanecido —por suerte—, garantizando que no volviesen a usarse.

En la actualidad es casi un lugar común de las historias de liderazgo decir que Truman tenía un pequeño letrero sobre su escritorio en la Casa Blanca en el que ponía: «Yo soy el responsable». La anécdota es cierta y expresa la actitud del presidente, que consistía no solo en tomar decisiones difíciles, sino en asumir la responsabilidad de estas. Es menos conocido otro letrero más ilustrativo del presidente, uno cuyo mensaje muchos más lectores actuales podrían seguir. «¡Haz siempre lo correcto! —rezaba, citando a Mark Twain—. Complacerás a algunos y asombrarás al resto».

¿Fue lícito el uso de armas nucleares? Sigue siendo objeto de debate. Por otra parte, nadie pone en duda el plan Marshall. Con la rendición de Alemania en 1945, los problemas de Europa no se terminaron ni mucho menos. Los seis años de guerra habían causado estragos tanto en el continente como en Gran Bretaña. Unos cuarenta millones de personas se habían visto desplazadas. Una generación de niños quedó huérfana. En todo el continente había gente sin trabajo, sin calefacción y sin comida. Si la guerra había sido un desastre humanitario que había matado a millones de personas, el sufrimiento previsto para después habría sido incomprensible.

Decididos a hacer algo, Truman y sus asesores acordaron el rescate económico de un hemisferio entero. El presidente comunicó al Congreso que necesitaría 1.500 o 1.600 millones de dólares para donar a los necesitados. Cuando Sam Rayburn, el presidente de la Cámara de los Representantes, se opuso, Truman le recordó que era cerca de la misma cantidad que la comisión Truman había ahorrado al país unos años antes. «Ahora vamos a necesitar ese dinero —le dijo—, y podríamos salvar el mundo con él».

Si el plan fue obra de Truman, ¿por qué no se le puso su nombre? Uno de los motivos es la visión política. Otro, la humildad típica del Medio Oeste. «General, quiero que el plan pase a la historia con su nombre —dijo Truman al general George Marshall, el famosísimo artífice de la campaña de guerra de los aliados, a quien conocía desde que había servido como soldado en la Primera Guerra Mundial—. Y no me lleve la contraria. He tomado la decisión, y recuerde que soy su comandante en jefe». Y de esa forma, lo que el historiador Arthur Toynbee denominaría el «logro insigne de nuestro tiempo» —la entrega de miles de millones de dólares a países asolados y devastados por la guerra y, en algunos casos, a antiguos enemigos— se remató con un sencillo acto de humildad, la cesión del mérito a otra persona.

Ha habido muchos líderes con una gran integridad personal que se caracterizaron por un historial pésimo en materia de derechos humanos. La trágica ironía de la cruzada de Estados Unidos tanto en Europa como en el Pacífico —luchando contra el fascismo y el genocidio, y por la democracia y la ley— es lo imperfecta que era su unión en el propio país. Truman se había criado en un antiguo estado esclavista, a solo una generación de la esclavitud, y conservó hasta bien entrada la edad adulta gran parte del repulsivo bagaje racial que acompaña esa educación. Sus abuelos por ambas partes poseían esclavos. Sus padres recordaban la guerra de Secesión de forma tan vívida —o tan incorrecta— que la madre de Truman se negaba a dormir en el Dormitorio Lincoln cuando visitaba a su hijo en la Casa Blanca.

Así pues, tenemos a un hombre criado por racistas para ser un racista, quien se había planteado a la ligera unirse al Ku Klux Klan en 1922 como si fuese uno de los numerosos clubes sociales de los que era miembro, que se transformó en el hombre que eliminó la segregación en las fuerzas armadas en 1948 (una de las pocas cosas que el presidente podía hacer de manera unilateral). Luego ese mismo hombre prohibió la discriminación en el gobierno federal, en una maniobra que puso miles de empleos a disposición de los estadounidenses independientemente de su raza, su religión o su nacionalidad. Fue Truman quien celebró el primer mitin político sin segregación racial en el estado de Texas en 1948, y luego se convirtió en el primer presidente que pronunció un discurso ante la Asociación Nacional para el Progreso de las Personas de Color, hablando en las escaleras del monumento a Lincoln. Pero años antes, en Sedalia, Missouri, fue Truman quien sostuvo la mirada a sus vecinos y familiares y los retó en relación con el tema de la raza. «Creo en la hermandad del hombre —les dijo—, no solo en la hermandad de los hombres blancos, sino en la hermandad de todos los hombres ante la ley. Creo en la Constitución y en la Declaración de Independencia. Concediendo a los negros los derechos que les corresponden, solo estamos actuando de acuerdo con nuestros ideales de lo que es una auténtica democracia».

Podría haber hecho más —todo el mundo podría haberlo hecho—, pero sus asesores calificaron sus actos prácticamente de «suicidio político». En 1948 vio a qué se referían cuando muchos estados del Sur abandonaron la Convención Nacional Demócrata celebrada en Filadelfia debido a las políticas de Truman en materia de derechos civiles. Perdió apoyo, reconoció, pero contestó con valentía: «Siempre puede seguirse sin el apoyo de gente así».

¿Por qué se embarcó en esa empresa? Porque creía en la Constitución y en la Declaración de Independencia, sin duda. En su discurso en el monumento a Lincoln, se adelantó unos dieciséis años al famoso sueño de Martin Luther King Jr. diciendo «cuando digo todos los estadounidenses, me refiero a todos los estadounidenses». Pero sobre todo se debió a la noticia del horrible linchamiento de un veterano de la Segunda Guerra Mundial negro en Monroe, Georgia, alentado de manera explícita por la política local. Fueron la crueldad y la violencia absolutas del incidente las que desencantaron a Truman de las ilusiones de su infancia. Atentaban contra su sentido de la decencia y la humanidad más elemental. «¡Dios mío!», exclamó cuando le contaron la forma en que el sargento uniformado Isaac Woodard Jr. había sido expulsado de un autobús en Carolina del Sur y posteriormente apalizado y dejado ciego de los dos ojos por un jefe de policía local. «No tenía ni idea de que fuese tan terrible —declaró—. ¡Tenemos que hacer algo!».

Y lo hizo.

La Comisión Presidencial sobre Derechos Civiles que creó poco después cambiaría de un modo considerable el panorama de la justicia en Estados Unidos, iniciando una transformación que no solo se había aplazado demasiado, sino que el propio Truman había desatendido. «El maravilloso progreso de aquellos años —observó el asesor de la Casa Blanca— fue la capacidad de Harry Truman para evolucionar».

En 1950 se enteró de que la familia del sargento John Rice tenía problemas para enterrar a su hijo en cualquiera de los cementerios de Sioux City, Iowa. Rice, un héroe de guerra de la contienda del Pacífico, había muerto en combate en Corea, poco antes del desembarco en Incheon. Daba la casualidad de que era un nativo americano que respondía al nombre de Andando por el Cielo Azul. Truman, indignado ante aquella injusticia, allanó el camino para que Rice recibiese sepultura en el cementerio de Arlington con honores militares y para que trasladasen a su familia en avión. «El presidente considera que el reconocimiento del sacrificio patriótico no debe estar limitado por la raza, el color o el credo», decía el comunicado oficial.

Harry Truman tenía pocos rasgos que recordasen a Franklin Roosevelt o Abraham Lincoln. Dio pocos discursos destacados; nadie lo consideraba un gran hombre de la historia. Era bajo. No era apuesto. No rezumaba elegancia ni poder ni habilidades sociales. Sus decisiones no eran producto de una ideología cohesiva. No se basaban tanto en una gran visión del futuro como en algo mucho más simple y más accesible, algo más humano, también: lo que nuestra conciencia y nuestro amor propio exigen que ofrezcamos a los demás, la forma en que tratamos a los demás.

Truman no era perfecto y, como todos los hombres, era producto de su época, circunstancia que demuestra el desalentador hecho de que se aferrase a prejuicios y convenciones durante más tiempo del debido. Aun así, debería servirnos de inspiración la reflexión del mayordomo de la Casa Blanca, Alonzo Fields, un hombre negro que sirvió durante los mandatos de cuatro presidentes a lo largo de cuatro décadas, que dijo que Truman fue la única persona poderosa que conoció que «se tomó el tiempo de entenderlo como persona».

¿Cuántos políticos son honrados? ¿Cuántos son buenos? ¿Cuántos viven de acuerdo con un código? ¿Cuántas personas anteponen a los demás? «He leído en repetidas ocasiones que fue un hombre normal y corriente —declaró Dean Acheson, el aristocrático secretario de Estado formado en algunas de las mejores universidades de Estados Unidos—. Signifique lo que signifique..., yo lo considero uno de los seres humanos más extraordinarios que han existido jamás».

Y así lo demuestra la persona que era Truman tras abandonar el cargo. Al decidir no postularse para un tercer mandato (un precedente dinamitado por Roosevelt), Truman se enfrentó a la realidad de tener que entregar el puesto a Dwight D. Eisenhower, un hombre al que había admirado durante mucho tiempo, pero a quien había visto convertirse en un adversario político bastante ingrato.*

Después de una amarga campaña en la que ambos se atacaron en el plano personal, el día de la investidura presidencial fue tenso. Eisenhower había ganado las elecciones por una mayoría abrumadora, pero no se sentía especialmente magnánimo. Rechazó una invitación de Truman a tomar café en la Casa Blanca, tratando de obligar a Truman a que lo recogiese en su hotel. Eisenhower accedió de mala gana a visitar al presidente en funciones —como dictaba la costumbre—, pero se quedó esperando en el coche de manera que forzó a Truman a ir a por él, cosa que este hizo sin problemas.

Allí, en las escaleras del Capitolio, a Eisenhower le sorprendió descubrir que su hijo, que entonces prestaba servicio en el ejército en el extranjero, había asistido al acto. «Me pregunto quién es el responsable de que mi hijo John haya venido de Corea a Washington —quiso saber Eisenhower—. Me pregunto quién quiere hacerme pasar vergüenza». Truman, que había planeado discretamente la sorpresa para su entonces rival, solo pudo

* Truman destruyó personalmente las pruebas de que Eisenhower había engañado a su esposa durante la guerra, pues consideró que no eran de la incumbencia de nadie, y, según algunas versiones, se ofreció a no presentarse como candidato a la reelección si Eisenhower tenía interés en la presidencia.

contestar: «El presidente de Estados Unidos ordenó que su hijo presenciara la investidura de su padre. Si considera que alguien quería hacerle pasar vergüenza con esa orden, entonces el presidente asume toda la responsabilidad». Unos días más tarde, Eisenhower envió una carta a Truman en la que le daba las gracias por su «consideración al mandar a mi hijo a casa desde Corea [...] y en especial por no permitir que ni él ni yo supiéramos que lo había hecho usted». Y, para devolverle la gentileza, no le dirigió la palabra durante otros seis años.

Cuando se marchó de Washington, y tuvo que parar con el coche en los semáforos en rojo por primera vez en casi una década, Truman regresó a Independence, Missouri. Los periodistas le preguntarían qué hizo su primer día fuera del cargo. «Subí las maletas al desván», contestó él, que retomó sin dificultad la vida que llevaba y la persona que era antes de convertirse en presidente: es decir, una persona normal. Poco después, lo vieron al lado de la carretera porque se había apeado del coche para ayudar a un granjero a sacar los cerdos de la calzada.

Como a muchos expresidentes, a Truman le llovieron las ofertas lucrativas: trabajos en los que no tenía que hacer nada y que por fin le habrían proporcionado seguridad y riqueza. Los rechazó todos. «Prefiero morir en el hospicio a hacer algo así», declaró. De hecho, el país llegó a temer que se diese el caso y tuvo que crear, sin duda para el bochorno del beneficiario, la primera pensión presidencial.

Durante su mandato, Truman dijo en varias ocasiones al conceder la Medalla de Honor del Congreso que habría preferido tener esa medalla a ser presidente de Estados Unidos. Sin embargo, a los ochenta y siete años, rechazó de manera preventiva el galardón del Congreso. «No considero que haya hecho nada que merezca un premio, ya sea del Congreso o de otra institución —escribió—. Eso no significa que no valore las amables palabras que se me han dirigido y la propuesta de ofrecerme el premio».

Creía que la Medalla de Honor se concedía al heroísmo en combate y que las reglas no estaban para adaptarlas a su favor. Ni siquiera para lograr lo que más deseaba en el mundo.

Así era aquel hombre.

Ese es el ejemplo que debemos tratar de seguir.

Aunque muy poca gente coincida con nosotros. Aunque no sea precisamente recompensado.

Debemos comprender que la justicia no es una cosa que exigimos a otras personas, sino algo que nos exigimos a nosotros mismos. No es algo de lo que hablamos, es una forma de vida. Tampoco debe ser siempre algo cósmico y abstracto. Puede ser práctico, accesible y personal. De hecho, ¿qué mejor sitio para empezar hay?

La justicia puede ser...

... los valores a los que nos aferramos.

... la forma en que tratamos a la gente.

... las promesas que cumplimos.

... la integridad que concedemos a nuestras palabras.

... la lealtad y la generosidad que ofrecemos a nuestros amigos.

... las oportunidades que aceptamos (y rechazamos).

... las cosas que nos importan.

... el efecto positivo que tenemos en la gente.

Esto no siempre será del agrado de todos. No siempre será valorado. Truman abandonó el cargo siendo uno de los presidentes más impopulares de la historia, como ocurre con la mayoría de los líderes que toman decisiones difíciles pero necesarias. Sin embargo, sus actos han envejecido bien, como ocurre con la ética y el honor.

Debemos cuidarnos de hacer lo correcto, y, al final, eso nos cuidará a nosotros...

... y también al mundo.

Cumple tu palabra

Marco Atilio Régulo puso a los cartagineses contra las cuerdas en 256 a. C., pero la victoria no fue posible. Sus enemigos, que contaban con la ayuda de los espartanos, vencieron a los romanos en un revés inesperado en la batalla de los Llanos del Balgradas. Pocos meses después de ordenar despóticamente unas condiciones de rendición imposibles a sus oponentes, Régulo se había convertido en prisionero de guerra.

El general languidecería en Cartago durante cinco años, a más de mil kilómetros de Roma, lejos de su familia, convertido en esclavo, vestido con harapos, indefenso y desesperado. Todo parecía perdido hasta que de nuevo, tras otro revés en el campo de batalla, Cartago quiso la paz e hizo volver a Régulo a Roma para negociar un intercambio de prisioneros y poner fin a las hostilidades.

Libre de Cartago, con el viento del mar en la cara, Régulo regresó a casa. El héroe de guerra volvía tras muchos años fuera. Volvía de entre los muertos. Volvía con su familia. Lejos de las garras del enemigo.

Pero Régulo dio un consejo al Senado romano una vez que hubo explicado las condiciones de Cartago: que rechazasen la oferta. Cartago era débil, aseguró, o no lo habrían mandado a él para negociar. Les recomendó que siguiesen luchando. Podían ganar la guerra.

Agradecidos, los romanos siguieron su consejo..., y Régulo hizo el equipaje. Pero no para reincorporarse al ejército, sino para regresar a Cartago como prisionero. Sus amigos estaban estupefactos. Estás a salvo, ¿por qué vuelves? «Les juré que volvería —explicó Régulo, en referencia al código de honor en base al cual le habían concedido la libertad condicional—. No infringiré mi juramento, aun cuando se lo prestara a mis enemigos».

Había dado su palabra. Y punto.

¿Y nosotros? Intentamos zafarnos de ese acuerdo al que acabamos de llegar. Buscamos una exención para no tener que cumplir la promesa que hemos hecho. Porque ha surgido una propuesta mejor. Porque se ha presentado una oferta más lucrativa. Porque ha quedado claro lo difícil que sería. Porque no creemos que realmente diga algo de nosotros.

Sí, es cierto, cumplir tu palabra puede salirte caro. Te verás obligado a hacer algo que preferirías evitar. Tendrás que dejar pasar la oportunidad que te surgió después de haber accedido a hacer otra cosa. Al ceñirte a lo que acordaste, acabas con algo peor que el precio de mercado.

Pero faltar a tu palabra también tiene un coste. Y normalmente tu reputación no es la única en juego. No solo porque todos representamos a otros, sino porque, cada vez que engañamos o traicionamos, socavamos la confianza ciudadana, hacemos que a las personas les cueste fiarse unas de otras.

Sin embargo, también se da el caso contrario: cada vez que cumplimos nuestra palabra, hacemos un depósito, añadimos un ramal a la cuerda que mantiene el mundo unido.

Hacia el final de su vida, a medida que se debilitaba su salud, Harry Truman empezó a cancelar entrevistas y apariciones públicas. «Lamento mucho no haber asistido esta mañana», dijo a un periodista con el que había tenido que reprogramar su encuentro. «No pasa nada, señor presidente. Estaba usted enfermo». «Ya —concedió Truman, con los ojos llenos de lágrimas—, pero me gusta cumplir con mis obligaciones».

¿Hay alguien a quien admiremos que no cumpla con sus obligaciones? ¿Que no mantenga su palabra?

Mantenemos nuestra palabra con nosotros mismos, eso es disciplina.

Mantenemos nuestra palabra con los demás porque es de justicia.

Cuando alguien dice que cumplirá un plazo, que algo costará esto o lo otro, que el proyecto está aprobado, que no faltará al compromiso..., las personas deberían poder darlo por seguro, como quien lleva algo al banco. De hecho, a menudo es lo que acaban teniendo que hacer. Hacen planes basándose en tu garantía, gastan dinero basándose en tu consentimiento, avisan con dos semanas de antelación en el trabajo después de que tú les digas que el nuevo empleo es suyo. Aseguran a otras personas que está decidido, que está en marcha, que el acuerdo está cerrado.

Cuando decimos que una persona es de palabra, nos referimos a que aporta una garantía. Como si hiciese un depósito. Como si firmase un contrato.

Con un apretón de manos debería bastar. Con tu palabra debería bastar.

Porque ¿cuál es nuestra situación si no basta con eso?

En los sesenta, la joven poeta Diane di Prima se encontraba en una de esas legendarias fiestas *beat* que aparecen en las películas. Todo el mundo estaba allí. No faltaban las drogas ni las ideas ni las aventuras. Jack Kerouac se hallaba presente, y también Allen Ginsberg. Y, sin embargo, Di Prima se levantó para marcharse y volver pronto a casa a fin de relevar a la canguro.

A algunos de los escritores de la sala les pareció ridículo, pues creían que la vida literaria debía prevalecer sobre asuntos tan ordinarios. «A menos que te olvides de la canguro —le dijo Jack Kerouac delante de todos—, nunca serás escritora».

Sin embargo, Di Prima se marchó. Ser una buena madre y una buena escritora, en el fondo, exigían lo mismo, «la misma disciplina todos los días». Ella tenía que cumplir su palabra. Con su trabajo, con su familia, cada vez que se comprometía a algo.

No pensemos que siempre va a ser fácil. Cumplir la famosa promesa sobre la fidelidad en la salud y la enfermedad, hasta que la muerte nos separe, te pone a prueba. Aseguraste a tu familia que no volverías a beber, garantizaste a tus votantes que si salías elegido..., y ahora tienes que atenerte a lo que dijiste hasta las últimas consecuencias. Una cosa es prometer que ayudarás a un amigo a mudarse, pero ¿cumplir una promesa a un amigo que ha faltado a su parte? ¿Y devolver dinero a alguien que te cae mal? ¿Y un acuerdo que se ha vuelto mucho más caro y que ahora puede molestar a la gente? Podría haber abogados de por medio. Podrían proferirse amenazas. Surgirán dudas. La reciprocidad podría parecer ridícula si se cambiasen los papeles.

Es normal tener dudas. Es normal desear que se resuelvan solas, o incluso pedir un aplazamiento o la libertad. Desear una excepción o un permiso. Pero al final no debería poder escaparse de una palabra dada o tomada con libertad, un contrato firmado de buena fe.

Te comprometiste, cuentan contigo, hazlo. Aunque no parezca importante. Aunque vaya a ser difícil o doloroso.

En esta vida nos arrepentiremos de muchas cosas. Pero nunca de ser una persona que mantiene su palabra.

Que cumple sinceramente con sus actos las promesas que hizo con la boca.

Di la verdad

Cynthia Cooper alertó al mundo de uno de los fraudes fiscales más importantes de la historia. Daniel Ellsberg destapó el verdadero papel de Estados Unidos en la guerra de Vietnam. Tyler Shultz ayudó a hundir la empresa Theranos. El doctor Li Wenliang habló sin tapujos de un virus devastador que surgió en China y que su país quería ocultar.

Por esos motivos se les conoce como «denunciantes», pero lo que hicieron fue mucho más sencillo, mucho más elemental.

Contaron la verdad.

Vieron algo. Dijeron algo.

Ernie Fitzgerald, que sacó a la luz sobrecostes y gastos en martillos por valor de 500 dólares y en cafeteras por valor de 7.000 dólares en su condición de civil que trabajaba en el Pentágono, lo veía así. A él no le gustaba la etiqueta de «denunciante» y prefería que lo llamasen «revelador de la verdad». Prefería verlo como la tarea por la que le pagaban y su obligación como ciudadano. Su esposa, Nell, opinaba lo mismo. La noche antes de que él declarase ante el Congreso, presionado por sus jefes para que se hiciese el tonto, ella le dijo: «No creo que pudiera vivir con un hombre al que no respetara, y si fueras allí y mintieras, no te tendría ningún respeto».

La denuncia de irregularidades es una forma agresiva de contar la verdad, expresando lo que uno piensa con cierto riesgo personal o profesional. Sin embargo, se vuelve necesaria cuando se ha descubierto una mentira o un fraude, cuando se ha presenciado un acto vil del que el mundo no tiene conocimiento o cuando se ha sido víctima de él. Cualquiera diría que se valoraría semejante coraje, pero no es así. Aunque a veces llegamos a respetar y a admirar a los denunciantes mucho después, la mayoría de las veces son objeto de cuestionamiento, presiones, críticas y ataques.

Sus motivos se ponen en duda. Su vida personal se mira con lupa. Incluso cuando cuentan con una considerable protección legal —que en Estados Unidos se remonta a 1778—, el acto de servicio público realizado por los denunciantes no es fácil.

¿Cuál fue la recompensa de Ernie Fitzgerald por su acto de sinceridad? Se convirtió en el hombre más odiado de las fuerzas aéreas. En unas grabaciones secretas, pillaron a Nixon ordenando a sus ayudantes: «Deshaceos de ese hijo de puta», e hizo que lo despidiesen. Su caso nos recuerda que por muchas palabras bonitas que digamos sobre la verdad, en realidad la sinceridad es un acto radical, incluso peligroso. Puede que sea una de las cosas más raras del mundo.

¿A cuántas personas verdaderamente sinceras conoces?

¿Personas que dicen la verdad incluso cuando da problemas? ¿Que dejan clara su postura? ¿Que no se andan con evasivas?

¿Podrías incluirte tú sinceramente en esa categoría?

«¡El simple acto de un hombre valiente es no incurrir en mentiras, no apoyar falsas acciones! —explicó el disidente soviético Aleksandr Solzhenitsyn—. Su norma: que eso llegue al mundo, que reine, incluso, pero no con mi ayuda».

El político alardea y exagera sobre algo insignificante —el tamaño de un grupo de gente— y hace que quienes le rodean se sientan a gusto pese a estar en desacuerdo con los hechos y con sus conciencias. Hitler hizo eso, intimidando a sus generales para que aceptasen sus descabelladas mentiras, mucho antes de haber matado a una sola persona. En Theranos, tanto inversores como empleados eran conscientes de que existía un gran desequilibrio entre sus productos y el marketing, diciéndose que formaba parte de la maquinaria de publicidad de Silicon Valley. Pero grandes cantidades de dinero dependían de que ellos fingieran lo contrario.

Sin embargo, no siempre es algo tan dramático. Hacemos pronósticos excesivamente optimistas en una presentación. Embellecemos nuestro currículum. Sorteamos la pregunta incómoda, dejamos que la omisión se encargue del trabajo pesado. De la actitud de quien finge algo hasta que lo consigue al fraude descarado hay un trecho, pero no tan grande como crees.

No queríamos perder nuestros privilegios. Necesitábamos realmente el apoyo de esas personas. ¡Otros lo hacen mucho peor! Optamos por no ver... para no tener que decir ni hacer nada. «Es por una buena causa».

Siempre tenemos nuestros motivos.

En la antigua fábula de *El traje nuevo del emperador*, el protagonista no llevaba ropa, y los aduladores no querían decírselo. En la vida real, el emperador Adriano tenía una corte llena de personas como esas. Por ese motivo vio tanto potencial en un muchacho llamado Marco Aurelio, que sentía una temprana atracción por la filosofía y que siempre parecía decir lo que pensaba, incluso a los poderosos. Adriano lo apodó Verissimus, que significaba «el más sincero».

Marco Aurelio, que más adelante también sería emperador, llegó a despreciar a aquellos que por regla no podían ser honestos. Especialmente insoportables le resultaban las personas que empezaban a hablar asegurando que iban a decirle la verdad sin rodeos, con lo que daban a entender, como todos hacemos de manera despreocupada, que la mayoría de las veces no era así. La sinceridad no debería requerir introducción. Una persona sincera debería ser como el que huele a sobaquina, decía Marco Aurelio, «de forma que quien se le acercare advierta [...] lo que es en realidad».

Una persona sincera cumple su palabra. No se oculta tras palabrería. No se escabulle. Si va a haber un retraso o un problema, te avisa. Si tiene preocupaciones, las expresa; no asiente con la cabeza para luego soltar: «Te lo dije». No se engaña haciendo castillos en el aire o deseando ser bien recibido. Acepta que, como Casandra o los mensajeros de *Antonio y Cleopatra*, no siempre lo creerán o lo valorarán.

Tampoco es grosera. Existe una diferencia entre decir la verdad y atacar a la gente, entre decir lo que piensas y dar opiniones que nadie te ha pedido sobre la vida, el aspecto o la conducta que deberían tener las personas. «Di la verdad tal y como la ves —se recordaba Marco Aurelio—, pero con amabilidad, con modestia y sin hipocresía».

La verdad hace suficiente daño por sí sola. No es necesario que intentes ser ofensivo.

Y eso nos lleva de nuevo a los denunciantes. A menudo se les acusa de buscar atención o de querer hacerse famosos. Es un reproche ridículo, porque antes casi siempre intentaron tratar lo que descubrieron de forma educada y en privado. Agotaron todas las vías internas (oficiales y extraoficiales), a veces a lo largo de años. Mostraron el debido respeto a sus jefes. Procuraron lavar los trapos sucios en casa en lugar de airearlos en público. Solo después de que todo eso fracasara —después de que todas las tentativas de buena fe fuesen rechazadas—, buscaron la atención de los medios de comunicación o de la ley.

Pero en última instancia hicieron lo que tenían que hacer. No huyeron de eso tampoco, porque sabían que era lo correcto.

Siguieron el consejo atemporal que el poeta Juvenal dio a un político romano llamado Póntico en el siglo II:

> Sé un buen soldado, un buen tutor y un juez íntegro. Si te citan como testigo para un asunto ambiguo y confuso, aunque el tirano Fálaris te ordene que seas falso y te acerque su toro y te dicte el perjurio, considera una infamia anteponer la vida al honor y, a causa de la vida, perder la razón para vivir.

En asuntos de mayor o menor importancia, públicos o privados, oportunos o inoportunos, con recompensa o con castigo, di la verdad. Sé un bastión de la verdad en una época de mentiras. Di: «No con mi ayuda».

No solo es lo correcto; es tu deber. Como contable. Como funcionario. Como recepcionista. Como pareja.

Como ser humano.

Asume la responsabilidad

Un adolescente Maxwell Perkins, futuro editor de Ernest Hemingway y F. Scott Fitzgerald, estaba bañándose con un amigo en New Hampshire. Mientras nadaban en una pequeña charca profunda, el otro chico, Tom, empezó a ahogarse. Asustado, luchando por sobrevivir, se agarró al cuello de su amigo y lo arrastró bajo el agua.

Perkins, que era buen nadador pero, como él mismo reconoció, un chico apocado y cobarde, forcejeó para liberarse y llegó casi hasta la orilla. Sin embargo, algo dentro de él, algo que no era el joven de diecisiete años asustado que anidaba en su interior, se apoderó de él y volvió chapoteando hacia Tom. Perkins consiguió agarrar a su amigo justo cuando se estaba sumergiendo y regresó nadando, agotado, a la orilla. Una vez fuera del agua, le despejó las vías respiratorias y le salvó la vida.

Como acostumbran hacer los chicos que viven situaciones peligrosas, los dos juraron que no volverían a hablar de aquel aterrador episodio. Pero la experiencia transformó a Maxwell Perkins para siempre. «Entonces tomé la única resolución que he mantenido en la vida —le contó más adelante a un amigo—. Y fue no rehuir jamás una responsabilidad».

Se trata de la primera decisión que uno toma en una vida centrada en la justicia.

Eludimos la responsabilidad porque es difícil. Porque comporta riesgos. Porque bastante nos cuesta cuidar de nosotros mismos. Porque preferimos que otro se responsabilice. Pero ¿en qué mundo viviríamos si todos hicieran eso? ¿Si nadie eligiese la decisión que cambió la vida de Perkins?

Desde luego no en uno muy justo.

Antes de poder asumir la responsabilidad de la vida de otra persona, debemos empezar, como dijo Joan Didion, por la decisión de asumir la responsabilidad de la nuestra. De ahí, según ella, surgen el carácter y el amor propio. Las decisiones más elementales sobre nuestra conducta —decidir qué clase de persona vamos a ser— no son solo cuestiones de disciplina, sino también de justicia.

¿Nos haremos cargo de nuestros problemas? ¿O esperamos que lo haga otro?

¿Se puede contar con nosotros? ¿O no?

¿Somos alguien que hace un trabajo excelente… o que hace lo mínimo?

¿Nos importan las consecuencias de nuestros actos o solo nuestro interés propio?

La persona que decidimos ser afecta a más gente que a nosotros. Repercute en el mundo.

Comprenderlo no solo es esclarecedor, sino profundamente empoderante. Lo que hacemos importa. Nosotros importamos.

Aunque puede parecer un poco egoísta, desde luego es preferible a la inmadurez de la alternativa —lo que elige la inmensa mayoría de la gente—, que presupone que hay muy pocas cosas serias, que en esta vida hay poco en juego, que uno puede seguir por tiempo indefinido en su estado de atrofia.

En el puerto de Nueva York hay una hermosa estatua dedicada a la libertad. No existe un monumento similar erigido a la responsabilidad. Es algo que tenemos que buscar dentro de nosotros.

Puede que no hayamos firmado el consabido contrato social, pero cada uno de nosotros lo ha heredado. Cada uno de nosotros está sujeto a sus obligaciones, sus deberes, sus expectativas.

«La frase "No es mi responsabilidad" se ha convertido en nuestra sociedad en una respuesta habitual a las quejas por el trabajo mal hecho —señaló una vez el almirante Hyman Rickover—. Esa respuesta constituye un error semántico. Por lo general, lo que una persona quiere decir es "No se me puede considerar responsable legal". Sin embargo, desde un punto de vista moral o ético, la persona que no se hace responsable tiene razón: al optar por esa evasiva, no es verdaderamente responsable, es irresponsable».

El mundo está lleno de esa clase de gente. Gente a la que le da igual haber dicho que haría algo. Gente que solo es sincera si cree que alguien está mirando o si puede meterse en un lío. Gente que desperdicia sus dones pensando que tiene todo el tiempo del mundo o múltiples vidas. Gente que nunca se detiene a pensar cómo afectarán sus decisiones a otra persona. Gente que es débil e incapaz de hacer algo por sí misma o por los demás. Gente que se echa atrás suponiendo que otro dará la cara en su lugar.

Todos hemos sido así en un momento u otro, porque éramos jóvenes o no se esperaba mucho de nosotros, porque nadie nos llamó la atención por nuestra inmadurez, porque habíamos tenido una vida fácil y no nos habían puesto a prueba. Una parte de nosotros teme que la responsabilidad sea un problema, que no sea divertida. O que hay algo intrínsecamente injusto en tener que asumirla cuando es evidente que muy pocas personas lo hacen.

Después de salvar la vida a aquel chico, Maxwell Perkins se convertiría en uno de los editores más importantes de la historia de la literatura. Haría todo lo que estuviese en su mano por ayudar a que escritores de gran talento alcanzasen todo su potencial, a hacer posible la expresión de su increíble genialidad. También sería responsable de ellos, sería el adulto que aportaba sentido común mientras ellos se comportaban muchas veces como niños.

Resulta inevitable advertir ecos de esa relación en el relato de Fitzgerald «El componedor», que Perkins editó a mediados de los años veinte. La historia gira en torno a una mujer llamada Luella Hemple, una joven esposa acaudalada que ha vivido entre algodones. Es una santurrona y se aburre en la vida, su nuevo bebé le despierta indiferencia, y se agobia cuando los sirvientes le dejan la más simple de las tareas. Fantasea con divorciarse para poder volver a divertirse.

Pero de repente se desencadena una serie de tragedias, una serie de hechos y responsabilidades. Superada por los acontecimientos, recibe la ayuda de un misterioso doctor que le dice que debe dar un paso al frente y portarse como una adulta.

—Acordamos con los niños que pueden sentarse entre el público del teatro sin participar en la obra que se representa —le dice el doctor cuando están sentados en el sofá de ella—, pero si una vez que se han hecho mayores siguen sentados entre el público, alguien tendrá que trabajar el doble por ellos, para que disfruten de la luz y el resplandor del mundo.

—Yo deseo la luz y el resplandor —protesta Luella—. En eso consiste la vida. No puede haber nada malo en desear calidez.

—Las cosas seguirán siendo cálidas —le asegura el doctor.

—¿Cómo?

—Usted les dará calidez.

Y entonces el doctor brinda a su aturdida paciente una definición de la justicia que Rickover habría aprobado, una definición a la que todos debemos aspirar si queremos que nuestra vida se encamine a ella.

—Ahora le corresponde a usted ser el centro y dar a los demás lo que le dieron a usted durante tanto tiempo. Debe proporcionar seguridad a los jóvenes, paz a su marido y cierta caridad a los ancianos. Debe permitir que las personas que trabajen para usted confíen. Debe disimular algunos problemas que no mostrará y ser un poco más paciente que el resto, y también hacer un poco más, en lugar de un poco menos, de lo que deje traslucir. La luz y el resplandor del mundo están en sus manos...

»Ahora es usted quien debe encender el fuego —le dice.

Desearíamos no tener que hacer eso. Poder escapar sin más de las cosas que tratan de hundirnos, poder seguir entre el público o ser niños, poder decir: «No es mi responsabilidad».

Pero no es posible. Es mentira.

Somos responsables.

Tenemos cargas, pero también privilegios. Porque de esa responsabilidad surgen un sentido y un propósito, surge una calidez intensa y vivificante.

Por eso mismo debemos comprometernos a no rehuirla nunca.

Sé tu propio árbitro

Cuando Frank Robinson golpeó la pelota, estaba convencido de que pasaría por encima del muro del campo izquierdo de Fenway Park. Tan convencido, de hecho, que corrió a la mitad de su velocidad normal hasta la primera base viendo cómo la pelota se elevaba más y más hacia la red situada encima del muro de once metros conocido cariñosamente como el Monstruo Verde. Entonces, de repente, la pelota se paró en seco, dio contra el hormigón y el metal, y rebotó al jardinero izquierdo.

Robinson, que solía correr rápido, tuvo que conformarse con un tanto sencillo cuando podría haber llegado a la segunda o la tercera base si se hubiese dado prisa.

Al final, su equipo, los Orioles de Baltimore, ganaron de un modo incontestable, con lo que no pareció un problema. Un error fácil de olvidar, pero uno en unos diez mil turnos al bate en sus veinte años de carrera. Sin embargo, tras el partido, Robinson entró en el despacio del entrenador y estampó doscientos dólares sobre su mesa.

Quería pagar la multa.

No había infringido ninguna regla del deporte, pero no había rendido al máximo. Y, lo más importante, había violado un principio fundamental de la cultura del béisbol —que hay que salir corriendo después de cada batazo—, y ese fallo le había salido caro al equipo.

No pensaba esperar a que alguien dijese algo. Le daba igual que hubiesen ganado. Le daba igual que le hubiesen dejado salirse con la suya. Había cometido el delito e iba a cumplir la condena o, en este caso, a pagar la multa.

No importa que tuviese un buen motivo. O que al final el partido tuviese un desenlace favorable. Debemos exigirnos mucho, más que la propia organización. Y debemos mostrar la valentía de aceptar voluntariamente las consecuencias cuando no estamos a la altura, reprendiéndonos a nosotros mismos incluso cuando nadie se da cuenta.

Eso es lo que convierte a alguien en el jugador más valorado (en el caso de Robinson, tanto de la Liga Nacional como de la Liga Americana, además de la Serie Mundial). También es como él unía a los equipos, como deportista y como entrenador, dando ejemplo y sin eximirse nunca de una cultura de rectitud y de reglas.

Está lo que te consienten y luego está el nivel que tú te exiges.

Sí, los tribunales y la opinión pública son importantes. Nadie podría practicar un deporte sin un reglamento, árbitros y ligas que hagan cumplir esas reglas. Se trata de instituciones importantes que desempeñan un papel crucial a la hora de allanar el campo de juego y hacer el mundo justo. Pero, antes de todo eso, está la justicia que depende de nosotros, que nosotros mismos hacemos cumplir en nuestra persona. Esa es la que de verdad importa.

No todo el mundo decide verlo así. Fíjate en la polémica carrera del golfista Patrick Reed, que sin duda tiene éxito y es increíblemente rico, pero a quien también han acusado de hacer trampas e infringir las reglas durante toda su carrera. «Si haces lo que consideras que es un *drop* correcto, y resulta que no lo es, es una infracción de las reglas, y tiene una penalización. Pasa todo el tiempo —declaró en una ocasión Reed, tratando de justificar otro escándalo—. Hacer trampas es intentar conseguir algo a propósito en el campo».

Mira, cuando estableces distinciones entre hacer trampas e infringir las reglas, ya has perdido...

Claro, digamos que hacer trampas puede ayudar a una persona a avanzar, pero ¿hacia dónde? ¿Estás seguro de que te gustará el sitio al que te lleve? Ser sincero, responsabilizarte de tus actos, puede frenarte, pero en realidad solo te frena de la vergüenza. La sinceridad evita que tengas que guardar secretos o desear no quedar expuesto. Te hace grande en el sentido en que lo era Frank Robinson, más grande que la victoria o la derrota en un partido (y además contribuyó en no poca medida a que ganara muchos partidos).

En 2012, el atleta keniano Abel Kiprop Mutai se confundió al final de una larga carrera y se detuvo a pocos metros de la meta. El atleta español Iván Fernández Anaya, que le pisaba los talones, podría haber aprovechado la oportunidad para llegar el primero. En cambio, le hizo gestos y acabó empujando a su rival hacia delante, y con ello perdió la oportunidad de ganar.

Sin embargo, los dos vencieron en cierto sentido, y también todo el que los vio encarnando y presenciando la humanidad en su máxima expresión.

En la antigua Grecia hubo un filósofo estoico llamado Crisipo que también corría. Como a los atletas actuales, le gustaba ganar: deseaba desesperadamente triunfar; esa es la esencia de los deportes y de la vida. Pero también entendía que sin sentido del honor, sin comprometerse con las reglas y con la justicia, la victoria es absurda. «No es injusto buscar para uno mismo lo que pueda resultar en su beneficio —dijo, en referencia al laurel que se entrega al campeón, así como al botín en los negocios o la política—; sin embargo, no es correcto arrebatárselo a otro».

Avisar al cajero de que no te ha cobrado algo, comunicar al cliente que le has cobrado de más, señalar al árbitro que se ha equivocado a tu favor... no es fácil, pero pagar de buen grado es mejor que ser un gorrón. Mejor que ser un tramposo.

Nadie lo sabría más que nosotros..., sin embargo, esa es la persona que cuenta, ¿no? Esa es la persona a la que tienes que mirar en el espejo en casa.

En la campaña de Vicksburg, que se alargó durante meses en la guerra de Secesión, el general Grant y el general Sherman discreparon sobre el plan de ataque propuesto por el primero. Sherman consideraba el plan demasiado arriesgado y lo desaconsejó por escrito. Para gran sorpresa suya, la estrategia de Grant fue un éxito impresionante. Pocos días más tarde, en el cuartel general de Sherman, Grant encontró a este hablando con un grupo de oficiales del Norte que habían ido a celebrar la victoria. «Todo el mérito de la campaña es de Grant —dijo Sherman sin que se lo hubiesen pedido—. Yo me opuse a él. Le escribí una carta en la que se lo decía». Y cuando años más tarde se enteró de que Grant había destruido toda constancia del episodio, Sherman le mandó una copia a su biógrafo para que la historia reflejase que su amigo estaba en lo cierto.

No importa si puedes irte de rositas, porque no te llevará a ninguna parte. No te permitirá conseguir nada que merezca la pena.

De modo que nos sancionamos a nosotros mismos. No aceptamos «regalitos». Pagamos nuestra parte; pagamos los impuestos de buena gana. Tendremos más permisividad con los demás, pero somos mucho más estrictos con nosotros. Como medida de cautela, avisaremos. Revelaremos el conflicto de intereses y nos recusaremos. Publicaremos la corrección. Llamaremos a los jueces. Apoquinaremos la multa aunque el entrenador no lo haya solicitado. Si nos equivocamos —o si alguien afirma sentirse agraviado—, ya nos disculparemos.

Nuestros abogados nos dirán que es una locura (¡piensa en la responsabilidad!). Nuestros contables se quedarán confundidos. Nuestros admiradores se indignarán. Nuestras parejas o nuestros amigos no acabarán de entenderlo. Nuestros rivales se relamerán.

Puede que perdamos con ello, pero no perderemos lo importante.

Ganaremos lo que realmente importa. Ganaremos el camino recto.

Bueno, no grande

Mucho antes de convertirse en uno de los mejores novelistas de Estados Unidos, Walker Percy era un estudiante de medicina que luchaba por abrirse camino. En 1940, con unas notas mediocres en la Universidad de Columbia, escribió a su tío moribundo William Alexander Percy para pedirle consejo.

La suya era una familia con una larga e intimidante tradición de éxito académico. Walker Percy esperaba un sermón. Esperaba humillación. En el mejor de los casos, esperaba un poco de ánimo... o dinero para un profesor particular. En cambio, su tío Will, que había adoptado a Percy y a sus hermanos, y les había dado a conocer la obra de Marco Aurelio y los estoicos, le dijo que no le importaban lo más mínimo las notas.

«Mi teoría sobre la vida —respondió Will, a pesar de que él se había licenciado sin problemas en Harvard— es que la gloria y el éxito son mucho menos importantes que la forja del carácter y una buena vida personal».

El propio Marco Aurelio se había enfrentado a ese problema. Era joven, tenía talento y estaba destinado a grandes cosas desde una edad temprana. Debido a ello, podría haber competido con Alejandro Magno por quién acumulaba más conquistas. Podría haber intentado construir más que Augusto. Podría haber tratado de ser más brillante que Cicerón o haberse divertido más que Tiberio.

Tenía los recursos. Tenía la inteligencia. Tenía el poder.

Pero no le importaba nada de eso.

Las *Meditaciones*, un cuaderno de advertencias y máximas motivacionales que escribió para sí mismo, no está lleno de planes para hacerse famoso. Ni para conseguir cosas. Ni para intentar vencer a otras personas. Antes bien, se centra una y otra vez en algo mucho más humilde, mucho más íntimo. «No olvides que lo que te conviene es ser bueno —escribe—, recuerda lo que la naturaleza reclama de las personas. Luego hazlo, sin vacilación». Inspirándose en Platón, se insta a sí mismo a concentrarse en una sola cosa: hacer lo correcto y comportarse como un hombre bueno.

No ganar batallas.

No hacer dinero.

No dejar huella.

Sino hacer el bien, ser bueno. Ser justo. Ser amable. Ser honrado. Ser de fiar.

«¿Mejor luchador? —escribió Marco Aurelio, percatándose quizá de cuánta energía dedicaba al deporte que amaba—. ¿Pero no mejor ciudadano, ni mejor persona, ni más dispuesto ante las dificultades, ni más indulgente ante las faltas de los demás?».

Un padre mejor, no un profesional mejor. Un maestro mejor, no un aprovechado mejor.

El poeta Hesíodo señaló que el carpintero compite con el carpintero, y el cantante con otros cantantes. Es la energía que impulsa el mundo, pero casi nunca hace mejor a la gente. Solo nos disputamos el éxito profesional, no la bondad o el civismo, solo la fama, no la amistad.

Pero ¿cómo sería el mundo si más personas se esforzasen por ver...

... quién puede ser más digno de confianza?

... quién lleva una vida más honrada?

... quién ayuda a más personas?

... quién puede perdonar el daño más grave?

... quién impide la batalla en lugar de ganarla?

... quién deja la menor huella de carbono, no la casa más grande?

... quién cría a los hijos más bondadosos, no a los que van a la mejor universidad?

El rey espartano Agesilao intentaba vivir de esa forma, comparándose con otros gobernantes no por la riqueza o la fama o la belleza de su novia, sino por quién era más justo. ¿Qué sentido tenía ser rey, dijo en una ocasión, si no era el más grande y el más justo de todos sus contemporáneos?

Hay mucha gente con talento en el mundo. Gente que puede hacer y que ha hecho cosas increíbles. Rompen récords en el campo de juego. Hacen descubrimientos en el laboratorio. Sus negocios dan trabajo a miles de personas. Sus obras de arte nos deslumbran.

Pero cuando se trata de determinar qué clase de personas son..., bueno, de repente, no son tan especiales. Son un capullo más. Otro estafador. Otro traidor. Otro hipócrita. Otro tópico andante. Otro ejemplo que evitar.

Hay un viejo aforismo que dice «Es más fácil ser un gran hombre que un buen hombre». Desde luego hay más casos de lo primero que de lo segundo.

La justicia equivale a grandeza, pero de otro tipo. Las personas a las que admiramos por su conducta, por su honradez, no hacen esas cosas para triunfar. La mayoría de las veces, esos valores les cuestan tanto como les son de ayuda. Eso significa que lo hacen por otro motivo.

Todos tenemos que decidir ahora mismo a qué queremos dedicar nuestros esfuerzos, con qué fin queremos trabajar. Porque lo que una persona mide, como dice otra expresión, se controla.

Epicteto, el esclavo cuya filosofía tanto influyó a Marco Aurelio, rechazaba competir para lograr la categoría más elevada, la mayor fortuna o la piel más bonita. Esas son medidas superficiales y carentes de sentido. «¿No hay algo en el hombre que le es como la velocidad al caballo, por lo cual se le distinguirá como superior o inferior? —preguntó—. ¿No existen el pudor, la honradez y la justicia? Muéstrate superior en todo esto, hazme ver que vales más como hombre».

Esa operación exige una recalibración considerable, porque resulta sencillo comparar saldos bancarios, pero ¿qué hay de ser un buen compañero de equipo? Los líderes electos se deciden por quién consigue más votos, pero ¿qué le concede a uno la autoridad moral para liderar?

La decisión de no participar en el primer tipo de competición a favor de la segunda (o priorizar una sobre la otra) es una decisión que requiere coraje. Sin embargo, es una decisión basada en la justicia, que convierte el mundo en un lugar mejor. La virtud tiene que ser nuestra brújula, el bien tiene que ser nuestra meta.

Eso requiere tanto trabajo como dominar cualquier profesión. También exigirá sacrificio: será doloroso (a corto plazo) convertirte en la persona que quieres ser.

Lo bueno de ser bueno es que puedes hacerlo en cualquier profesión. De hecho, no existe profesión en la que eso no sea sorprendente, no sea importante, no sea imperativo.

Conviene señalar que al final Marco Aurelio sí logró grandes cosas (como Walker Percy). Fue valiente en el campo de batalla (como William Alexander Percy). En Roma todavía se alza una torre de mármol de cuarenta metros que detalla los logros del emperador romano... a apenas unas manzanas de una majestuosa estatua ecuestre dedicada a su figura. Pero ¿cómo aparece él en esa estatua? Levantando el brazo para perdonar a las tribus bárbaras que habían luchado contra Roma. No porta armas, no lleva consigo la guerra, sino la paz. Centrándose en el interior, dejó huella en el exterior. El hombre que escribió en las *Meditaciones* que hacer lo correcto en el presente valía mucho más que la fama póstuma logró las dos cosas.

Es más que una simple ironía. Es el meollo del asunto.

Él fue bueno durante tanto tiempo que se convirtió en grande.

La historia está llena de personas ambiciosas y con éxito. La dignidad, el honor y la amabilidad son cualidades que vemos a menudo. ¿Y ser bueno y bueno en lo que haces? Eso es más que raro.

Te convierte en un unicornio.

Sé un libro abierto

La Roma en la que vivió Marco Livio Druso no era una ciudad honrada ni honorable. De joven, vio como su tío, el estoico Rutilio Rufo, era exiliado debido a poderosos intereses por negarse a aceptar sobornos. Los tribunales eran una farsa, y el proceso político, todavía más ridículo. La oligarquía de Roma prácticamente había renunciado a toda pretensión de legitimidad y había incurrido en el lujo y los excesos.

Daba la impresión de que el sistema estaba hundiéndose, y la violencia política era algo común y corriente.

En ese escenario entró Druso, heredero de una riqueza enorme y cabeza de un poderoso legado político. Podría haberse dejado corromper como el resto. Podría haberse pervertido como el resto.

En cambio, se forjó una reputación de lo contrario. Como político, fue reformista. Luchó por aumentar los derechos de los ciudadanos. Amplió el Senado. Trató de resolver los conflictos de clase. Como ciudadano particular, era tan generoso que se decía que lo único que le quedaba por dar era barro y aire. Era íntegro y respetado.

Un día un arquitecto fue a ver a Druso para hacerle una oferta. Al ver que parte del hogar de Druso se hallaba expuesto, a la vista de todos, propuso unas sencillas medidas que permitirían al político tener una merecida intimidad.

«Dobla tus honorarios —contestó Druso— y haz la casa entera visible para que todos los ciudadanos puedan ver cómo vivo».

En la actualidad, disponemos de la palabra «transparencia» para referirnos a eso, pero lamentablemente pocos hombres o mujeres poderosos se sienten obligados a ejercerla. No solo viven en mansiones entre altos muros, rodeados de guardias, sino que ocultan sus negocios entre empresas fantasma y paraísos fiscales. Nuestros políticos se niegan a revelar sus ingresos o sus conflictos de intereses. Se reúnen en secreto. Sus publicistas manipulan y desvían. Sus abogados tapan y protegen.

¿Por qué?

Para poder hacer cosas con impunidad, cómo no. Para proteger de miradas indiscretas —es decir, reprobatorias— lo que saben que no sería bien recibido por el público, por sus inversores, por la ley.

«No hay delito, no hay trampa, no hay engaño, no hay corrupción —declaró Joseph Pulitzer— que no sobreviva en secreto». O como dice la Biblia, el mal «odia la luz».

Aunque no tiene nada malo ser reservados, lo cierto es que cuando nos dedicamos a los negocios, la política, el liderazgo o el arte, hemos decidido ser figuras públicas. No famosas, sino públicas, en el sentido de que servimos y somos responsables de alguien o algo aparte de nosotros mismos. Lo que hacemos y cómo nos comportamos importa.

En 1630, cuando John Winthrop habló de América como una «ciudad en la cima», no se refería al excepcionalismo americano. Lo decía advirtiendo de que una ciudad en una cima no puede esconderse. De que el mundo estaba observando y de que ese nuevo país —erigido en torno a la virtud— tenía que ser un buen ejemplo.

La decisión de vivir y trabajar con transparencia funciona como una especie de inmunización contra la corrupción, el fraude o la deshonra. Sin duda se han aprobado muchas leyes para facilitar esa decisión. Revelaciones públicas. Informes trimestrales. Declaraciones de representación. Documentos basados en información privilegiada. Pero, como hemos dicho, la justicia es más que eso. Una persona transparente no solo actúa conforme a la ley, sino que se molesta en proporcionar a los accionistas la información que necesitan. No esconde pruebas. Las muestra directamente. De ninguna manera miente ni engaña.

Aun así, eso solo es el principio...

¿Qué más da lo que la normativa de salud te obliga a revelar? Tus clientes se merecen saber qué contienen los alimentos que comen. ¿Qué más da si no estás obligado a mantener informados a tus inversores? Te confiaron su dinero y deben saber cómo se ha gastado. ¿Qué más da lo que hagan la mayoría de las empresas o los profesionales? Que tu profesión no exija unas normas de ética no significa que no puedas establecer unas y exponerlas en público. Que puedas firmar contratos sospechosos y ocultar comisiones no significa que esté bien; no significa que debamos hacerlo.

No esperes a que te pillen. No confíes en que el problema pase inadvertido. Y en un plano más personal, no des falsas esperanzas a la gente; sé franco con respecto a tus necesidades y tus planes.

Hay una anécdota sobre un rey espartano que se encontró por casualidad con dos de sus súbditos, un joven y su amante, en medio de una multitud. Avergonzados, los súbditos trataron de ocultar sus mejillas sonrosadas, pero el rey se dio cuenta y respondió: «Hijo, deberías acompañarte de personas que no te hagan cambiar de color cuando te ven».

Si te avergüenza, si no te gustaría que te viesen, si no te atreverías a hacerlo en público, si lo dejas exclusivamente para la noche, ¿qué dice eso?

Imagina los cambios que veríamos si más parcelas de nuestra vida se sometiesen a esa prueba. Si las empresas se enorgulleciesen de cómo se fabrican sus productos y cómo son sus cadenas de suministros. Si los clientes soportasen el origen de su comida. Aunque hubiese personas a las que no les importase (o que no se quejasen porque las cosas cuestan más), seguiría siendo la norma correcta a la que atenerse.

El hecho de que nos indignemos tanto cuando alguien no es transparente con nosotros debería bastar para exigirnos ser más transparentes de lo que nos gustaría.

Cada uno de nosotros tendrá que decidir qué forma adopta la transparencia en nuestro sector o nuestra vida y qué grado de transparencia nos conviene. Pero todos podemos comprometernos a ser lo más sinceros y transparentes que podamos, a no intentar hacer nada que, como dijo Marco Aurelio, «solo puede hacerse a puerta cerrada y tras las cortinas». En eso consiste la transparencia, no en una estrategia de marketing ni en una palabra de moda sin sentido, sino en una forma de vida, en la decisión consciente de aceptar la luz, de dejar que te purifique e ilumine tu ejemplo para que otros lo vean y lo sigan.

Thomas Jefferson lo sabía. En 1785 escribió en una carta a su amigo Peter Carr: «Siempre que tengas que hacer algo, aunque solo puedas saberlo tú mismo, pregúntate cómo actuarías si todo el mundo te observara y actúa en consecuencia». Un gran consejo, que lamentablemente él no siguió. En París, donde escribió esa carta, Jefferson estaba acompañado de Sally Hemings, su esclava y concubina, a quien controlaba y violaba (y embaucaba dando falsas esperanzas de libertad y prometiendo el reconocimiento legal de sus hijos).*

En los círculos de rehabilitación, se dice que estamos tan enfermos como nuestros secretos. Jefferson era un hombre enfermo de secretos, comprometido por los horrores de la esclavitud que su gente ocultó y sobre los que se mintió a sí misma. De los que él fue asquerosamente cómplice. No se comportó como si el mundo estuviese mirando, ni con sus aventuras ni al confabularse contra su jefe y sus colegas como miembro del gabinete de Washington. Pensó que podía salirse con la suya y lo consiguió.

Pero ¿qué sabemos ahora? Ya no tenemos tan buen concepto de él.

Al mismo tiempo, en el mismo país, Ben Franklin explicaba que no necesitaría disparar a su ayuda de cámara si resultaba ser un espía británico —como él sospechaba (y como en realidad era)— porque Franklin, al igual que Druso, trataba de vivir de una forma irreprochable.

* Y demostrando lo que Pulitzer decía, fue un periodista quien sacó a la luz los vergonzosos escarceos de Jefferson en 1802.

Entretanto, ¿cuántos de nuestros matrimonios sobrevivirían si nuestra pareja nos mirase el móvil? ¿Y si nuestro jefe viese lo que contiene nuestro correo electrónico? ¿Cuántas reputaciones sobrevivirían a un pleito en el que se presentasen como pruebas?

Si nos inclinamos a ocultarlo, probablemente no deberíamos hacerlo. Si tememos la publicidad resultante, tal vez no estamos viviendo o haciendo lo correcto.

Debemos luchar por lo contrario. Queremos que la gente vea lo que hacemos. Queremos ser la ciudad en la cima. Debemos ser la clase de persona que cuanto más se sabe de ella, más respetada y admirada es.

Vivamos de una forma que nos haga sentir orgullosos. Comportémonos de día de una forma que nos permita dormir de noche.

Sé decente

El famoso abogado Clarence Darrow se encontraba viajando en tren por la costa del Pacífico cuando su hijo y él tuvieron una mala experiencia con un camarero. La cola se extendía por todo el vagón restaurante. Los pasajeros se impacientaban. Parecía que los mal pagados empleados preferían ayudar solo a los que podían permitirse darles propina, y todos estaban enfadados unos con otros.

«¿Lo denunciarás a la Chicago and North Western cuando vuelvas?», le preguntó su hijo en referencia a un camarero bastante grosero, pues sabía que su padre tenía contactos en la compañía ferroviaria después de haber representado a los dueños durante años. «No, hijo —contestó su padre, restando importancia al desaire—. Nunca perjudiques a un hombre que trabaja para ganarse la vida».

Qué lejana y tradicional parece esa mentalidad comparada con nuestro mundo, en el que los pasajeros asaltan a los asistentes de vuelo y nos tomamos cada pérdida de un paquete como una afrenta personal. Es una triste realidad que los trabajadores temen la hora del aperitivo de los domingos, cuando incluso los clientes que vienen de misa parecen no tener problemas en tratar al personal como si fuera basura.

En teoría, aceptamos la idea de que las personas que nos atienden o trabajan para nosotros merecen respeto, pero si alguien escuchase las grabaciones de las llamadas que hemos hecho a las líneas de atención al cliente, dudaría de nuestra sinceridad y de nuestra honradez.

En sus últimos años de vida, necesitado de dinero, Darrow realizó una gira de conferencias por el país en las que debatía con otras personalidades en el escenario. Lo contrataron por 500 dólares por acto, más 50 dólares para gastos. Pero después del primer debate se enteró de que el promotor apenas sacaba 150 dólares una vez descontados los honorarios del ponente y los gastos.

No era justo, y no lo aceptó.

«No es suficiente —le dijo al hombre—. Olvídese del dinero de los gastos y tome también cien dólares de mi cuenta». Avanzada la gira, cuando los beneficios habían aumentado, Darrow seguía cobrando sus honorarios originales, renunciando a miles de dólares en ganancias. «El señor Darrow siempre se partía el lomo para ofrecer a sus trabajadores la mejor parte del trato», explicó su socio con asombro.

Para Darrow, era lo que había que hacer.

Parte esencial de la justicia consiste en entender que las demás personas son individuos soberanos con dignidad y valores, y que por eso mismo debemos tratarlas bien. El respeto equivale a justicia. Es algo que todas las personas merecen.

Tanto si son importantes como si no, la forma en que las tratamos dice mucho de quiénes somos.

Durante las primeras horas tras convertirse en presidente, Truman tenía muchas cosas en la cabeza. El montón de heno le había caído encima... y, sin embargo, no pensaba en sí mismo en absoluto. Antes de nada pensó en la señora Roosevelt, a la que permitió quedarse en la Casa Blanca todo el tiempo que necesitase (y, como ya dijimos, le preguntó si precisaba algo de él). Luego pensó en sus vecinos del bloque de Connecticut Avenue donde vivía, a los que temía que molestasen con una atención no deseada y un exceso de ruido por tener a un presidente en el piso de al lado.

Una cosa es cómo tratamos a las personas en circunstancias normales. Cómo las tratamos cuando estamos cansados, cuando estamos estresados, cuando cargamos con una gran responsabilidad, cuando alguien ha metido la pata y nos ha costado caro. Eso lo es todo.

La pandemia fue una prueba que muchos de nosotros no superamos. No solo la gente que no hacía el esfuerzo de tomar las precauciones básicas por otras personas, de pensar en cómo afectaban sus actos a los demás, sino el resto de nosotros, que rechazábamos a esas personas con facilidad olvidando que eran víctimas de la desinformación, del estrés y del miedo, y de circunstancias totalmente desconocidas que en algunos casos también les costaron la vida.

«Puede parecer una idea ridícula —escribió Albert Camus—, pero la única manera de combatir la plaga es la decencia». Esto es aplicable a todas las catástrofes, los enemigos y las situaciones: la forma de vencerlo es demostrar que eres superior a ello, no dejar que altere tus valores, no permitir que envilezca a otras personas, aunque la tragedia o el virus hagan precisamente eso.

La decencia, dijo el autor de *El extranjero*, «ayuda a los hombres a elevarse por encima de sí mismos».

A la gente que no conocía a Truman, como Churchill, le asombraba su capacidad para tomar decisiones. A la gente que conocía a Truman le impresionaba mucho más su decencia. Su relación con su suegra era el ejemplo perfecto. Ella había intentado repetidas veces disuadirlo de que se casase con su hija, pero, tras la boda, la mujer vivió con ellos las tres décadas siguientes. Él no se quejó ni una sola vez. No respondió a sus pullas ni a su falta de respeto en ninguna ocasión. En la pugna política de su vida, su suegra le preguntó por qué «competía con un hombre tan simpático como el señor Dewey». Él sonrió y lo dejó correr. Fue amable con una mujer que fue reiteradamente desagradable con él.

No engañó en los negocios, en la política ni a su esposa. Fue decente con las personas que trabajaban para él. «Si un hombre no puede ser paciente y atento con las personas que hacen el trabajo por él —manifestó en una ocasión—, entonces no es bueno y no me cae bien».

Y «no gritar» es lo mínimo. ¿Quién crees que tiene que limpiar lo que tú dejas atrás? ¿Quién crees que carga con todo el equipaje que llevas? ¿Quién tiene que recorrer toda la ciudad para conseguir lo que has pedido?

Sí, el jefe tiene derecho a cambiar de planes, pero ¿es consciente de que por culpa de eso otra persona tiene que llamar a su pareja y cancelar esa cena de aniversario? ¿Que otra persona tiene que trabajar más duro, más tiempo y bajo más estrés? Las palabras amables son maravillosas; los aumentos de sueldo son mejores.

Defender al desfavorecido no solo es una muestra de empatía, también debería ser cuestión de honor. «Yo no me salto un piquete». Además, es una buena estrategia. Cuando tratas a todo el mundo con respeto e interés, como si pudiese hacer algo por ti, te sorprenderá descubrir que efectivamente puede hacerlo. ¡Y lo hará! Nunca se sabe quién acabará como editor de *The New York Times* o quién pasará más tarde por delante de tu coche cuando te quedes tirado a un lado de la carretera. Todo el mundo tiene algo que enseñarnos. Todo el mundo es un futuro votante o un futuro cliente o un futuro patrocinador. La fortuna es veleidosa, nunca sabemos cuándo podemos vernos en el lugar del desfavorecido.

Que estabas cansado no es disculpa. Que no te trataron bien, tampoco. Ni el hecho de que estés muy estresado. Si Truman pudo hallar la forma de ser amable con la gente, si personas atormentadas por el dolor o de luto por la pérdida de su pareja lo logran, tú también puedes.

En un mundo de horror, de injusticia, de crueldad y de corrupción, la decencia destaca. Miep Gies, la amiga que hacía recados para la familia de Ana Frank cuando estaban escondidos de los nazis, dijo que esos pequeños actos de amistad, de honradez, de bondad son como encender una lucecita en una habitación a oscuras. Es algo que cualquiera puede hacer. Es algo que supone una gran diferencia, que tiene repercusión y que ilumina más de lo que podríamos pensar.

La gente vive momentos difíciles. No contribuyamos a la carga de nadie. Intentemos aligerársela cuando podamos. Los demás desean lo mismo que nosotros. Dignidad. Seguridad. Respeto. Libertad. Felicidad.

Todos podríamos ser distintos y llevar una vida muy diferente, pero no debemos olvidar que todos nos sentimos acuciados por el tiempo, incompetentes o inseguros. Tratemos a la gente en consonancia.

Hagamos lo que esté en nuestra mano. Seamos una lucecita en un mundo a oscuras.

Cumple con tu trabajo

Era un buen chico del sur. No había ido a la universidad. Había sido jefe de policía en un pueblecito de Alabama en plena segregación. Y conocía a John Patterson, el gobernador racista del estado, desde tercero.

De modo que cuando el gobernador despotricó y trató de detener los Viajes de la Libertad —que intentaron recorrer el sur en autobuses sin segregación racial en 1961—, todo el mundo esperaba que él pasase por el aro. «Aquí está mi comisario de seguridad ciudadana —dijo Patterson al representante del Departamento de Justicia—, se llama Floyd Mann y no puede protegerlos. Díselo, Floyd».

A continuación, Floyd Mann respiró hondo e hizo la declaración más trascendental de su vida. «Gobernador, soy el comisario de seguridad —dijo—. Si me manda que proteja a estas personas, las protegeré». Y acto seguido, Mann desplegó el dispositivo de seguridad más ambicioso ofrecido a unos manifestantes en la historia del naciente movimiento de los derechos civiles: policías de tráfico delante y detrás de los autobuses en los que viajaban pasajeros blancos y negros, helicópteros y aviones en el aire, con una reserva de coches de la policía de tráfico listos para intervenir a la primera señal de problemas.

Los presentes se quedaron estupefactos, y especialmente el gobernador. La única persona a la que no le extrañó en absoluto fue a Floyd Mann, quien de hecho pareció tomarse en serio el deber de su cargo, que al fin y al cabo no era otro que proteger a la gente. Mientras en la mente de los miembros del Departamento de Justicia y de los valientes Viajeros de la Libertad bullían ideas de libertad y transformación social, Floyd Mann pensaba en un tipo de deber más humilde. «Mi objetivo era hacer cumplir la ley —reflexionó más tarde—, asegurarme de que a esa gente no le pasaba nada mientras estaba en Alabama».

Cuando alguien cumple con su obligación resulta impresionante, ¿verdad? Cuando se toma en serio su trabajo, a pesar de la presión privada o el oprobio público. Cuando deja las minucias de lado, cuando dice: «Mientras posea esta autoridad, vista esta chaqueta, tenga este permiso o lleve esta placa, voy a hacer lo correcto».

Dice mucho del mundo en el que vivimos que la frase «Solo hacía mi trabajo» se use más como excusa de una conducta perturbadora que como explicación de un comportamiento heroico. Es una forma de irte de rositas cuando en realidad lo más importante de un trabajo, de un deber, es lo que exige de ti.

Consternado ante el declive de muchas de nuestras preciadas instituciones, el escritor Yuval Levin ha hablado de la necesidad de que todos nos obliguemos, en pequeños momentos de decisión, a hacernos la gran pregunta sin formular de nuestro tiempo: «Considerando la función que desempeño aquí, ¿cómo debo comportarme?». Eso es lo que se preguntarían las personas que se toman en serio la institución en la que participan: «Como presidente o miembro del Congreso, como profesor o científico, como abogado o doctor, como sacerdote o feligrés, como padre o vecino, ¿qué debo hacer?».

De lo que él habla es del deber. No de lo que resulta conveniente. No de lo que es fácil. No de lo que los demás hacen, sino de lo que nosotros estamos obligados a hacer como resultado de nuestro potencial y nuestras aptitudes, así como de la profesión o las funciones que hemos elegido en el mundo. En los negocios se habla del deber de un «fiduciario», que significa que, una vez que uno ha asumido un rol de responsabilidad —con una empresa, con los inversores, con el cliente—, no puede hacer lo que más le convenga. En un famoso caso que se dirimió en Nueva York en 1928, el presidente del Tribunal Supremo Benjamin Cardozo falló en contra de un socio que había intentado enriquecerse a costa de otro. «Un miembro de un consejo de administración tiene que atenerse a algo más estricto que la moral del mercado —escribió en su fallo—. No solo la honradez, sino la escrupulosidad de un honor de lo más sensible, es entonces la norma de comportamiento [...] el nivel de conducta de los fiduciarios se ha mantenido por encima del hollado por la multitud».

Algunas obligaciones, como las de un fiduciario, están codificadas en la ley. Otras se definen y se hacen cumplir con un estricto código profesional, como en el caso del periodismo. Otras, como el papel de un soldado, son una combinación de ambas cosas. Lamentablemente, la mayoría de los trabajos y las profesiones no están tan claros. O, peor aún, las profesiones han abandonado su obligación.

¿Cumplía Poncio Pilato con su trabajo como magistrado cuando mandó a Jesús a la cruz? Sí, es cierto, su trabajo consistía en juzgar casos y, en algunos de ellos, imponer los severos castigos del derecho romano. Pero Pilato también sabía que Jesús era inocente y comentó varias veces que no veía ningún delito por el que hubiese infringido la ley. Aun así, lo condenó a morir porque era lo que la turba quería, porque se trataba de la decisión más conveniente. Él lo sabía cuando dijo literalmente a la multitud que se lavaba las manos, que la sangre del profeta estaba en las de ellos mientras les cedía su deber.

El trabajo de los agentes de policía de Alabama era «proteger y servir» a la gente, no hacer lo que les dijera el gobernador. Está claro que el gobernador había evitado sus responsabilidades y había decidido subirse a la ola de la opinión pública en lugar de cumplir sus obligaciones constitucionales. Entretanto, la policía local de las ciudades que atravesaban los viajeros colaboraba con el Ku Klux Klan con el fin de agredir a los activistas.

Ese era el panorama en Montgomery, donde una turba racista —alentada por la policía— atacó a los viajeros con una furia voraz y letal. Cuando un joven John Lewis bajó del autobús, fue acosado, agredido y, en el suelo, vio sin poder hacer nada cómo casi mataban a su amigo Jim Zwerg. Mientras intentaba resignarse a su inminente muerte, se oyeron dos tiros.

Un hombre avanzaba entre la multitud, sin amilanarse ante los enloquecidos agresores que prácticamente le habían arrancado la ropa del cuerpo. Se arrodilló junto a un hombre blanco que estaba golpeando de forma sanguinaria a una víctima indefensa con un bate de béisbol, le puso la pistola contra el cráneo y dijo con voz serena: «Un golpe más y eres hombre muerto».

Era Floyd Mann.

Los disturbios se acabaron en ese instante.

«¿Has visto a un hombre solícito en su trabajo? —reza un versículo de la Biblia—. Delante de los reyes estará». En ese momento, Floyd Mann, un funcionario público con un título bastante aburrido, fue todo un héroe y un rey. Por supuesto, él no tenía esa sensación cuando lo hizo, no fantaseaba con acudir al rescate ni con acaparar la atención. Fue algo mucho más simple y más serio, reflexionaría más tarde un amigo. Él pensó que estaba «haciendo su trabajo como debía hacerlo un buen policía».

Había prestado juramento. No importaba que fuese peligroso. Ni que estuviese mal visto. Pensaba cumplirlo.

A veces hacer tu trabajo requiere medidas extraordinarias. Otras es de lo más corriente, pero siempre es heroico. Debemos aprender a reconocer por igual al periodista dispuesto a ir a la cárcel para proteger a su fuente, pero también al periodista que hace su trabajo cotidiano, insistiendo en la objetividad y la imparcialidad, resistiéndose a las tentaciones de los ciberanzuelos, enfrentándose al poder con la verdad. No es John Adams cuando representó a los soldados británicos implicados en la masacre de Boston; son todos los abogados que representan a un cliente, incluso a los culpables. No es Helvidio al desafiar al emperador Vespasiano en el Senado, ni Harry Burns cuando votó para ratificar la enmienda relativa al sufragio femenino a costa de sus perspectivas políticas; es el funcionario de tu zona cuando relega el partido a un segundo plano y hace lo que es importante para la gente. No solo es Galileo cuando se negó a dar la espalda a la ciencia, sino también la doctora Katalin Karikó, que trabajó meticulosamente en su infravalorado y mal dotado laboratorio durante décadas como pionera de la investigación sobre el ARN mensajero que permitiría desarrollar las vacunas contra la COVID-19. Su trabajo consistía en seguir realizando su trabajo, incluso cuando sus jefes se fueron y tuvo que volver a solicitar su puesto una y otra vez, incluso cuando era difícil encontrar reconocimiento.

Cumplimos con nuestro trabajo independientemente de si se reconoce o aprecia porque al aceptarlo prestamos una suerte de juramento. Firmamos un contrato. Nos pusimos el uniforme. Nos pagaron. Ahora tenemos que cumplir nuestra parte del trato.

Nuestro trabajo nos pondrá a veces en situaciones de vida o muerte, como a Floyd Mann. A veces tiene relación con los grandes acontecimientos de su tiempo o con descubrimientos científicos relevantes. Pero también puede ser mucho más corriente. Aunque salvar vidas y luchar contra el mal es importante, también lo es decidir no ser un empresario deshonesto o poco serio. O un burócrata inepto. Decidir entregarte por entero al magisterio, no dejar a ningún niño atrás, aunque te amplíen el horario y te congelen el sueldo. Representar de manera diligente a un acusado al que no soportas. Ser un deportista y un ejemplo.

Tal vez no parezca tan difícil, pero es lo bastante raro para que sepamos que lo es.

Profesionalidad. Deber. Compromiso. Dar prioridad a los ciudadanos, los clientes, el público y los pacientes. Y no solo en las profesiones que hemos elegido, cuando todo es maravilloso, sino cuando vienen mal dadas, cuando estamos en el filo de la navaja.

Eso te vuelve extraordinario.

Cuando lo hacemos, cuando cumplimos con nuestro trabajo, no solo ayudamos a la gente con la que tratamos, sino a la sociedad en su conjunto. Elevamos el listón. Es cierto, puede que nadie se dé cuenta. Puede que nada cambie. Puede que no te reconozcan el mérito. Puede que incluso cabree a tu jefe. ¿Y qué? La alternativa debería ser impensable.*

¿Que tu profesión no tiene un código ético? Créalo tú. No tener un código ético es una forma segura de generar dilemas morales, de caer, aunque sea sin querer, en zonas grises. ¿Cómo vas a poder hacer las cosas bien si no sabes qué está bien? ¿Cómo vas a poder hacer bien tu trabajo si no lo has definido?

Algunos trabajos son ambiciosos. Otros son muy humildes. «Cada cual tiene su lugar en la procesión», escribió Walt Whitman. Pero ¿lo desempeñamos bien? ¿Lo ocupamos convincentemente? ¿Lo honramos o lo deshonramos? Depende de nosotros.

En realidad existe una directriz común a todas y cada una de las profesiones. «¿Cuál es tu vocación?», se preguntó Marco Aurelio. La suya no era solo gobernar el imperio o escribir libros de filosofía, como la tuya no es solo ganar más dinero o terminar el papeleo a tiempo. Era algo más simple y más elemental. «Ser una buena persona», declaró.

Lo mismo es aplicable a ti. Tu trabajo consiste en ser como Floyd Mann, pase lo que pase en tu sector, en los tiempos difíciles que te ha tocado vivir. Protege a la gente. Da la cara. Sé sin-

* Y cabe decir que, si esperan que hagas algo que está mal..., no es tu trabajo.

cero. Preocúpate. Compórtate como un fiduciario. Aunque no estés legalmente obligado a serlo, debes obligarte a tener un nivel más elevado que el hollado por la multitud.

Te hiciste una promesa a ti mismo.

Ahora cúmplela.

No te ensucies las manos

—Toma —le dijo un policía con ropa de paisano a Frank Serpico una tarde en un aparcamiento—. Tenía esto guardado para ti.

Era un sobre que contenía trescientos dólares.

—¿Qué hago con esto? —preguntó Serpico.

El policía se sorprendió.

—Lo que te dé la gana —respondió.

Allí estaba, finalmente a la vista. Ya no había manera de negarlo. La tentación implícita de cualquier persona en una posición de poder de repente se había concretado en forma de un fajo de billetes viejos de diez y veinte dólares.

Le habían entregado un soborno.

¿Lo aceptaría Serpico, un policía de uniforme que aspiraba a convertirse en detective? ¿Se corrompería como el resto del departamento? Sería más fácil si lo hiciese. En caso contrario, el camino no estaba claro. ¿A quién podía contárselo? Aunque tirase el sobre, ¿cambiaría el hecho de que alguien se lo había entregado, y de que la persona que se lo había proporcionado ahora esperaba algo?

La historia de Frank Serpico parece de ficción, pero es muy verídica y atemporal. Fue su decisión de no dejarse comprar, de no dejarse corromper, de arriesgar su trabajo y su seguridad para hacerlo público lo que resulta tan insólito.

Para el resto de nosotros, sin embargo, la corrupción suele ser mucho más sutil.

Nadie nos pide que robemos un banco, y rara vez nos lanzan un sobre de dinero, pero puede que nos pregunten si queremos una tajada cuando tienen acceso a la cuenta de gastos de la empresa. No nos ponen una pistola en la cabeza, pero se encargan de dejarnos bien claro el apoyo que perderemos si adoptamos una postura determinada. Nos muestran que sería mucho más fácil, que es mucho más sencillo de esta forma. Se encogen de hombros y dicen: «¿Acaso no nos lo merecemos?».

Hubo un grupo de romanos ricos que se hartó de la moral rectora de Catón el Joven, de modo que se confabularon para conseguirle un empleo en una provincia lejana del imperio conocida por sus negocios turbios y su acceso a placeres y lujos. «Volverás convertido en un hombre mucho más agradable y dócil», predijo uno de ellos a Catón. No trataban de sobornarlo de manera explícita; simplemente querían exponerlo al modo en que se suponía que se hacían las cosas. Querían insensibilizarlo un poco.

Tenemos que resistirnos a eso. Que el resto de la gente haga las cosas de una forma determinada no significa que sea la correcta. Que sea la manera en que siempre se han hecho no significa que debamos aceptarla. Que la oferta parezca inofensiva, o que se haga sin ejercer presión, no significa que no intenten corrompernos ni alterar nuestra moral.

Es la escena de *El gran Gatsby* en la que Gatsby trata de abordar al joven Nick Carraway, a quien necesita para recuperar al amor de su vida. «Tengo, como complemento, un pequeño negocio, algo accesorio, ya sabes. Y he pensado que si tú no ganas mucho... esto podría interesarte. No te exigiría demasiado tiempo y podrías sacarte un buen dinero. Es algo confidencial».

Años más tarde, Carraway, al comprender que Gatsby era un gánster y un contrabandista, llega a ver que «en otras circunstancias aquella conversación podría haber provocado una de las crisis de mi vida». Gatsby intentaba atraerlo a esa vida; no de forma cruel, porque esperaba pedirle un favor más adelante. Pero Carraway, al darse cuenta de que le hace la oferta «de un modo poco sutil y sin el menor tacto por un servicio que aún había que prestar», lo interrumpe y alega que está demasiado ocupado.

Nos decimos que no afectará a nuestro juicio. ¿Por qué no podemos ganar un poco de dinero extra? Nadie saldrá malparado...

A nadie le sorprendió que Patrick Reed traicionase al circuito de golf estadounidense PGA Tour para aceptar un cuantioso contrato del LIV, un competidor financiado con dinero saudí. Al jugador le daba igual estar libre de sospecha en lo tocante a las reglas, de modo que ¿por qué iba a importarle de dónde venía su dinero? ¿Por qué iba a importarle cómo afectaba su decisión al deporte o a otros golfistas prometedores?

Lo que él y los demás golfistas que abandonaron el barco (y luego trataron de intimidar a su antigua liga para que les dejase conservar sus antiguos privilegios también) hicieron no era ilegal, pero era bastante repugnante.

Roy McIlroy, en cambio, rechazó cientos de millones de dólares porque pensaba que la nueva liga perjudicaba al deporte.

Una decisión «que tomas en la vida exclusivamente por dinero no suele acabar bien», explicó.

¿Qué sacó a cambio de esa lealtad? ¿De las victorias que le costó la distracción de todo aquello?

El PGA Tour y su comisionado lo traicionaron a él a su vez intentando fusionarse con la misma liga a la que semanas antes habían implicado en los terribles atentados del 11 de septiembre de 2001. (Podría decirse que él salió bien parado. A Frank Serpico sospechosamente le dispararon en la cara en acto de servicio después de dar el soplo).

Cuando no quieres mancharte las manos, te ganas enemigos. Tu decisión reprueba de forma implícita la suya. Y puede que sean más fuertes, más astutos o más crueles que tú. Pero lo que importa a fin de cuentas es que tú te has comportado con dignidad y amor propio.

«En esta larga carrera, he seguido ciertas reglas, ganara, perdiera o empatase —explicó Truman—. Me he negado a usar dinero político en modo alguno. No me he involucrado en ningún interés privado que pudiera verse favorecido por gobiernos locales, estatales o nacionales. He rechazado regalos, alojamientos en hoteles o viajes pagados por terceras partes [...] No di discursos a cambio de dinero ni de gastos mientras estuve en el Senado. He vivido del sueldo al que tenía derecho legalmente y he considerado que trabajaba para los contribuyentes y el pueblo de mi región, mi estado y mi país».*

* Cabe señalar que el almirante Rickover, cuya orden inspiró el título original de este libro [*Right Thing, Right Now*], se vio implicado en un escándalo al final de su carrera de sesenta y tres años por haber recibido

Por eso no tenía una gran fortuna que dejar a su hija, reconoció, pero le legaría algo que creía que no se podía robar: «una reputación honorable y un buen nombre». Era responsabilidad de ella, como lo es de todos, no echar a perder esa herencia.

Nadie dice que tengas que ser un santo. Solo procura no ser un vendido. Procura no «impregnarte de un sentimiento de majestad», como se recordaba Marco Aurelio, refiriéndose la forma en que el cargo parecía cambiar a las personas que lo ocupaban. Trata de respetar tu código, tus compromisos, tu conciencia. Ten cuidado con las zonas grises. Ten cuidado con la falsa promesa del «solo esta vez». Trata de evitar las tentaciones, trata de despreocuparte de lo que hacen las personas que te rodean. Trata de estar como mínimo más limpio que la media. Más limpio que la gente que te ha precedido. Más limpios de lo que eras ayer.

El capitán Arthur MacArthur —el padre de Douglas MacArthur— sirvió en Nueva Orleans después de la guerra de Secesión. Allí, un comerciante de algodón que intentaba hacerse con el uso de unas instalaciones militares dejó un importante soborno en efectivo en la habitación de hotel del joven oficial. MacArthur tomó el dinero y, en lugar de quedárselo, lo mandó a la Secretaría de Hacienda de Estados Unidos. «Solicito que se me releve de

---

supuestamente regalos valorados en varios miles de dólares de contratistas militares (la mayoría de los cuales cedió a políticos y personas que trabajaban para él). Considerando que había seguido en la marina asumiendo muchos gastos de su propio bolsillo y que supervisaba de manera regular presupuestos valorados en muchos millones de dólares, estaba claro que lo que buscaba no era dinero y beneficios. Aun así, fue ese error de juicio lo que dio a sus enemigos la oportunidad de hacerle daño. Por eso debemos tener las manos limpias.

inmediato de este cargo —escribió a sus superiores—. Se están acercando a mi precio».

Tienes que conocer tus debilidades y tomar decisiones para poder ser fuerte.

Y es que, si no lo hacemos, tendremos problemas de verdad. La primera vez que lo vemos nos horroriza. Los nuevos marineros a bordo de barcos negreros reaccionaban con espanto. Lo mismo pasa con los ejecutivos que visitan una fábrica donde se explota a los trabajadores. O con un carcelero. El primer contacto con dinero ilícito. Pero ¿la tercera o la cuarta vez? ¿Y después de una temporada en el puesto? Entonces se convierte en parte del trabajo. Tenemos la conciencia embotada.

Pocos pueden negociar con basura sin ensuciarse. Muy pocos pueden llegar a un arreglo sin quedar comprometidos.

Cuando Catón volvió de Chipre, se enfrentó a una Roma que estaba dispuesta a llegar a un acuerdo con César, pese a que este infringía las normas de Roma. Pensaban que podían colaborar con César y aprovechar su energía para sus propios fines. Catón les advirtió de que se trataba de un acuerdo peligroso. Estaban aupando a César a sus hombros, dijo, pero a la larga se quedarían sin fuerzas para cargar con él, o para dejarlo.

Lo mismo ocurre con el trabajo sucio que haces a alguien por dinero, por privilegios o por una oportunidad de progresar. O con eso a lo que haces la vista gorda. Una persona se acomoda. Descubrimos que sí que teníamos un precio.

Y entonces pagamos el precio definitivo.

Porque esa es la clase de persona en que nos hemos convertido.

La integridad lo es todo

En 1935 Martha Graham tuvo la oportunidad de su vida: la invitaron a presentar su obra en los Juegos Olímpicos que se celebrarían al año siguiente. Se trataba de una coreografía en una plataforma internacional, la clase de oportunidad que ninguna persona con talento o ambición podía permitirse rechazar.

Y, sin embargo, ella la rechazó.

«Tres cuartas partes de mi compañía son judíos —dijo a los emisarios de Berlín—. ¿Creen que iría a un país en el que tratan a cientos de miles de sus correligionarios con la brutalidad y la crueldad que han mostrado ustedes a los judíos?».

Sorprendidos de que el interés propio no hubiese sido suficiente, de que a ella no le interesase mirar hacia otro lado como había hecho el resto de la gente a la que se lo habían pedido, la delegación nazi probó con otra táctica. «Si no viene —le dijeron—, todo el mundo se enterará, y eso le perjudicará».

No obstante, Graham sabía que ocurriría justo lo contrario. «Si no voy —contestó—, todo el mundo sabrá por qué lo he hecho, y eso les perjudicará a ustedes».

Era una artista pobre, ya entrada en los cuarenta, y el dinero y la publicidad le habrían ido bien. Pero aquello no valía su integridad. No valía su alma. Y, al actuar de acuerdo con sus principios, asestó un golpe público a un mal que todavía no habían condenado suficientes personas.

«Integridad es una de esas palabras que muchas personas guardan en un cajón con la etiqueta "muy difícil"», reflexionó el almirante James Stockdale después de su estancia en el Hanoi Hilton, la tristemente célebre cárcel norvietnamita.

¡Y es muy difícil!

Como señala F. Scott Fitzgerald en otro de sus relatos, en el que un personaje elige entre hacer saltar por los aires su carrera en Wall Street o hacer lo mejor para unos granjeros pobres que van a cerrar un acuerdo comercial: «La gente habla del coraje de las convicciones, pero en la vida real el deber de un hombre hacia su familia puede hacer que un proceder rígido parezca una indulgencia egoísta de su propia rectitud».

A pesar de ser el artífice de la victoria de la Unión en la guerra de Secesión, la relación de Ulysses S. Grant con la esclavitud fue compleja, como para muchos estadounidenses en aquel entonces. Grant creció en un estado libre, y su padre había sido un ferviente abolicionista, pero su esposa se había criado de forma holgada en una plantación en la que trabajaban esclavos. Luego estaba la realidad económica: a Grant lo habían expulsado del ejército y mantenía a su familia vendiendo leña a un lado de la carretera y tratando de ganarse la vida a duras penas en una parcela de treinta hectáreas llamada Hardscrabble («Miserable»).

Hundido económicamente, degradado de capitán militar a agricultor pobre de solemnidad, Grant pasó de repente a ser propietario de un esclavo llamado William Jones, probablemente un «regalo» de la familia de su esposa. Ya no había forma de evitar el prolongado malestar que le despertaba la esclavitud: ya no era una práctica que ejercían los demás, ni algo de lo que él se beneficiaba de manera indirecta. Él era dueño de otro ser humano.

Grant no podía tolerar semejante injusticia. Aunque fuese la tabla de salvación por la que había rezado. Aunque fuese una forma de salir de su humillante y fatigosa pobreza. El 29 de marzo de 1859, Grant tomó la costosa decisión de conceder la libertad a William Jones. Podemos imaginarnos a Grant intentando explicar a su esposa que había liberado a un esclavo «valorado» en mil dólares porque no soportaba venderlo, y a ella viendo cómo el derrengado y maltrecho graduado de West Point volvía penosamente al campo.

No era más que una persona, apenas nada en un sistema que esclavizaba a unos cuatro millones de hombres, mujeres y niños en aquella época, pero eso no cambiaba lo que significaría para esa persona. También significó algo para Grant, aunque apenas pudo permitirse pensar en ello. Tenía que volver al trabajo, una labor honorable —aunque difícil de soportar— comparada con arrancar el pan del sudor de la frente de otro hombre.*

La integridad es vivir de acuerdo con lo que consideras que es correcto. No lo que puedes hacer con impunidad, ni lo que los demás hacen.

En general, no es ilegal vender cosas a personas tontas que no saben mucho. Faltar a tu palabra solo es delito en un puñado de

* Como le pasó a Lincoln, las opiniones de Grant sobre la legalidad de la esclavitud seguirían evolucionando hasta la guerra de Secesión.

casos. De hecho, en Estados Unidos mentir —incluso de manera flagrante— está protegido por la Primera Enmienda. Pero que podamos hacerlo no significa que debamos hacerlo.

Todos tenemos obligaciones, opiniones e incentivos contrapuestos en la vida. A lo largo de nuestra existencia se nos presentarán disyuntivas. Nos veremos en molestos dilemas morales, nos asaltarán tentaciones, la lógica de una situación determinada. Stockdale sin duda lo sabía. Era padre, era ciudadano, era oficial: era una persona que trataba de sobrevivir en el cruel y tortuoso mundo de un prisionero de guerra. Estaba destrozado. Le habían ofrecido una oportunidad de librarse de todo aquel dolor si ayudaba a sus captores... y a sí mismo. «La integridad de una persona puede ofrecerle algo en lo que apoyarse cuando su perspectiva se desdibuja —explicó—, cuando sus normas y principios se tambalean, y cuando se enfrenta a decisiones difíciles sobre el bien y el mal. Es algo que le ayuda a seguir por el buen camino, que le mantiene a flote cuando se está ahogando».

Hay una expresión que dice «Un principio no es un principio a menos que te cueste dinero». La integridad deja de ser una abstracción cuando la vida te ofrece la oportunidad de actuar en consecuencia. La integridad se vuelve entonces real. Se demuestra. Has demostrado que eres responsable y responsable de ella.

Pero la integridad no solo nos quita. También nos guía, nos sostiene, nos tranquiliza.

En una ocasión al filósofo Agripino le abordó un hombre que había sido invitado a uno de los famosos banquetes de Nerón. Estaba considerando asistir, a pesar de lo malo que era Nerón, porque no quería ganarse enemigos. ¿Qué opinaba Agripino? «Adelante», le dijo este. «Pero usted no va», respondió el hombre. «Así es», dijo Agripino: «Yo ni siquiera me planteo la pregunta».

La integridad ya la había contestado por él.

¿Cómo podría haber mirado Graham a los ojos a sus amigos judíos cuando los horrores del régimen nazi salieron a la luz, sabiendo que había prestado su nombre a una campaña de propaganda? Grant no tenía grandes perspectivas de futuro en el campo, pero sabía que tenía las manos limpias. Puede que estuviesen llenas de callos y de ampollas, pero se hallaban limpias.

Eso es lo que dijo Joan Didion sobre el amor propio, donde tiene su origen la integridad. Vivir sin él, advirtió, «es pasarte la noche en vela, sin que puedan ayudarte ni la leche caliente ni el fenobarbital ni la mano que descansa sobre la colcha, contando tus pecados por acción y por omisión, las confianzas traicionadas, las promesas sutilmente rotas y los dones irrevocablemente desperdiciados por pereza o cobardía o dejadez».

Una vida de integridad te costará cara. Será difícil.

Y, sin embargo, todos sabemos que vivir sin ella es el peor destino posible.

Cuando vemos que los demás nos adelantan porque han actuado sin ella, cuando vemos que se saltan las reglas o reciben sobornos, debemos recordar adónde acaba llevando ese camino.

La integridad puede quedar a veces relegada al cajón con la etiqueta «muy difícil», pero la vida es mucho más dura y mucho más triste sin ella.

Desarrolla tu potencial

Una fría noche de 1927 en Chicago, el arquitecto e inventor Buckminster Fuller decidió poner punto final. Era un fracasado. Lo habían expulsado de Harvard. Había enterrado a una hija. Su problema con la bebida era un secreto vergonzoso.

Había llegado la hora, pensó, de adentrarse lo más lejos que pudiese en el lago Míchigan y ahogarse.

Sin embargo, cuando se preparaba para morir, oyó una voz que decía: «¿Cómo te atreves? ¿Quién te crees que eres para abandonar las responsabilidades de la vida? ¿Para con tus hijos? ¿Para con el mundo?».

«No tienes derecho a matarte —declaró la voz—, no te perteneces a ti mismo. Perteneces al universo. El significado de tu vida seguirá siendo un misterio para ti, pero puedes pensar que si te dedicas a transformar toda tu experiencia en beneficio de los demás, estás alcanzando tu significado. Tú y todos los hombres estáis aquí por otros hombres».

Regresó de la orilla con esa idea, que de hecho lo acompañó el resto de su vida. El trabajo que realizó, los inventos que creó, los hijos a los que crio fueron una tentativa de cumplir esa obligación, la de que no estaba en este planeta por su propio beneficio, sino para ser bueno y hacer el bien a los demás.

Resulta demasiado perfecto que la historia de la Biblia sobre tres criados a los que su amo ha dejado una cantidad de dinero se conozca como la parábola de los talentos. Un criado, hábil y competente, invierte y transforma cinco talentos (una suma muy elevada) en diez. El segundo criado, más despacio que el primero, consigue hacer lo mismo. El tercero, abrumado por la propuesta o sin interés por participar, se limita a enterrar el suyo en la tierra para tenerlo a buen recaudo.

La verdadera moraleja de la historia tiene que ver con lo que hacemos con los talentos que se nos han concedido, qué hacemos con nuestra vida y con las oportunidades que se nos presentan.

Algunos crecen. Otros se esconden. Otros alcanzan su potencial. Otros, no.

Y es una cuestión de justicia.

Del mismo modo que los criados debían a su amo obtener algún rendimiento del dinero que les había confiado, del mismo modo que Buckminster Fuller debía a quien le dio la vida hacer algo con ella, nosotros debemos a nuestro amo —al mundo— sacar el máximo partido a las aptitudes y las habilidades que todos poseemos. Si no hubiese personas que hiciesen eso, ¿dónde estaríamos?

No habría progreso. Ni grandeza. Ni arte. Ni innovación. Ni valentía en el campo de batalla. Ni cambios sociales.

Florence Nightingale nació con todo ese potencial. Tenía estudios. Tenía riqueza. Tenía privilegios. Pero durante muchos años —dieciséis, para ser exactos— fue como el tercer criado. Se escondía bajo tierra. Dejaba que sus padres y su miedo a lo que pensasen de ella la paralizara. Apartaba la mirada de su destino, no encontraba en su interior la fuerza para responder a la llamada. Y el mundo era peor por ello, como es peor cuando cualquier persona se acomoda o se amilana.

Pero con tiempo y con aliento, se atrevió. Rompió sus cadenas y descubrió que las ataduras que la sujetaban no eran más que paja. Con ello derribó siglos de malas prácticas médicas, circunstancia que permitió salvar la vida a millones de soldados en todo el mundo.

Sin embargo, todos desoímos esa llamada a nuestra manera, si no de forma abierta, entonces como hizo Jimmy Carter, un hombre cuya vida quedó tan marcada por la lectura de la parábola de los talentos a una tierna edad como por la intervención del almirante Rickover, que le preguntó sin rodeos por qué no había dado siempre lo mejor de sí. Cuando no damos lo mejor de nosotros, cuando nos refrenamos, nos estamos engañando. Estamos engañando a nuestros dones. Estamos engañando a aquellos que podrían beneficiarse si alcanzásemos todo nuestro potencial.

Mucho se espera, dice la lección de la parábola, de aquel a quien mucho se le ha dado.

Eso no significa necesariamente dinero y éxito. «Entiendo que sientas que no ser el mejor en tu especialidad sea un fracaso —escribió el tío Will a Walker Percy en aquella carta—. Yo pensaba lo mismo de la poesía. Pero ahora no me arrepiento de haberla escrito, aunque lo que escribí no sea comparable a lo mejor y pueda caer pronto en el olvido. Si hubiese pensado que esa sería su suerte, no la habría escrito, pero ahora me alegro de haberlo hecho. Era lo mejor que podía ofrecer, y si no es lo mejor que otra persona puede ofrecer, no es de mi incumbencia».

Da lo mejor de ti. Conviértete en lo que puedes ser. Se lo debes al mundo.

Esa actitud marca una diferencia, aunque los demás sean indiferentes: la gente que desarrolla al máximo su potencial da trabajo a otras personas, inspira a otras personas, abre puertas a otras personas, descubre y hace cosas útiles para otras personas, crea mercados para otras personas, tiene una plataforma que puede usar para dirigirse a otras personas. ¿La decisión de participar en ese sistema por ti y, con ello, por los demás? Es una elección moral.

Si no estás de acuerdo, considera la alternativa. Un sistema que destruye los incentivos para desarrollar el potencial al máximo. Un mundo en el que la gente no participa. En el que todo le da igual. En el que no lo intenta. ¿Cuántos avances no se producen? ¿Cuántos cambios no tienen lugar? ¿Cuánto sufrimiento innecesario hay?

«Aquel que consiga que crezcan dos mazorcas de maíz o dos briznas de hierba donde antes solo crecía una —escribió Jonathan Swift— merece lo mejor para sí y hace más servicio a su país que todos los políticos juntos». Lo mismo es aplicable a cualquier tipo de líder. El que llega a un acuerdo donde nadie veía una posibilidad, el que devuelve la confianza en lugar de romperla, el que desarrolla plenamente el potencial de su cargo o sus poderes es una persona que imparte un mínimo de justicia en un mundo injusto.

De hecho, uno de los principios más básicos de la economía es la ley de la ventaja comparativa. Si a uno de nosotros se le da mejor el cultivo del maíz, a otro el cultivo de hierba y a un tercero el arte de la política, la mejor forma de servir al mundo es hacerse cargo de esa especialidad. Si nos dedicamos a lo que otras personas quieren o piensan que deberíamos —o no tenemos la disciplina para concentrarnos en lo principal—, estamos privando al mundo de algo.

Angela Merkel era una científica de gran talento, pero con el tiempo llegó a darse cuenta de que los científicos de talento eran más comunes que los políticos de talento. Como Merkel, como Nightingale, tú tienes ventajas y dones únicos. Como el presidente Carter, el nivel de desempeño y de compromiso que albergas dentro de ti es superior a lo que has ofrecido hasta ahora. ¿Qué harás al respecto?

Oscar Wilde creía que cada ser humano era una profecía, que teníamos un destino. Según él, nuestro cometido era cumplirlo. Como escribió en *El retrato de Dorian Gray*: «El objetivo de la vida es el propio desarrollo. Alcanzar la plenitud de la manera más perfecta posible, para eso estamos todos aquí». Sin embargo, escribió, mucha gente, como el tercer criado, tenía miedo de sí misma, de la tarea que se le había asignado.

¿Te convertirás en lo que estás destinado a ser? ¿Irás adonde más te necesitan?

Ese es el interrogante.

No responderlo porque tienes miedo supone una traición a tus dones. Supone defraudar al mundo.

Sobre todo cuando consideramos que es posible tener un objetivo aún más ambicioso que «desarrollar al máximo» nuestro potencial. Porque esa expresión da a entender que cada persona tiene solo una cantidad finita. ¿Y si es posible hacer aún más?

Debemos intentar hacer realidad las cosas que nadie pensaba que eran posibles, que nadie habría esperado de nosotros. Más que dar lo mejor de nosotros mismos, debemos esforzarnos por convertirnos en la mejor versión de nosotros mismos, por competir con los mejores. «El designio de un hombre debe superar lo que alcanza».

Desde luego ese designio, ese estiramiento, es lo que nos acerca al cielo.

Pero aquí abajo, en la tierra, lo que no te conviene, lo que la gente nunca debería tener necesidad de decir sobre ti, es la acusación más detestable que existe:

Podría haber sido más.

Podría haber hecho más.

Desperdició sus dones.

Sé leal

El desencuentro que se produjo entre Truman y Eisenhower no se debió a nada que Eisenhower le hubiese hecho a Truman. De hecho, Eisenhower no había hecho nada. De eso se trataba.

Como muchos de los mejores oficiales de Estados Unidos, Eisenhower había tenido de mentor al general George Marshall. Durante décadas, Marshall había llevado una pequeña lista con los nombres de los hombres a los que quería ayudar a progresar, cosa que hizo incansablemente en beneficio del mundo libre. Tanto es así que en 1943, cuando Franklin Delano Roosevelt ofreció a Marshall, entonces jefe del Estado Mayor del Ejército de Estados Unidos, la oportunidad de ponerse al mando de las fuerzas aliadas en el desembarco de Normandía, Marshall la rechazó para que la misión recayese en su protegido; un gesto de un desinterés solo superado por el hecho de que se tomase la molestia de enviar una copia original de las órdenes presidenciales a Eisenhower como recuerdo y felicitación.

Habida cuenta de su papel indiscutible como artífice de la victoria de los aliados en la Segunda Guerra Mundial, pocos podrían haber predicho que unos años más tarde Marshall sería calumniado en repetidas ocasiones por el senador Joseph McCarthy, que afirmó sin fundamento que Marshall era comunista y un traidor. En 1951, en un discurso ante el Senado, McCarthy situó a Marshall en el centro de una «conspiración de una escala tan enorme que empequeñece cualquier iniciativa semejante en la historia de la humanidad».

Era demencial. Era cruel. También era popular y ampliamente aceptado.

En un acto de campaña organizado en Wisconsin en 1952, Eisenhower tenía ocasión de hacer algo al respecto. «Lo conozco, como hombre y como soldado —tenía pensado decir Eisenhower en defensa de la persona a la que le debía la carrera—, y sé que está consagrado con singular desinterés y el más profundo patriotismo al servicio de Estados Unidos». Pero el gobernador de Wisconsin, a quien le preocupaba que le costase a Eisenhower los votos electorales del estado —y a quien también le preocupaba lo incómodo de la situación, dado que compartía escenario con McCarthy—, rogó a Eisenhower que lo dejase correr.

Solo tenía que pronunciar unas palabras —ya escritas— en nombre de un gran hombre al que conocía bien.

En cambio, decidió no hacer nada.

Fue más que una falta de valor; fue un asombroso momento de deslealtad. Después de todo lo que Marshall había hecho por su país, y lo que había hecho personalmente por Eisenhower, allí estaba él, abandonando por cálculos políticos, comprometiendo, diría Truman, «todo principio de lealtad personal al ser cómplice de [un] ataque difamatorio basado en una gran mentira».

Nunca podría ver a Eisenhower de la misma forma. ¿Cómo pudo Eisenhower —un hombre por lo demás bueno y valiente— dejar a Marshall colgado de esa manera? ¿Cómo pudo vivir consigo mismo?

La respuesta es «como lo hacemos todos».

Sin pensar siquiera en ello. Diciéndonos que no puede hacerse nada. Diciéndonos que lo entenderán... porque ellos harían lo mismo en nuestra situación. Diciéndonos que es por el bien común.

Dejamos el pueblecito del que venimos en el retrovisor. Nos separamos de las personas que nos descubrieron cuando nos volvemos importantes. Dejamos a un amigo colgado porque nos conviene alejarnos de él como si fuese radioactivo. Abandonamos a un proveedor de toda la vida cuando alguien nos ofrece unos centavos de ahorro.

Justificamos el uso del cuchillo mientras este se clava. Nos negamos a mirar y dejamos que lo haga otra persona.

La lealtad es cara. Es incómoda. Estorba. Es desagradable, es complicada, es difícil de explicar.

Durante años, Estados Unidos fue un país exaltado y dividido por la «amenaza roja» de McCarthy. Muchas personas inocentes perdieron su empleo y su reputación. Se rompieron relaciones y se cortaron vínculos, de manera preventiva, a modo de protección. A nadie le interesaba la presión ni las molestias, y si te encontrabas en el punto de mira, era culpa tuya... y sálvese quien pueda.

También pusieron al descubierto a algunos espías de verdad, uno de los cuales puede que fuese Alger Hiss, acusado primero de revelar secretos a los soviéticos, pero al final llevado ante los tribunales bajo acusaciones de perjurio por un congresista ambicioso, Richard Nixon.

En la actualidad hablamos de la «cultura de la cancelación», pero Hiss se enfrentaba a fiscales federales, una posible pena de muerte por traición y la inevitable muerte social y profesional que acarrea la polémica. Aunque las pruebas contra él no eran precisamente irrefutables (y con la perspectiva del tiempo, cualquier cosa relacionada con Nixon y J. Edgar Hoover despierta escepticismo), las acusaciones eran gravísimas.

Sin embargo, sorprendentemente, el secretario de Estado de Truman, Dean Acheson, apoyó a Hiss, un viejo amigo y excompañero. «No lo abandonaré», dijo Acheson a su esposa la mañana que iba a conceder su rueda de prensa semanal. Los periodistas, que presentían una noticia importante, preguntaron a Acheson por Hiss. Acheson hizo las declaraciones de rigor: que el asunto se hallaba en los tribunales y que era inadecuado hacer comentarios sobre un asunto legal que todavía estaba por resolver. Podría haberse detenido en ese punto, mostrándose neutral, sin comprometerse, declinando hacer más comentarios.

Pero Acheson no lo hizo, por cuestión de honor. «Supongo que el objetivo de su pregunta era sacarme algo aparte de eso —declaró a los periodistas—. Me gustaría dejarles claro que, sea cual sea el resultado del recurso que el señor Hiss y sus abogados presenten en este caso, no tengo intención de volver la espalda a Alger Hiss».

Y si bien su declaración fue tan chocante para los adversarios políticos de Acheson —que consideraban a Hiss un traidor— como emotiva para sus amigos, lo que importaba de verdad era lo que pensaba el presidente. Lo malo de las lealtades es que nunca guardamos una sola: nuestras obligaciones tienen niveles, y a veces entran en conflicto entre sí. Somos leales a nuestros amigos, pero también debemos lealtad a nuestra familia, a la que tenemos que mantener. Somos leales a alguien para quien hemos trabajado mucho tiempo, pero también debemos lealtad a nuestro trabajo, nuestra causa, que corre el riesgo de quedar comprometida. El deber de Acheson para con su amigo era real, pero ¿no tenía también obligaciones con su cargo, que representaba a su país? ¿Y con Truman, a quien servía?

De modo que Acheson se dirigió a la Casa Blanca, convencido de que tendría que presentar una vez más su dimisión a un presidente de Estados Unidos. Truman se opuso. «Me miró —reflexionaría Acheson— y dijo que entendía por qué había dicho lo que había dicho». Truman le contó la historia de cuando asistió al funeral de Tom Pendergast y le explicó que lo que importaba, lo que la gente recordaría, es que alguien apoyó a sus amigos. Entonces Truman miró a Acheson a los ojos y declaró: «Dean, que te disparen siempre por delante, nunca por detrás», y le mandó que volviese a su despacho. «Tenemos muchas cosas importantes que hacer».

Truman creía en la lealtad, incluso cuando le salía cara. Por eso fue al funeral, aunque le pasó factura desde el punto de vista político. También era leal a sus conciudadanos y a los contribuyentes, motivo por el que declinó todas las oportunidades de incurrir en prácticas corruptas que Pendergast pudo ofrecerle de forma solapada. Tampoco se mostró evasivo con su lealtad; podría haberse limitado a mandar flores. Fue franco con ella, no se quedó atrás ni esperó una oportunidad segura. Por eso permaneció al lado de Acheson como permaneció al lado de Hiss, aunque es posible que Hiss fuese profundamente desleal.*

¿Te gustaría tener a un presidente que no fuese leal? ¿Apostarías tu franquicia por un deportista que ve el negocio como una serie de transacciones, que no siente ninguna afinidad por la ciudad o el equipo? ¿Querrías invertir tu dinero con alguien que deja a la gente colgada porque le resulta molesto ayudarles? No, no lo harías.

La vida es dura. ¡La lealtad es complicada! (¿Y si Hiss hubiese sido culpable? ¿Debería haberlo abandonado entonces Acheson?). Nadie ha dicho que no lo fuese, nadie ha dicho que la amistad se redujese a recibir sin dar nada. Muchos denunciantes posibles han guardado silencio por lealtad o por amor a la institución a la que sirven, dudando si su obligación era a una persona o una organización... o a la verdad. Tampoco debemos pasar por alto en qué situación puede dejarnos la lealtad: los teóricos de los juegos hablan del «pago del incauto», perfectamente expresado por Séneca cuando dijo que «la lealtad no es para el hombre desleal más que un medio para causar daño».

Es cierto. ¿Y qué?

No controlamos lo que hacen los demás. No controlamos que vivamos en una época de justicia popular. No controlamos el hecho de que esas decisiones sean angustiosas y complejas, y que no haya ningún manual. Controlamos lo que hacemos.

* Hiss mantendría su inocencia hasta su muerte, en 1992. Las pruebas reveladas después de la caída de la Unión Soviética no eran favorables, pero su culpabilidad real sigue siendo objeto de debate.

Tenemos que tomar la decisión, aceptarla, aunque suponga que nos disparen de frente en lugar de quedarnos escondidos al fondo. No podemos ser los Eisenhowers callados, sabiendo lo que debemos decir o hacer, lo que nos parece correcto, pero negándonos en el último momento, sin querer recibir la presión.

No, tenemos una obligación...

... con la gente que nos ha ayudado.

... con los lugares que nos han formado.

... con aquellos que nos han sido leales.

... con la verdad y con nuestra causa.

... con los oprimidos, los acosados y los que no tienen amigos.

No podemos lavarnos las manos. No podemos quedarnos al margen. No podemos abandonar el barco.

No tenemos por qué justificar lo que ellos han hecho. La lealtad no significa proteger a la gente de las consecuencias de sus actos. Aun así, la persona que está viendo cómo se desmorona su vida es alguien con quien deberíamos ser comprensivos; alguien a quien deberíamos, si no vestir y alimentar, al menos enviar un mensaje agradable. Aunque estemos decepcionados o furiosos con esa persona. Aunque haya obrado mal. Al menos podemos llamarla y ver cómo le va. Cuando los demás se apartan, nosotros nos acercamos. Cuando los demás empiezan a pensar en sí mismos, nosotros nos negamos a traicionar nuestro compromiso.

Podemos quererla como persona, aunque detestemos lo que ha hecho.

En medio de uno de esos escándalos, uno de los asesores de Truman intentó ser pragmático con el presidente. «Ha sido leal a personas que no le han sido leales a usted, señor presidente», dijo.

Era verdad. Pero ese es el quid de la cuestión.

La lealtad es algo que entregamos. No es algo que esperamos.

Ni es algo que debamos esperar que se comprenda siempre.

Lo hacemos porque es lo correcto.

Elige una estrella polar

Hubo un momento en que el magnate de la moda Dov Charney fue dueño del negocio de fabricación de ropa más grande de Estados Unidos, que producía unos cincuenta millones de prendas al año. Un costurero cobraba entonces, según la media mundial, algo menos de cincuenta centavos la hora. American Apparel, la empresa de Charney, pagaba hasta veinte dólares, además de subsidios de salud, comidas subvencionadas y transporte.

Los inversores estaban confundidos. No tenía sentido. Si Charney trasladaba las fábricas al extranjero, el negocio sería muchísimo más rentable. Habría menos errores. De hecho, en algunos casos, tendría acceso a una tecnología mejor y a más trabajadores.

Pero Charney tenía un motivo. «No me metí en este negocio para ganar la mayor cantidad de dinero posible —explicaba constantemente—. Si solo me importaran los beneficios, no me dedicaría a esto. Me habría hecho narcotraficante».

Por supuesto, Charney quería ganar dinero, pero esa no era su estrella polar. Le importaban los miles de trabajadores a los que daba empleo, y por eso había decidido tratarlos bien y les ofrecía cobertura médica y planes de pensiones en lugar de explotarlos en fábricas en el extranjero (no solo eran legales, sino la práctica habitual en el negocio de la moda). Le importaba el medioambiente. Le importaban los problemas políticos. Le importaba la expresión artística.

O al menos le importó durante un tiempo.

Y eso es lo que hace de Charney una figura tan fascinante y trágica. Durante años, su compromiso con algo más elevado que el interés propio le benefició, haciéndolo rico, famoso y querido. Los trabajadores lo vitoreaban cuando visitaba su fábrica. La prensa económica lo consideraba un genio.

Pero, con el tiempo, esa bondad se envileció y se vio sustituida —o pasó a competir— por su ego, sus rencores, su necesidad de control, sus negocios ilícitos y su falta de disciplina. Con ello, no solo hundiría y destruiría el negocio que había creado, sino que se convertiría en uno de esos héroes que viven para ver cómo se convierten en el villano de la historia.

Tal es el poder de una estrella polar. Tal es el poder de los valores. Son, como la disciplina, una especie de destino.

O una maldición.

En cualquier caso, anuncian una profecía. Determinan dónde acabaremos... y quiénes seremos cuando lleguemos allí.

La disciplina puede resultar restrictiva, como si le dijese a uno qué no puede hacer. La justicia es otra cosa. Se trata de un ideal al que aspirar, algo más elevado que tener como objetivo. Eso es una estrella polar. Algo a lo que apuntar. Algo más allá del horizonte que nos obliga a mirar hacia arriba y no hacia abajo.

Elimina el ruido. Resuelve los dilemas. De los puntos cardinales, la justicia es el más claro: nos orienta hacia el norte, nos señala adónde ir.

El tiempo cambiará. Pero las estrellas, no.

Para Truman, su compromiso no era simplemente con la sinceridad o la ecuanimidad, pero se trataba de esos valores por un motivo: constituían lo que un político debía al público al que servía. Su estrella polar eran el pueblo estadounidense y la Constitución de Estados Unidos, que se había redactado para proteger sus derechos. Su estrella polar era esa idea ancestral de virtud que había aprendido de niño y que lo afianzaba y lo orientaba incluso en los momentos más oscuros y turbulentos. El presidente citó en una ocasión al poeta Horacio de memoria: «Al hombre justo y firme en sus convicciones no lo apartan de sus propósitos ni la furia de los que le instan a hacer el mal ni el semblante amenazador de los tiranos».

¿No es eso lo que deseas tú?

Para la reina Isabel II, durante más de siete décadas, su estrella polar no fue el Imperio británico que había heredado, sino la Commonwealth —la asociación de cincuenta y seis países de todo el mundo—, a la que dedicó su vida. Para Martin Luther King Jr., se trataba de la no violencia —a la que según él tomó como su «legítima esposa»—, en busca de justicia y amor en el mundo. Para Régulo, el motivo de su sacrificio no fue solo el honor personal, sino la integridad y la seguridad de Roma. Para denunciantes como Ernie Fitzgerald o Cynthia Cooper, no se trataba solo de librarse de su responsabilidad o su complicidad en varios delitos —o progresar en sus carreras—, sino de informar al público, que merecía saber lo que estaba ocurriendo en su nombre o con su dinero.

Fue a esas causas a las que dedicaron los mejores años de su vida. Fueron esas causas las que aportaron claridad en medio del caos. Fue por esas causas por las que se negaron a hacer concesiones... y al mismo tiempo estuvieron dispuestos a hacer cualquier concesión. Su algo por qué vivir les permitió soportar, como dice la cita, cualquier cómo.

Por supuesto, esos portentos, esas personas no serían ni de lejos tan impresionantes si hubiesen seguido ese rumbo en la vida por interés propio, por orgullo, por un deseo de venganza, dominación o placer. Como observa el escritor Budd Schulberg en su novela clásica sobre la motivación y el carácter *¿Por qué corre Sammy?*:

> Qué fuego más formidable y qué luz más deslumbrante puede ser la ambición cuando hay algo tras ella, y qué débil bengala chisporroteante cuando no lo hay.

El dinero es una mala estrella polar..., aunque una fácil a la que recurrir cuando no se tiene nada mejor. Orgullo. Fama. Poder. Dominación. Esas cosas pueden llevarte a lo más alto, pero también pueden llevarte por el mal camino. Corrompen. Corroen.

La lealtad. La pasión por el deporte. El deseo de no ensuciarte las manos. La seguridad en ti mismo para competir limpiamente con los mejores. La integridad.

Los griegos tenían una palabra, *pleonexia* («codicia») para referirse al peor tipo de vida. Podríamos decir que la justicia, la virtud —ser bueno y no solo grande—, es la antítesis de eso. Una te lleva hacia el norte, la otra hacia el sur; una te lleva hacia delante, la otra hacia atrás, hacia abajo, a lo más profundo.

Cuando Charney obedeció a su conciencia, hizo grandes cosas. Cuando obedeció a sus bajos instintos, fue un monstruo. Lo perdería todo, pero, aunque no hubiese sido así, ¿qué habría pasado si la ley y la justicia no hubiesen ido a por él? Habría perdido igualmente porque se había descarriado.

Lo mismo nos pasa a nosotros.

¿Vamos a ser perfectos? ¿A hacer las cosas siempre bien? Lo dudamos. En esta vida nos desorientaremos. Sentiremos la tentación de desviarnos del camino. No siempre estaremos tan seguros como Agripino. Pero cuando flaqueamos, cuando nos perdemos, podemos alzar la vista a ese punto celestial. Podemos consultar a nuestra conciencia.

Si la obedecemos, llegaremos adonde tenemos que ir.

Sé justo, ahora

> Solo hay una forma de combatir la maldad general de la vida: la perfección moral, religiosa y espiritual de tu propia vida.
>
> LEÓN TOLSTÓI

A menudo sabemos qué es lo que hay que hacer. El problema es determinar cuándo. ¿Es esta la oportunidad adecuada? ¿El momento oportuno? Pero, para una persona íntegra, el momento oportuno es evidente.

En 1970 Jimmy Carter obtuvo una victoria inesperada en las elecciones a gobernador de Georgia. Y para su investidura en 1971 tenía preparada otra sorpresa. Tras una campaña conservadora en un estado conservador, dejó atónito a todo el mundo al anunciar: «Os digo con toda franqueza que el tiempo de la discriminación racial ha terminado».*

* Como gobernador, declaró: «No eludiré esa responsabilidad».

El almirante Rickover había intentado enseñar a Jimmy Carter que el momento adecuado para hacer lo correcto era «siempre ahora».

«Me resulta imposible aplazar algo que veo que tiene que hacerse», explicó Carter más adelante.

La disciplina es muchas veces una batalla contra la procrastinación. Pero la justicia también puede serlo. No queremos hacerlo porque sabemos que será difícil. Porque sabemos que conllevará unos costes. Porque tenemos otras prioridades. El truco está en que no tenemos por qué decirnos que no vamos a hacerlo; podemos contarnos una mentira reconfortante: «Lo haré luego», «Lo haré cuando tenga más seguridad», «Lo haré cuando de verdad cuente».

No obstante, eso vulnera el concepto de virtud de Aristóteles. Según él, no era algo que se alcanzaba, era una práctica diaria, un hábito. Y mediante esa práctica diaria, nos convertimos en quienes somos...

... o no.

«Podrías ser bueno hoy —se recordaba el emperador Marco Aurelio, es muy probable que mientras meditaba sobre una decisión igualmente controvertida—. Y en cambio decides serlo mañana».

Cuanto más sobresales del borde del trampolín, más difícil —y menos factible— te resulta saltar. Te obcecas. Aduces motivos. Te acobardas.

No prolonguemos nuestras dificultades. No eludamos nuestras obligaciones.

A la larga, tendremos que hacer lo correcto: realizar los cambios, presentar las disculpas, tomar la decisión difícil, dar el primer paso. Así pues, ¿por qué no quitárnoslo de encima?

En algún momento tendremos que pagar el precio. Empecemos, pues, a efectuar los pagos.

No más tarde. Ahora mismo.

SEGUNDA PARTE
El nosotros (sociopolítico)

> La justicia es la virtud que nos hace útiles para nosotros mismos y para los demás.
>
> SÓCRATES

No se trata de ti. Nunca se ha tratado de ti. La disciplina es una virtud que se centra en el yo, en cambio la justicia podría decirse que es una virtud que se centra en el nosotros. Se trata del *κοινωνικαί*, busca el bien común. Una cosa es ser alguien con rectitud personal, pero ¿para qué? Porque queremos hacer del mundo un lugar mejor. Porque queremos contribuir al beneficio del pueblo, como recomiendan los estoicos. Porque nos importan los demás: personas que son como nosotros, personas que no nos caen bien, personas a las que no conoceremos nunca, personas que ni siquiera han nacido aún. Nos unimos para hacer el bien juntos. Para hacer el bien por los menos afortunados, por los que están en apuros, por los perseguidos, por aquellos con opiniones y necesidades distintas de las nuestras. Para ser parte de la solución y no del problema. Para ampliar la definición de lo que es posible, de lo que es solucionable. Para hacer por los demás lo que nos gustaría que hubiesen hecho por nosotros, y al hacerlo, hacer algo por nosotros.

Tomad la antorcha que os arrojan nuestras manos exangües...

Ocurrió en mayo de 1787. Doce hombres se reunieron en una imprenta en el centro de Londres. Algunos eran cuáqueros. Otros eran anglicanos. Algunos eran jóvenes. Otros eran viejos. Algunos eran ricos. Otros no lo eran. Algunos tenían una larga trayectoria como activistas, mientras que otros no se habían manifestado públicamente en toda su vida.

La mayoría eran adinerados e instruidos y tenían muy pocos problemas personales o conocimiento directo de aquello a lo que juraron poner fin: el comercio de esclavos transatlántico.

Por supuesto, fue una de las instituciones más abominables de la historia de la humanidad. Pero también, en dólares actuales, una industria multimillonaria. Y a pesar de su importancia crucial en la economía de la época, esa terrible injusticia quedaba fuera de la vista del británico medio de forma totalmente intencionada: en Londres no había cadenas ni látigos ni capataces. Todo sucedía muy lejos.

Sin embargo, esos doce individuos —que habían nacido libres sin excepción— habían decidido unirse para destruirlo. Se trataba de una iniciativa tan ambiciosa como aparentemente inexplicable. Desde luego era algo nuevo por completo. Como escribiría el historiador Adam Hochschild, puede que fuese la primera vez que «un gran número de personas se indignaba, y seguía indignado muchos años, por los derechos de otro».

¿Es eso cierto?

Aunque no fuese la primera vez, sigue siendo un momento que cambió el mundo.

Y, como suele ocurrir, la abolición se inició en una encrucijada que Hércules habría reconocido.

En 1785, dos años antes de que se reuniese con doce personas en Londres, un joven llamado Thomas Clarkson participó en un concurso de ensayos mientras estudiaba Teología en Cambridge. La pregunta propuesta en el certamen era en latín, como todos los ensayos presentados: *Anne liceat invitos in servitutem dare?* «¿Es lícito esclavizar a otros contra su voluntad?».

Como a muchos estudiantes, lo que más preocupaba a Clarkson era la nota, de modo que se puso a escribir un texto que pudiese ganar, sin pararse a pensar demasiado en lo que él creía. Funcionó. Su impecable latín y su inesperado argumento —que sí, el punto de vista dominante de la sociedad estaba errado, era inmoral tener esclavos— le hizo merecedor del primer premio y de una gran fama académica. Sin embargo, a medida que se alejaba en su caballo de la universidad, impaciente por disfrutar del botín de su prometedora nueva carrera, Clarkson se sorprendió totalmente obsesionado con el tema.

A pesar de las ganas que tenía de despachar el asunto como una tarea más, un debate de clase, no podía parar de pensar en el argumento que había establecido. ¿Y si estaba en lo cierto?

¿Y si no estaba bien que una persona poseyese, vendiese o explotase a otra?

Cuando se desmontó para pensar, resultó que ni siquiera podía llevar el caballo al paso, tan ensimismado estaba en la pregunta que para entonces le resonaba sin parar en la cabeza. Allí, en un cruce de caminos, enfrente de Wades Mill, en Hertfordshire, Clarkson llegó a una conclusión que no solo cambiaría su vida, sino que transformaría el mundo: si el contenido de su ensayo era cierto, entonces «había llegado el momento de que una persona pusiese fin a esas calamidades».

Concretamente, esa persona podía ser él.

Al final, haría falta mucho más que un solo hombre, y también mucho más que una docena de activistas en una imprenta. Sería una coalición verdaderamente multinacional, multirracial y multigeneracional que trabajaría de forma conjunta y con independencia durante un siglo, hasta 1888, cuando Brasil se convirtió en el primer país importante que abolía la esclavitud.

Sería bonito pensar que habría ocurrido de todas formas, que la sociedad habría acabado haciendo lo correcto. Pero esa idea tiene algo deprimente, incluso desalentador, a pesar de lo generalizada que está. Y es que elimina el papel que los individuos particulares —que personas como nosotros— pueden desempeñar en el curso de los acontecimientos mundiales. Oscurece lo que un hombre o una mujer con coraje puede hacer para cambiar el rumbo de la historia hacia la verdad.

O lo que no puede hacer.

Pero, en el caso de Clarkson, había mucho que hacer.

Muchísimo.

Clarkson empezó por el principio. Insatisfecho con su conocimiento del tema, a un nivel universitario, se propuso estudiar e investigar la institución en la que la mayoría de la gente no quería pensar. Leyó todo lo que encontró sobre la esclavitud: cómo funcionaba, lo lucrativa que era, lo que pensaba la gente que se dedicaba a ella, cuáles eran sus secretos. Entrevistó a negreros y antiguos esclavos. Habló con sus compañías de seguros y con funcionarios portuarios. Visitó barcos de esclavos y se embarcó por primera vez en uno en el Támesis, bajo cuya cubierta descendió y, con «melancolía y horror», vio los calabozos en persona.

Con jornadas de trabajo de dieciséis horas, viajando miles de kilómetros al mes, examinó informes y llevó a cabo entrevistas. Documentó lo mortíferos que eran los barcos negreros para los esclavos, pero asimismo para las tripulaciones, pues hasta un 20 por ciento de los marineros morían en cada viaje. No se limitó a recopilar datos, sino también impactantes historias que el público no conocía. Cultivó aliados, se hizo amigo de un esclavo liberado y escritor llamado Olaudah Equiano y más adelante contribuyó a recaudar el dinero para comprar la libertad de Frederick Douglass. Se volvió íntimo del marqués de Lafayette y lo animó a adoptar la causa, que Lafayette ayudó a extender por Estados Unidos y Francia durante los treinta años siguientes.

Una de las mejores adquisiciones de Clarkson fue un hombre que se llamaba Josiah Wedgwood, un magnate de la cerámica que trabajaba para la reina. Wedgwood no solo se dejó convencer por los argumentos de Clarkson, sino que logró traducirlos en imágenes realistas para el público. Fue Wedgwood quien encargó un emblema para el grupo de activistas, un dibujo de un esclavo arrodillado, sujeto con esposas y grilletes, que pedía clemencia con los brazos levantados. «¿Acaso no soy un hombre y un hermano?», reza la leyenda a sus pies.

Resulta imposible imaginar lo poderosa que debió de ser esa imagen, habida cuenta de que somos hijos del mundo que ayudó a cambiar. Ya no ponemos en duda si ese esclavo humilde y afligido es un ser humano, un hermano de todos nosotros. Pero en el siglo XVIII, ese desgarrador retrato de los perjuicios humanos de la esclavitud impactó profundamente a la gente y les hizo ver por primera vez la falsedad de las agradables ficciones que permitían su indiferencia.

Poco después llegó otra imagen aún más poderosa, resultado directo de las concienzudas investigaciones de Clarkson. Con una fidelidad enfermiza, encargó un dibujo que reflejase los detalles exactos de un barco negrero real, con todos los esclavos dibujados a mano apelotonados bajo las cubiertas. «Los esclavos almacenados en los durmientes y debajo de ellos solo disponen de una altura de 78 centímetros entre los baos», dice la leyenda.

Allí estaba, todo expuesto. El orden y la eficiencia traicionados por las expresiones faciales apenas visibles de cada uno de los 454 hombres y mujeres del dibujo. Los esclavos no solo eran peones trasladados de un mercado a otro; eran empaquetados —peor que sardinas— con codicia industrial en condiciones a las que pocos seres vivos podían sobrevivir. Del mismo modo que las impresionantes fotografías de un monje en llamas o de niños en jaulas en la frontera pueden cambiar la opinión pública de la noche a la mañana, el diagrama de Clarkson tuvo el efecto de una explosión. Ya no se podía negar ni ignorar aquel horror. Nadie podía decir que era justo o lícito o digno.

Pero ¿qué podía hacer la gente? Pocos tenían derecho a voto en Inglaterra, desde luego ningún esclavo. Eso no era ninguna casualidad. Grupos de interés que se beneficiaban de la esclavitud —como pasa con cualquier injusticia— no estaban dispuestos a permitir que suprimiesen sus ganancias por medio de leyes. Es un problema eterno de los movimientos sociales: ¿cómo usan su voz los que no tienen voz para lograr un cambio?

Muchos años más tarde, la poeta Audre Lorde dijo que «las herramientas del amo nunca desmantelarán la casa del amo». Sin embargo, en lo tocante a la abolición, hay pocas citas menos acertadas, y eso es algo bueno. Y no solo porque Clarkson recogió de manera brillante las distintas herramientas de la esclavitud —empulgueras, cadenas y látigos— y las exhibió con un efecto demoledor en reuniones o discursos.

La esclavitud era producto del capitalismo, y el capitalismo serviría para eliminarla. Clarkson ligó la esclavitud a las instituciones que dependían de ella, de las empresas textiles a las de café y tabaco. Fue en especial a por los fabricantes de azúcar, un producto indisociable de las brutales plantaciones de esclavos del Caribe. «Por cada medio kilo de azúcar utilizado —declaró un famoso abolicionista—, puede considerarse que consumimos cincuenta gramos de carne humana».

¡No es el tipo de afirmación que te interesa que la gente haga sobre tu negocio!

Un famoso poeta calificó el té de «bebida endulzada con sangre», y las ventas bajaron de golpe. De repente, una de las prácticas culturales más extendidas en Inglaterra se vinculaba con una crueldad inhumana. Al convertir la hora del té en un acto político, Clarkson aprovechó la publicidad para llevar a cabo los primeros boicots eficaces de consumidores. Ciudades enteras de toda Inglaterra abandonaron el azúcar en señal de protesta, y cientos de miles de personas dejaron de tomar el té de la tarde o se pasaron al té verde. Y fue más que mero postureo ético, pues las empresas empezaron a cambiar sus prácticas laborales, anunciando en la publicidad que su azúcar estaba «fabricado con el trabajo de HOMBRES LIBRES».

Clarkson había inventado el logotipo político, el cartel político y el boicot de consumidores. Popularizó la petición política y creó la primera coalición política diversa.* Utilizó la indignación para provocar cambios culturales y, sobre todo, legislativos. En 1846, cuando Thomas Clarkson murió, a los ochenta y seis años, la esclavitud llevaba más de una década abolida en Inglaterra, y el tráfico de esclavos, casi cuatro.

Un hombre, una idea, millones de vidas transformadas y un sufrimiento indecible evitado.

Un pequeño grupo de individuos comprometidos pueden cambiar realmente el mundo sin necesidad de prender fuego a nada ni a nadie.

Y, sin embargo, eso no es más que una parte mínima de su legado.

Porque poco después de la muerte de Clarkson, mientras a la lucha contra la esclavitud en Estados Unidos todavía le quedaban muchos años por delante, otro grupo de personas se reunió aprovechando el impulso de lo que habían iniciado los abolicionistas. Esta vez estaba formado en gran parte por mujeres, y un número

* La organización que fundó sigue en activo en la actualidad, luchando por la libertad de las víctimas de opresión, explotación y tráfico.

mucho mayor, unas trescientas en total. Al cabo de poco más de cincuenta años de la reunión en aquella imprenta de Londres, ese grupo se juntó en una pequeña capilla de Seneca Falls, en Nueva York. Se habían olvidado la llave, pero afortunadamente el hijo de cinco años de una mujer consiguió colarse por una ventana abierta y las dejó entrar. Allí, en la Convención de Seneca Falls, el movimiento por los derechos de la mujer —dirigido por mujeres que participaban de manera activa en el movimiento abolicionista— tuvo su origen.

«La historia de la humanidad es la historia de las repetidas vejaciones y usurpaciones perpetradas por el hombre contra la mujer, con el objetivo directo de establecer una tiranía absoluta sobre ella», declararon, citando y mejorando la declaración de Thomas Jefferson. Sus afirmaciones no eran una exageración. Abigail Adams había pedido a su marido en 1776 que se «acordase de las damas» cuando los Padres Fundadores redactaron las leyes para el nuevo país. Dos generaciones más tarde, las mujeres seguían sin poder votar y se veían obligadas a someterse a un gobierno que no habían elegido. Una vez casada, una mujer se volvía «civilmente muerta», sin derecho a tener propiedades ni sueldo. No tenían derecho a la custodia de sus hijos. Los mejores trabajos se los quedaban los hombres, y las mujeres los tenían prohibidos de manera explícita, incluso asistir a escuelas donde pudieran capacitarse para esos empleos. No podían formar parte de jurados. No tenían el control de su propio cuerpo. Estaban sujetas a otro código de valores, y las hacían dudar de su valía, su capacidad y su amor propio con el fin de que siguieran siendo dependientes y de ponerlas a merced de los varones.

Sin embargo, la mayoría de esas mujeres —acompañadas en algunos casos de sus progresistas maridos— no eran las víctimas más graves de las citadas injusticias. Muchas eran ricas. Muchas eran cultas. La mayoría eran blancas, bendecidas por el sistema de clases y castas de la época. Podrían haberse distraído con muchas otras ocupaciones, podrían haberse contentado con su privilegiada vida. En cambio, estaban indignadas por sus derechos y por los derechos de otras personas.

«Las mujeres se sienten agraviadas, oprimidas y privadas fraudulentamente de sus derechos más sagrados», escribió el grupo, y no descansarían hasta que eso cambiase. Pero no eran ingenuas ni esperaban que ocurriese sin más. Habían aprendido de la campaña de Clarkson —en la que también habían participado durante años en Estados Unidos— y entendían que existía un manual de estrategia mediante el cual podían obtenerse los derechos. «Emplearemos agentes, haremos circular panfletos, acudiremos al Senado y las asambleas legislativas nacionales, y nos esforzaremos por conseguir el favor de la Iglesia y la prensa», escribieron, prediciendo convención tras convención, oleada tras oleada de resistencia y presión hasta que todas las mujeres consiguiesen lo que merecían.

Que resultó ser exactamente lo que hizo falta.

Después de la Convención de Seneca Falls en 1948, vinieron muchas oleadas, cada cual más diversa, tanto desde el punto de vista económico como racial. En 1851, una mujer llamada Sojourner Truth subió al escenario y pronunció el famoso discurso inmortalizado por la pregunta «¿Acaso no soy una mujer?». Aunque en posteriores versiones el discurso aparecería en dialecto de esclavo sureño, Truth —originaria de Nueva York— hablaba un inglés perfecto. «Soy una mujer de pleno derecho —dijo con total seguridad—. Tengo tanta fuerza como un hombre y puedo trabajar tanto como uno de ellos. He arado y cosechado, he quitado la cáscara al grano y he talado y segado, ¿acaso un hombre puede hacer más?».

En su día sufrió triple discriminación. Mujer. Negra. Antigua esclava. Pero allí estaba, exigiendo no solo ocupar un espacio relevante, sino luchando de forma infatigable por la enmienda de la posguerra, aunque en realidad solo concedía los derechos a los hombres negros. No obstante, para ella no se trataba de un grupo o de una causa, sino de igualdad y dignidad para todos, por mucho tiempo que llevase. «Fui esclava durante cuarenta años y he sido libre otros cuarenta —dijo Sojourner Truth en público en 1867—, y me gustaría vivir otros cuarenta si pudiera conseguir igualdad de derechos para todo el mundo. Me imagino que esa es la razón por la que todavía estoy aquí: para librar esta batalla por lo correcto; para ayudar a romper la cadena».

Lo que importaba entonces era que se había roto el hielo, manifestó, era que todos siguiesen alborotando. En eso consistió la guerra de Secesión, eso es lo que hicieron la Decimotercera, Decimocuarta y Decimoquinta Enmienda.

No contenta con eso, en 1872 Susan B. Anthony, una amiga de Truth abolicionista y feminista, estaba lista para alborotar el gallinero, y de qué forma. «¡He ido y lo he hecho! —le dijo a una amiga—. He votado al candidato republicano esta misma mañana a las siete». Enseguida la detuvieron y la metieron en la cárcel. Desafiando al juez en el pronunciamiento de la sentencia, se negó a permanecer callada o a obedecer. «No pienso pagar ni un dólar de su injusto castigo», declaró.

Para liberar a los esclavos, había sido necesaria la violencia de unos soldados, pero aquellas mujeres esperaban librar entonces otro tipo de guerra, contra el estado que imponía la injusticia. Mientras que Susan B. Anthony estuvo dispuesta a desafiar a un juez con palabras, la siguiente generación de mujeres fue mucho más allá.

Al otro lado del Atlántico, Emmeline Pankhurst recordaba que de niña la habían llevado a un acto para recaudar fondos destinados a esclavos estadounidenses recién liberados. Después de la muerte de su marido, ella y su hija libraron una batalla constante por los derechos de las mujeres. A diferencia de otras asociaciones sufragistas, la suya giraba en torno a dos principios: primero, que el derecho a voto era el motivo a partir del cual podían abordarse todos los demás problemas de las mujeres, y por lo tanto su foco único y exclusivo. Segundo, que lo que importaba en la lucha eran los actos y no las palabras. «Yendo a la cárcel, y no con argumentos —explicaría más adelante Pankhurst—, es como hemos conseguido el apoyo del obrero inglés».

Y fueron muchas veces a la cárcel.

Por interrumpir a políticos. Por irrumpir en el escenario en actos. Por la destrucción selectiva de la propiedad privada —normalmente el lanzamiento de piedras a ventanas— para demostrar que la sociedad valoraba prácticamente todo más que a las mujeres. Ejercían la no violencia, pero no las correspondían: algunas llegaron a ponerse cartones debajo de los vestidos para protegerse de las palizas que recibían con frecuencia, mientras que otras aprendieron artes marciales para poder desviar los golpes de sus mucho más corpulentos agresores.

Una vez en la cárcel, se negaban a obedecer y se sometían a huelgas de hambre hasta estar a punto de morir. En un famoso discurso, que seguía el ejemplo de Catón, quien prefirió la muerte a servir a César, Pankhurst explicó que se negaba a aceptar la legitimidad de un gobierno que privaba de tanto a sus ciudadanos. «Podéis matar a esa mujer —dijo de sí misma y sus insumisas—, pero entonces escapa de vosotros; no podéis dominarla. Ningún poder sobre la tierra puede dominar a un ser humano, por débil que sea, que niegue su consentimiento». De hecho, una sufragista, Emily Davison, que ya había intentado suicidarse en público para protestar contra la alimentación forzada de las feministas que estaban en huelga de hambre en la cárcel, fue aplastada por el caballo del rey en 1913 mientras sujetaba una pancarta con un mensaje a favor de los derechos de la mujer. Su espantosa muerte, intencionada o no, captada por las cámaras de los reporteros, se anticipó al martirio público del monje budista Thích Quảng Đức, que cincuenta años más tarde se prendió fuego. «Una gran tragedia —había dicho ella con anterioridad— puede ahorrar muchas otras».

Mientras tanto, en Estados Unidos, había mujeres que se plantaban enfrente de la Casa Blanca —las Centinelas Silenciosas, las llamaban— exponiéndose a la lluvia, el granizo y el calor extenuante, así como a palizas, abucheos y detenciones. Cada vez que se llevaban a una, otra la sustituía con pancartas que rezaban: «Señor presidente, ¿CUÁNTO TIENEN QUE ESPERAR LAS MUJERES PARA SER LIBRES?».

Carrie Chapman Catt, que no nació hasta diez años después de la Convención de Seneca Falls, intentaría expresar más adelante en términos cuantificables cuánto duró esa lucha generacional y qué coste tuvo:

> Retirar la palabra «hombre» de la Constitución costó a las mujeres del país cincuenta y dos años de campaña sin pausa... Durante ese tiempo, se vieron obligadas a realizar 56 campañas de referéndum a votantes masculinos; 480 campañas para que las asambleas legislativas presentasen enmiendas de sufragio a los votantes; 47 campañas para que las convenciones constitucionales estatales incluyesen el sufragio femenino en las constituciones estatales; 277 campañas para que las convenciones de los Estados partes incluyesen folletos sobre el sufragio femenino; 30 campañas para que las convenciones del partido presidencial adoptasen folletos sobre el sufragio femenino en las plataformas del partido, y 19 campañas con 19 congresos sucesivos.

Era una mujer tras otra, una convención tras otra, una campaña tras otra, ofreciendo su pequeña dosis de fervor.

No desistirían. No se separarían.

Sin duda hubo intentos de dividirlas. A las mujeres del sur las criticaban por asociarse con mujeres negras. A las del norte, por asociarse con mujeres de clase baja. A las del este, por abrir su tienda a mujeres mormonas del oeste. Y aunque muchas de las que participaron en el movimiento por los derechos de la mujer tenían zonas oscuras, incluso opiniones aberrantes sobre la clase o la raza, consiguieron formar una coalición asombrosamente amplia.

«Por primera vez en el movimiento por la mujer —declaró Carrie Chapman Catt en la inauguración del séptimo congreso de la Alianza Internacional para el Sufragio Femenino celebrada en Budapest en 1913—, se espera que mujeres hindúes, budistas, confucianas, mahometanas, judías y cristianas se sienten juntas en un congreso y unan sus voces por la causa común de la liberación de su sexo de aquellas discriminaciones artificiales que todos los sistemas políticos y religiosos han dirigido contra ellas».

De hecho, el movimiento había sido amplio y diverso desde el principio. Thomas Wentworth Higginson, un destacado bostoniano que tradujo a Epicteto y más tarde capitaneó a soldados negros en la guerra de Secesión, hacía tiempo que exigía la celebración de una convención nacional por los derechos de la mujer. Frederick Douglass, que entonces tenía treinta años, asistió a Seneca Falls. «Hay pocos hechos en mi humilde historia —declaró al final de su vida— que recuerde con más satisfacción que [...] tener la suficiente claridad en una época tan temprana, y a pocos años de la esclavitud, de apoyar [la] resolución del sufragio femenino».

¿Por qué ese hombre, en constante peligro de ser secuestrado y vendido de nuevo como esclavo en cualquier momento, se molestó en luchar por los derechos de otra persona?

Porque, como explicaría la poeta Frances Ellen Watkins Harper en una iglesia de Nueva York inmediatamente después de la guerra de Secesión, no se alcanzaba la justicia si alguien no era igual ante la ley. «Estamos todos unidos —dijo— en un gran vínculo de humanidad». Nuestros destinos están ligados entre sí, comprendió, y cuanto antes se dé cuenta la gente, mejor estaremos y más podremos hacer.

Del mismo modo que el abolicionismo desembocó en la lucha por los derechos de la mujer —una antorcha encendía otra—, la lucha por los derechos de la mujer desembocó en los derechos civiles. Fue otra larga lucha, pero hizo grandes conquistas conforme avanzaba. A medida que las mujeres obtenían el derecho a voto, estado por estado, se aprobaron leyes en contra de la explotación infantil. El control absoluto que los caciques ejercían en las ciudades de Estados Unidos empezó a disminuir. Se crearon las primeras leyes de bienestar. Y también se produjeron las primeras protestas contra el genocidio, encabezadas en este caso por Alice Stone Blackwell, que consideraba que su actividad feminista era inseparable de su actividad en apoyo de los refugiados del genocidio armenio. «Tal vez los hombres estén diciendo: "¡Gracias a Dios, se ha acabado el eterno asunto de los derechos de la mujer!" —declaró Crystal Eastman, feminista y sufragista, tras la aprobación de la Decimonovena Enmienda—, pero, conociéndolas, las mujeres están diciendo: "Ahora por fin podemos empezar"».

La propia Eastman lo demostraría al fundar la Unión Estadounidense por las Libertades Civiles. En 1955, Rosa Parks, que había recibido formación en disciplina y no violencia en la Asociación Nacional para el Progreso de las Personas de Color y la Highlander Folk School, se negó a levantarse de su asiento en un autobús.* A continuación se produjo un boicot temporal. En una iglesia de Montgomery, E. D. Nixon animó a la gente a que continuase con la causa, a que se alzase y luchase en aquel mismo sitio. «Los predicadores habéis estado comiendo el pollo frito de estas mujeres mucho tiempo sin hacer nada por ellas», espetó. ¿Cumplirían con su deber? ¿Defenderían a Rosa Parks? ¿O ten-

* Conviene señalar que Rosa Parks no fue la primera mujer negra que se manifestó en un transporte público. Una niña llamada Claudette Colvin lo había intentado nueve meses antes, y Sojourner Truth lo había hecho casi cien años antes en Washington.

dría él que decir a sus feligreses que tenían demasiado miedo? «¡Yo no soy un cobarde!», contestó Martin Luther King Jr., que entonces tenía veintiséis años.

Lo que se produjo después fue un movimiento que tomó prestadas las lecciones aprendidas por Clarkson, por las sufragistas, por Jesús, por Gandhi y por Thoreau. El propio King adoptaría y reclamaría como propia la cita de Frances Watkins Harper que decía que estábamos unidos en un vínculo de humanidad.

La libertad, dijo, se asocia «al "nosotros"»: desearla, esforzarte por ella, luchar por ella no solo te ayuda a ti mismo, también a los demás.

Él no luchaba únicamente por sus derechos o los derechos de Rosa Parks, sino también por el alma del país, para exigir que encarnase el significado de su credo y de su fe. Una vez más, se trataba de una lucha multigeneracional, multiconfesional y multirracial. A King lo había motivado Parks, y volvería a motivarlo el liderazgo de Diane Nash y un grupo de universitarios que se reunían en Nashville para hacer las primeras sentadas del movimiento por los derechos humanos. Juntos, incorporarían a ancianos, blancos, ricos, pobres, judíos, musulmanes, sureños, norteños y gente de todo el mundo.

Antes, muchas de esas personas se habían conformado con la situación general, convencidas de que la lucha no iba con ellas. Había una mujer, Mary Peabody, que era tan de sangre azul como podía serlo una estadounidense: la esposa del obispo jubilado Malcolm Peabody, de la Iglesia Episcopal del Centro de Nueva York. Captada por activistas con la inteligencia para saber que la conquista de blancos del norte generaría una mayor repercusión, Mary accedió a ir a St. Augustine, donde el movimiento estaba de campaña, convencida de que todo era un gran malentendido. «No creo que me nieguen el placer de comer con mi amiga negra», declaró al marcharse.

Prácticamente de inmediato, a esa abuela de siete nietos se le negó la comunión en su parroquia porque la congregación la había tildado de «radical». Luego, cuando intentaba comer con su amiga, les dijeron que lo hiciesen en el exterior. Confiando en apelar a personas más benévolas, las amigas volvieron a intentarlo en un pequeño motel situado en la misma calle, pero se enfrentaron a un sheriff armado y una jauría de pastores alemanes.

Nadie habría tomado a la señora Peabody por una radical hasta entonces. «Será mejor que llame a mi hijo», dijo a sus huéspedes, y a continuación llamó al gobernador Endicott Peabody, de Massachusetts, para avisarle de que en unos minutos su madre, de setenta y dos años, iba a ser detenida en Florida por contravenir una ley injusta.

«Se parece usted a la señora Eleanor Roosevelt», le comentó una de las activistas negras mientras los guardias la llevaban por el pasillo de la cárcel con un conservador traje rosa. «Somos primas», contestó Peabody medio riendo. Aunque detuvieron a otras doscientas personas, su foto apareció en primera plana de los periódicos de todo el país; *The New York Times* mostraba a aquella sonriente mujer de misa entre rejas, y al agente situado detrás de ella armado con una picana eléctrica como si fuese a tener que usarla.

Peabody pasaría los dos días siguientes en la cárcel, pues prefirió quedarse con sus nuevas amigas a que le pagasen la fianza. «Después de llegar, empecé a ver las cosas de otra forma», explicó. Lo mismo les pasó a los activistas y a los ciudadanos normales y corrientes.

«Me ha conmovido profundamente el creativo testimonio de su madre en Florida —escribió Martin Luther King Jr. en un telegrama al gobernador de Massachusetts—. Mediante sus palabras y sus actos, está diciendo al país entero que todos los hombres somos hermanos y que la úlcera cancerosa de la segregación debe extirparse del cuerpo político antes de que afecte a nuestra salud democrática».

Una vez más, el cambio se produce cuando la gente se indigna por los derechos de otras personas.

El logotipo de Wedgwood preguntaba: «¿Acaso no soy un hombre y un hermano?». Ahora los manifestantes no lo preguntaban; lo afirmaban: «Soy un hombre». Más aún, demostraban que eran seres humanos, capaces de dignidad, cortesía y un valor increíble. Por supuesto, siempre lo habían sido, pero a través de la televisión y unos enfrentamientos elegidos con habilidad, obligaron al mundo a verlo.

Todo estaba planeado y ensayado, resultado de una férrea disciplina. «Si una persona recibía una paliza grave —contó Diane Nash—, practicábamos que otras personas pusieran su cuerpo entre esa persona y las agresiones [...] Practicábamos no contraatacar si nos atacaban». Enfrentamiento tras enfrentamiento, la autoridad de la policía y la estructura del poder político iban disminuyendo. La fuerza y la rectitud moral de los manifestantes los hacían inatacables incluso cuando o, mejor dicho, incluso porque los golpes caían sobre su cuerpo expuesto.

«El sheriff no va a por ti —explicó un estratega de los derechos civiles—, tú vas a por el sheriff». Eran incansables. Querían ir a la cárcel. No les daba miedo resultar heridos ni morir. Presionaban, insistían, eran inasequibles al desaliento. «A mí puede darme la espalda —dijo el reverendo C. T. Vivian a un jefe de policía racista—, pero no puede dar la espalda a la justicia». La respuesta fue empujar al religioso por unos escalones; un acto cobarde y violento recogido por una cámara. «¿Qué clase de gente son ustedes? —gritó Vivian, unas palabras destinadas a ser repetidas en mil artículos de prensa—. ¿Qué les cuentan a sus hijos por la noche? ¿Qué les cuentan a sus esposas por la noche?».

Tras una radiografía y un chequeo médico, Vivian volvió a manifestarse al día siguiente.

«Una de las cosas que he aprendido con los años —declaró Diane Nash— es que no puedes cambiar a nadie más que a ti, y lo que hicimos en el Sur fue transformarnos de personas a las que se podía segregar a personas a las que ya no se podía segregar. "Matadnos si es lo que queréis, pero ya no podéis segregarnos", decía ahora nuestra actitud, y, cuando cambias, el mundo tiene que adaptarse a tu nuevo yo».

Ocurriese lo que ocurriese, por desolador o sombrío que se tornase el panorama, no perdieron de vista el objetivo.

¿Qué objetivo?

La libertad.

La justicia.

El amor.

Del mismo modo que no puede determinarse realmente cuál fue el primer paso en las movilizaciones por la justicia, por suerte tampoco puede decirse que hayan terminado. Martin Luther King Jr. pasaría los últimos años de su breve vida comprometido con el movimiento antibelicista. Un año después de su muerte, se produjo una revuelta en Stonewall. Dentro de ese mismo movimiento, Ralph Nader, mucho antes de hacerse famoso como candidato político de un partido bisagra, reunió a un pequeño grupo de abogados —apodados los Nader's Raiders (los Corsarios de Nader)— que emprendería la lucha para proteger al público de los abusos de los intereses corporativos.

Los derechos de los animales. Los derechos medioambientales. Los derechos al voto. Los derechos de los gais. Los derechos de los consumidores. Los derechos reproductivos. Los activistas contra la pobreza. Los pacifistas. Los reformistas del sistema penitenciario. Los luchadores contra la trata de personas. Los defensores de la libertad de expresión.

Ola tras ola, generación tras generación. Buscando una unión más perfecta, cumpliendo la verdadera promesa del contrato social.

La justicia no es algo que ocurre, es algo que se hace, que no para de hacerse, al tiempo que lees estas líneas.

La hacen personas que se unen, personas que se preocupan.

En ocasiones porque les afecta de forma directa. Pero muchas veces, y he ahí lo más bonito, no les toca tan de cerca.

Personas que quieren dejar el mundo en mejor estado que como lo encontraron. Personas que ven algo y dicen algo. Personas que se ganan amigos... y también problemas. Personas que son pacientes, pero al mismo tiempo se niegan a esperar. Personas con una estrella polar... más grande que ellas mismas, más grande que sus intereses. Personas con planes ambiciosos, pero que empiezan por algo pequeño, que empiezan por lo que pueden hacer en el presente. Personas que no se quedan de brazos cruzados, que se niegan a ser neutrales, que asumen su responsabilidad. Personas que consiguen resultados. Personas que no solo cumplen con sus trabajos, sino que los hacen generosa, desinteresadamente.

Personas corrientes... que se vuelven extraordinarias.

«Esos hombres y mujeres tienen suerte —escribió Emmeline Pankhurst en sus memorias— de haber nacido en una época en que se está llevando a cabo una gran lucha por la libertad humana. Es una suerte añadida tener padres que participan en los movimientos de su tiempo».

Bueno, ese tiempo es ahora. Todas las desgracias del mundo, todo lo que está ocurriendo a nuestro alrededor, es tanto un obstáculo como una oportunidad. Es una ocasión para que luchemos, para que participemos en la lucha. Si nuestros padres no hicieron bastante, aceptémoslo. Nosotros podemos compensarlo. Podemos ser el ejemplo de nuestros hijos, la figura que recuerden quienes vengan después de nosotros.

La justicia es una suerte de pase interminable de relevos, una marcha inconclusa emprendida hace mucho a la que cada generación se une y da continuidad a su manera.

O no.

Ese es el poder de cada uno de nosotros en el momento en que nacemos.

Tenemos el poder...

... de preocuparnos.

... de ayudar a los demás.

... de aprender a provocar el cambio.

... de ser generosos.

... de estrechar lazos.

... de defender al desfavorecido.

Pero no es cuestión de poder, es cuestión de voluntad.

¿Tendrás tú esa voluntad?

Solo tienes que ser amable

¿Cómo lo supo el emperador Adriano? ¿Cómo supo que Antonino —con el que no tenía parentesco de sangre— era alguien a quien podía confiarse el trono? Parece un riesgo increíble.

Un hombre con el poder absoluto de conceder ese poder a otro hombre únicamente a cambio de que jurase proteger y orientar al joven Marco Aurelio —el Sincero— para que un día gobernase en su lugar.

Pero para Adriano confiar no era arriesgado, porque creía haber vislumbrado el carácter de Antonino. Fue un momento se poca importancia pero muy revelador. Había visto que Antonino, quien no tenía ni idea de que había alguien mirando, acompañaba con cuidado y respeto a su achacoso suegro por las escaleras.

Un simple acto de bondad, ofrecido de buen grado y con despreocupación a un anciano necesitado, fue el voto decisivo. Le reveló a Adriano lo que necesitaba saber.

La historia está llena de hombres y mujeres brillantes y de éxito. Es probable que te hayas encontrado con muchos en la vida. Pero ¿a cuántas personas realmente amables has conocido?

¿Por qué, si no, te sorprende toparte con alguien que tiene un verdadero detalle con otra persona?

No pedimos mucho de la gente, pero es muy raro. «Bienvenido a la Tierra, jovencito —escribió una vez el novelista Kurt Vonnegut a un admirador—. En verano hace calor y en invierno hace frío. Tirando por lo alto, aquí puedes vivir cien años. Solo hay una regla que yo sepa: "Por lo que más quieras, tienes que ser amable"».*

Amable con los extraños.

Amable con las personas con las que trabajas o que trabajan para ti.

Amable con alguien que solo ha cometido un error.

Amable tanto con los clientes como con los vendedores.

Amable con alguien que te cae mal.

Amable con el futuro, con las generaciones que todavía no han nacido.

Cuando repasamos la historia, un rasgo que nunca envejece bien es la falta de consideración. Las turbas que gritaban a los niños negros que iban al colegio por primera vez. La forma en que los colonizadores trataron a los habitantes de las colonias. El papel al que durante mucho tiempo se relegó a las mujeres en la sociedad. Sí, aunque legales, eran situaciones de una injusticia tremenda. Pero, antes de eso, un detalle que quizá explique en parte cómo llegaron a producirse esas injusticias es que había una profunda falta de empatía. Existía una incapa-

* J. M. Barrie, el creador de Peter Pan, expresaría la misma regla en 1902: «¿Deberíamos instaurar una nueva norma de vida que dijese que tenemos que intentar ser siempre un poco más considerados de lo necesario?».

cidad de concebir al otro como una persona merecedora de bondad.

Esa es la regla de oro, ¿no? Trata a los demás como te gustaría que te trataran a ti. ¿Y quién quiere que lo traten de una forma que no sea con amabilidad, con respeto, con justicia?

No es solo una regla, es una forma de vida. Los estoicos decían que debemos intentar ver a cada persona que conocemos como una oportunidad para la bondad. Es un cambio de perspectiva maravilloso. Transforma la vida cotidiana, por difícil y nociva que pueda ser, en una serie de cambios, uno detrás de otro, con el fin de ser amables, de hacer algo bonito, de ser considerados, de tener un efecto positivo.

No importa que estemos cansados. Que estemos ocupados. Que a nosotros también nos hayan tratado con dureza.

Responde con amabilidad. Obra con compasión. Sé gentil.

Al inicio de los bombardeos de la Alemania nazi en Reino Unido, Clementine Churchill tuvo que escribir un mensaje a su marido para recordarle eso mismo. «Mi querido Winston —decía—, debo confesar que he advertido un deterioro en tus modales; ya no eres tan amable como antes». Sí, tenía poder, observaba su esposa, pero era precisamente ese poder sobre la gente —la capacidad de despedir a todo el mundo a su antojo— lo que lo obligaba a ser educado y amable y, sobre todo, a mantener la calma, incluso cuando estaba enfadado. «No conseguirás los mejores resultados con irascibilidad y rudeza —le recordaba ella—. Solo engendrarán o antipatía o una mentalidad de esclavo».

El almirante Rickover tenía fama de brusco. Y también gritaba. Pero la gente que trabajaba para él entendía que no solo se preocupaba por el trabajo y la seguridad, sino también por ellos en el plano personal. Eso es crucial, y es preferible a lo contrario encubierto de cortesía. Aun así, no hay persona o equipo (o niño) que no agradezca una palabra amable..., y cuestan muy poco.

No hay líder que no haya tenido que lidiar con frustraciones. No hay persona inteligente que no haya tenido que tratar con necios. No hay persona buena que no haya sido maltratada o que no tenga enemigos. Es lo que hay.

Pero nuestra autoridad, nuestra inteligencia, nuestra decencia nos obligan a ser amables a pesar de todo eso. Como dijo Vonnegut, es la única regla.

No siempre tiene que ser algo trascendente.

¿Qué tal una sonrisa? ¿O fijarse en un trabajo bien hecho? ¿Sujetarle la puerta a alguien? ¿Devolver un favor? La decisión de invitar, de pagar la cuenta de la comida, de hacer un cumplido, de dar ánimos, de ofrecerte voluntario, de dar la comida que no te vas a tomar al mendigo de la esquina o de regalar a tu pareja un ramo de flores?

Nunca se sabe de qué mal momento podrías rescatar a una persona. Nunca se sabe cómo te lo pagará más adelante. Pero, en cierto modo, tampoco importa, al menos no lo hacemos por eso.

Lo hacemos porque es la disciplina que practicamos. Lo hacemos porque ser amable es lo más valiente en un mundo cínico. Lo hacemos porque es lo correcto, porque la gente se merece amabilidad y porque la amabilidad nos hace mejores.

Al final de su vida, en el lecho de muerte, Marco Aurelio se arrepentía de una cosa, algo por lo que todavía se castigaba. Las veces que había perdido la paciencia, las veces que había sido desagradable.

Y cuando nosotros examinemos nuestra vida, pensaremos lo

mismo. Nos olvidaremos de todos nuestros motivos. Nos olvidaremos de todas las causas. Nos olvidaremos de lo que nos habían hecho. Lo único que desearemos será haber sido un poco más agradables, un poco menos espabilados y mucho más amables.

¿Y bien?

Todavía no es demasiado tarde.

Mira cómo vive la otra mitad

Beatrice Webb creció en una familia británica acomodada. A diferencia de muchas mujeres de su tiempo, estudió en los mejores colegios. Tampoco es que tuviera que plantearse conseguir trabajo o mantenerse a sí misma. Pronto la cortejaron hombres ricos y apuestos, y estuvo a punto de casarse con un futuro primer ministro.

Tras dos décadas y media en este planeta, con el pretexto de un proyecto sociológico de la Charity Organisation Society, Beatrice tuvo lo que denominaría su «primera oportunidad de intimidad personal, en materia de igualdad social, con una familia asalariada».

Haciéndose pasar por la hija de un agricultor llamada señorita Jones, se fue a vivir con unos parientes lejanos con el fin de experimentar y estudiar su mundo. La casa se encontraba a pocos kilómetros de la suya, pero fue como si estuviese en otro planeta.

No era solo que Webb fuese joven y estuviese protegida. De hecho, entonces la sociedad estaba pensada para proteger, manteniendo a las clases superiores resguardadas de la miseria de la inmensa mayoría de la población y las injusticias que la causaban... y a las clases inferiores alejadas para que no pudiesen convertirse en iguales de sus «superiores».

Por aquel entonces había, tanto en Gran Bretaña como en todos los países desarrollados del mundo, según Benjamin Disraeli, «dos naciones entre las cuales no hay relación ni entendimiento, que ignoran hasta tal punto las costumbres y las formas de pensar y actuar de la otra que cualquiera diría que viven en distintas partes del mundo o que habiten en distintos planetas. Se han criado de una forma distinta, comen alimentos distintos y no están gobernados por las mismas leyes... LOS RICOS Y LOS POBRES».

El experimento de Webb echó por tierra todas esas barreras artificiales y cambió no solo su perspectiva, sino también el futuro de la organización social. Allí, en las fábricas, los astilleros y los suburbios, vio cómo vivía la otra parte. Antes había sido partidaria de la economía del *laissez-faire*, una creencia que no sobrevivió al contacto con la humanidad a la que dejaba en la cuneta. El modelo de caridad de la época —que daba por sentado que los pobres eran inmorales y necesitaban que los reformasen— demostró ser lamentablemente insuficiente y cruel.

Lo que surgiría de esa experiencia reveladora es la obra de toda una vida como activista social. Entre su larga lista de logros, Beatrice acuñó el concepto de «negociación colectiva», fundó la Escuela de Economía de Londres, relanzó el Partido Laborista y ayudó a formar la Sociedad Fabiana, que en la actualidad consideraríamos un laboratorio de ideas progresista. Luchó por una red de seguridad social en Gran Bretaña y combatió la pobreza y la explotación dondequiera que las encontraba.

La mayoría de los cambios sociales son resultado de un brusco despertar. Alguien ve algo y decide hacer algo.

En 1882, un senador estatal de veinticuatro años llamado Theodore Roosevelt se encontró en la posición de posible voto decisivo en un proyecto de ley promovido por el Sindicato de Fabricantes de Puros que pretendía mejorar las condiciones de miles de obreros pobres que trabajaban en los bloques de viviendas de la ciudad. Al principio Roosevelt se opuso, como Beatrice Webb, creyendo que iba en «contra de los principios de la economía política del *laissez-faire*». Pero Roosevelt discrepaba del *laissez-faire* en su manera de formarse opiniones, de modo que fue a visitar aquellos suburbios en persona, pues no acababa de creerse la información que le había proporcionado Samuel Gompers, el sindicalista que se hallaba detrás del proyecto de ley.

El suburbio se encontraba a pocas manzanas de donde él se había criado. Sin embargo, nunca había estado allí. Pero lo que vio lo transformó para siempre. Cuarenta años más tarde, Roosevelt todavía hablaba de ello con horror. Teniendo en cuenta que más adelante explicaría que no era «un sentimental», podemos suponer sin miedo a equivocarnos que rompió a llorar al ver a niños esqueléticos durmiendo en grupos de seis en cada cama y a familias con problemas para respirar con todos los productos químicos que los rodeaban, mientras el hedor y la mugre le desbordaban los sentidos.

«Qué vas a hacer al respecto —escribió el famoso activista Jacob Riis en su famoso libro *Cómo vive la otra mitad*— es la pregunta del día». Cuando Roosevelt lo descubrió, su respuesta fue simple: «He venido a ayudar», le dijo a Riis, que se convirtió en un amigo para toda la vida. De hecho, durante el resto de su vida, Roosevelt lucharía en nombre de los explotados y contra poderosos intereses creados.

Lo mismo le pasó a Lyndon B. Johnson. Él tuvo una infancia opuesta a la de Roosevelt. Sus padres habían nacido en una cabaña. Conocía de primera mano la pobreza, las penurias y las privaciones. Pero dentro del sistema de castas de Estados Unidos, como hombre blanco, seguía ocupando un puesto más elevado que el resto de las clases bajas. Dos experiencias le enseñaron algo que le dejó una huella imborrable.

La primera fue dar clases en una escuela a los hijos de unos agricultores mexicano-estadounidenses en el pueblo de Cotulla, en Texas, donde, en palabras de Johnson, trataban a las personas «peor de lo que uno trataría a un perro». Nunca olvidaría ver a «los niños mexicanos buscando entre un montón de basura, sacudiendo los restos de café de las cáscaras de pomelo y chupándolas para extraer el jugo que quedaba».

En segundo lugar, después de décadas de indiferencia al sufrimiento de la segregación, las experiencias de su sirvienta y cocinera, Zephyr Wright, finalmente lo despertaron de su desinterés por un mundo racista. Cuando Johnson pidió a Zephyr que llevase al perro de la familia en coche desde Washington hasta su rancho de Texas, ella le rogó que no la mandase. «Bastante duro es ya para una persona negra conducir por el sur sin un perro», explicó Zephyr. «Cuando vamos a Texas y tengo que ir al servicio como Bird o las niñas, no se me permite ir al aseo. Tengo que buscar un arbusto y agacharme. A la hora de comer, no podemos ir a restaurantes. Tenemos que llevarnos la comida. Y por la noche [mi marido] duerme en la parte de delante del coche con la cabeza apoyada en el volante y yo duermo en la parte de atrás».

Johnson terminó aquella conversación con lágrimas en los ojos y transmitió esas experiencias a otros legisladores, que le ayudaron a promover la Ley de Derechos Civiles de 1964.

El problema es que resulta muy fácil seguir en una burbuja. No ver lo que no queremos ver. No nos preguntamos cómo sería vivir con un sueldo determinado, de dónde vienen todas esas materias primas, adónde va a parar nuestro dinero. No hacemos caso al olor... o dejamos que la gente lo disimule por nosotros. (Como en el chiste que dice que la familia real cree que el mundo huele a pintura nueva).

Pero incluso a aquellos de nosotros que estamos en apuros, que tenemos nuestros problemas, se nos puede culpar del mismo pecado. Cuando sufres en la vida, cuesta tener la empatía para ver el sufrimiento de otra persona, sobre todo si tus decisiones han influido en ello.

En contraposición a la idea de que no debemos andar con gente que nos haga ruborizarnos, debemos buscar activamente aprender cosas que nos hagan ruborizarnos. Tenemos que conocer los hechos desagradables de la historia. Tenemos que conocer las injusticias de la sociedad. Tenemos que absorber las experiencias vividas por otros: qué les resulta difícil, qué les cuesta, dónde han sido maltratados, en qué se diferencia su vida cotidiana de la nuestra.

Lo cierto es que hay injusticias en todas partes. La transparencia, como sabemos, no es una virtud que se practique mucho.

Lo desagradable se oculta. Las desigualdades y sus consecuencias se escamotean. El sufrimiento y las necesidades desesperadas de millones de personas se nos esconden... y nosotros nos escondemos de ellas.

Al parecer, Steve Jobs no visitó ninguna de las fábricas de Apple en China. Él era diseñador, no fabricante, y le interesaban más sus dispositivos que las condiciones en las que estos se creaban.

Pero eso no es una disculpa, como dijo Riis; es una crítica.

¿No lo sabías? ¿O no querías saberlo?

No podemos arreglar lo que no estamos dispuestos a afrontar. No podemos detener lo que nos negamos a reconocer.*

Debemos despertar. Debemos buscar las experiencias que nos cambien, debemos esforzarnos por entender cómo funciona y vive el mundo. No podemos esperar a que alguien nos lo enseñe. No podemos dar por sentado que lo sabemos. No podemos aceptar las apariencias.

Las epifanías de Webb, Roosevelt y Johnson no fueron gratuitas ni divertidas. Fueron tremendamente perturbadoras, no solo porque afectaron a su forma de ver el mundo, sino porque desviaron el curso de su vida.

Para unas personas buenas, no era posible seguir como si nada.

El conocimiento exigía actuar.

De modo que sal y descúbrelo.

* ¿Y las personas que lo descubren y sigue dándoles igual? Deberíamos compadecernos también de esa gente: hay algo en ellas que no funciona.

Tienes que ayudar

Joseph P. Kennedy, padre del futuro presidente John F. Kennedy, fue embajador de Estados Unidos en Reino Unido de 1938 a 1940.

Alemania se apresuraba a rearmarse, circunstancia que presagiaba no solo la guerra, sino el Holocausto, que era la conclusión lógica —y, de hecho, prometida— de la visión de Hitler. Hambruna. Destrucción. Matanzas. Las señales estaban por todas partes... y también las oportunidades para impedirlo.

Sin embargo, Kennedy, que era un aislacionista, instaba a la contención. Establecía falsos paralelismos y planteaba falacias para desacreditar a sus oponentes. Culpaba a las víctimas. Trató de reunirse con Hitler. Era partidario de la conciliación. Rechazó toda ayuda posible de Estados Unidos a Gran Bretaña, incluso cuando cayeron las bombas. No era tan grave, decía al principio, y luego que era inútil.

Joseph P. Kennedy no era un nazi encubierto, pero, como muchas personas, quería desentenderse de un problema inminente. Buscaba la forma de no tener que preocuparse. De no tener que implicarse. De no tener que arriesgar nada.

De modo que tal vez deberíamos disculpar a su hijo John por citar incorrectamente a Edmund Burke cuando habló ante el Parlamento de Canadá siendo presidente en 1961. «Lo único que hace falta para que el mal triunfe —dijo Kennedy entre comillas— es que los hombres buenos no hagan nada». Burke no había dicho eso, pero la frase sonó verosímil a un hijo obsesionado con la cobardía y la crueldad de su padre, y la pérdida de su hermano en la guerra que su progenitor había contribuido a que tuviese lugar.*

Incluso las ocasiones en que Kennedy se extralimitó en materia de política exterior —en Vietnam y en Bahía de Cochinos— se ven con otros ojos en ese contexto. Y también su firme respuesta a la crisis de los misiles de Cuba. Kennedy aprendió por experiencia que en un mundo en el que existe el mal no hay neutralidad. Aprendió que cuando no se presta atención al cáncer, hace metástasis. Y eso explica otra cita inexacta a la que Kennedy recurría con frecuencia: «Dante dijo una vez que los lugares más calientes del infierno están reservados para aquellos que en un periodo de crisis moral mantienen la neutralidad».

Las citas no eran literales, pero, teniendo en cuenta lo que había hecho su padre, adquirían una lectura freudiana.

* La tesis que presentó Kennedy en la universidad se titulaba «Appeasement at Munich» («Contemporización en Múnich») y se transformó en un libro titulado *Por qué dormía Inglaterra*. Mostrando escasa conciencia de sí mismo, su padre financió una campaña para convertirlo en un best seller con el fin de promover la carrera política de su hijo.

También son ilustrativas de los problemas de la actualidad. Y es que permitir que triunfe el mal no solo no está bien, sino que normalmente también es estúpido y contraproducente.

En otoño de 1985 casi nadie sabía qué era el *crack*. Al cabo de un año, se propagaba por las ciudades de Estados Unidos como el fuego. Los hospitales se abarrotaron. Los delitos aumentaron. El sistema de acogida temporal se desbordó. Las calles se llenaron de armas, y la tasa de homicidios se duplicó. Los medios de comunicación cubrían cada incidente terrible y grotesco en directo, avivando las llamas del pánico moral que cundió después.

Sin embargo, en lo que a soluciones respecta, casi todo Estados Unidos restó importancia al problema. La «epidemia del *crack*» no les afectaba. Y aunque los barrios pobres del país eran herencia directa de la esclavitud y de las leyes Jim Crow, se eximieron a sí mismos de responsabilidad. Era un «asunto urbano», un problema cultural. Era culpa de las víctimas.

Más que injusto y cruel, fue una oportunidad única desaprovechada, como no tardaría en verse.

Y es que a finales de los noventa, justo cuando la plaga del *crack* estaba disminuyendo, una nueva epidemia de droga empezó a cebarse en los estadounidenses. Esta vez las víctimas no eran sobre todo estadounidenses negros de los barrios desfavorecidos, sino también blancos, ricos y de entornos rurales; de hecho, todo tipo de estadounidense era vulnerable a ella. En esta ocasión, el fuego sería mucho más grande que la última vez —un fuego industrializado, corporativo e impulsado por razones médicas—, y su número de muertos mucho mayor.

¿Dónde estaban los centros de tratamiento? ¿Dónde estaban las políticas de prevención? ¿Dónde estaban las inversiones para evitar que la gente se quedase atrás? ¿Dónde estaban los organismos que podían reunir a gente para abordar el problema? Cuando millones de personas más lo necesitaban, no estaban ahí. Porque nadie se había molestado en empezar a crearlos quince años antes.*

Constituyó, como suele ocurrir con la indiferencia al sufrimiento, una suerte de ilustración del famoso poema de Martin Niemöller «Primero vinieron...».

Ya sabes cuál.

Cuando los nazis vinieron a llevarse a los comunistas,
guardé silencio, porque yo no era comunista.
Cuando encarcelaron a los socialdemócratas,
guardé silencio, porque yo no era socialdemócrata.
Cuando vinieron a buscar a los sindicalistas,
no protesté, porque yo no era sindicalista.
Cuando vinieron a llevarse a los judíos,
no protesté, porque yo no era judío.
Cuando vinieron a buscarme,
no había nadie más que pudiera protestar.

Cuando no haces caso al sufrimiento de otra persona, inevitablemente lo invitas a que os visite a ti y a tus seres queridos en

* El de la COVID-19 fue un caso parecido. ¿Cuán seguros habríamos estado todos en una sociedad con una mejor red de protección y un mejor sistema sanitario? ¿Cuántas variantes podrían haberse evitado con una campaña de vacunación más rápida y más barata?

el futuro. Martin Niemöller, que era cristiano, escribió su famoso poema tras su experiencia en Dachau, donde no murió de milagro. Más adelante alguien le preguntó cómo pudo estar tan absorto en sí mismo, tan callado, cuando más importaba. «Ahora estoy pagando por ese error —contestó él—, y no solo yo, sino miles de personas como yo».

No involucrarse es un impulso humano muy natural. Constituye casi por defecto la opción más fácil. Incluso hay una forma de justificarlo con la virtud: «No me meto donde no me llaman», «Yo también tengo problemas», «No quiero empeorar las cosas», «No sé si estoy capacitado», «Es una situación complicada», «Es muy caro», «Esperaré a ver qué pasa».

Ante un problema imposible, complicado y abrumador, dedicamos nuestros «pensamientos y oraciones». Tratamos de sentarnos en «dos escabeles», como Cicerón, esperando que los asuntos que causan divisiones se resuelvan solos. Nos traicionamos a nosotros mismos y, con ello, los traicionamos a ellos.

Sin embargo, la pobreza de esas excusas acaba cayendo por su propio peso. Nos vemos ante los horrores más descarnados de la realidad, nos enfrentamos cara a cara con nuestra obligación humana básica de ayudar a los indefensos, de hacer lo que podamos para impedir el sufrimiento.

Eso es lo que le pasó a Truman. Su infancia había sido una mentira; la cultura del Sur se basaba en ella: la propia estructura de la sociedad oprimía y torturaba a sus vecinos negros. Pero a medida que Truman conocía el mundo, se le cayó la venda de los ojos. «No me parecen bien esas maquinaciones, y nunca me lo parecerán mientras esté aquí», escribió con paciencia a un amigo especialmente intolerante en 1948 después de otro linchamiento.* Se trata de una opinión importante, aunque mucho menos que las palabras que venían a continuación: «Voy a intentar remediarlo».

Eso es la responsabilidad, dijo Rickover, lo que obliga al hombre a implicarse. A intentar ayudar. A intentar buscar soluciones.

No todos los problemas consisten en hacer frente a los nazis o los soviéticos, o en correr a llamar a una ambulancia para que atiendan a Kitty Genovese mientras tus vecinos suben el volumen del televisor. Puede ser algo tan simple como asistir a una reunión de la asociación de padres y profesores o votar. Es la decisión de hacer algo más que quejarse, algo más que echar la culpa. Es la decisión de participar.

Porque nuestro desapego requiere el compromiso de otra persona. O peor aún, atribuye poder a otra persona u otra cosa: una cosa que no es buena, ni honrada, ni amable, ni responsable, ni transparente.

«El silencio ante el mal es en sí mismo malvado —declaró Dietrich Bonhoeffer en la Alemania de Hitler—. Dios no nos dejará sin culpa. No hablar es hablar. No actuar es actuar». Recuerda que también puedes cometer una injusticia al no hacer nada, escribió Marco Aurelio en las *Meditaciones*.

Se trata de citas reales. ¿Su verdad empañará tu legado?

La historia nos cuenta lo que ocurre cuando la gente permite que el mal actúe con impunidad, cuando se hace caso omiso del

* Cuando un seguidor sureño le pidió que confirmase que no les metería el «mestizaje» por las narices, Truman sacó rápidamente un ejemplar de la Declaración de los Derechos Humanos del bolsillo y se la leyó. «Soy el presidente de todos», manifestó.

sufrimiento o se permite que ocurra. No acaba bien, tampoco para las personas que miraron para otro lado o que tardaron en reaccionar cuando podrían haber cambiado las cosas.

Puede que no consigamos lo que nos proponemos, sobre todo de forma inmediata. Pero cada vez que una persona se inclina para ayudar a alguien necesitado, cada vez que una sociedad se implica en un problema que afecta únicamente a unos pocos de sus miembros, no solo fortalece los músculos del corazón, sino que también desarrolla nuevos músculos. Esos músculos, esa experiencia, esas herramientas desarrolladas, esas lecciones extraídas de una crisis se convierten en unos recursos y un patrimonio que algún día te serán útiles a ti o a alguien que conozcas.

Con ello también transmites un mensaje, no solo a las personas a las que ayudas —que son importantes, que te preocupas por ellas—, sino a los demás. Demuestras a quién apoyas. Haces patente lo que es la justicia.

Al abordar el tema de los derechos humanos, Estados Unidos no solo se ocupó de una profunda injusticia, también consiguió un sistema político mejor. Consiguió políticos mejores. Al luchar contra las fuerzas que imponían la segregación, los estadounidenses no solo estaban protegiendo a las minorías, sino también consolidando sus derechos a la libertad de expresión, al voto, a un juicio justo, contra la intimidación y el maltrato policial, contra la violencia colectiva. Y esto también proporcionó al país una superioridad moral en la Guerra Fría contra el totalitarismo en el extranjero.

Al ayudar a los demás, te ayudas a ti mismo, no solo porque todos formamos parte de ese tejido de reciprocidad, sino porque un gobierno y una sociedad que saben ayudar a un grupo tendrán menos probabilidades de fracasar de manera estrepitosa cuando tengan que ayudar a otro, o a muchos grupos.

Con la indiferencia, también te haces daño a ti mismo..., pero para cuando te des cuenta será demasiado tarde.

Empieza por algo pequeño

La liberación y el empoderamiento de las mujeres supusieron una transformación absoluta de la sociedad. Pero sus primeras manifestaciones legales fueron mínimas y de un tecnicismo casi olvidable.

En la década de 1860, John Stuart Mill, entonces un miembro del Parlamento a quien su fuerte y brillante esposa, Harriet Taylor Mill, había convencido de la importancia de los derechos de la mujer, añadió una enmienda a un proyecto de ley que pretendía cambiar la formulación de la propuesta de «hombre» a «persona», una pequeña alteración del lenguaje con consecuencias legales potencialmente enormes. Algunos se rieron, otros se indignaron ante la timidez de la iniciativa, pero a todos se les pasó por alto la revolución que había empezado de forma silenciosa.*

* Cabe señalar lo importante que han sido las notas a pie de página en las decisiones legales a lo largo de los años: no son vinculantes por ley, pero a menudo han sembrado las semillas a partir de las cuales se toman futuras (y transformadoras) decisiones legales.

Como suele decirse, por algo hay que empezar.

El problema es que, si somos demasiado ambiciosos, demasiado idealistas —o, como dirían algunos, demasiado ingenuos—, puede que no lleguemos a ninguna parte. La Madre Teresa lo veía muy claro, no solo como su vocación, sino como un lugar práctico y realista del que partir. «Si miro a la masa —dijo—, nunca actuaré. Si miro al individuo, entonces sí».

Podemos desesperarnos con el todo, podemos arremeter contra los molinos de viento de los grandes problemas, podemos hablar sin parar de futuros utópicos... o podemos ponernos manos a la obra.

Con la persona que tenemos delante. Con la cosa que tenemos delante. Víctima de una crisis personal y una sensación de desesperación con respecto al mundo, una mujer escribió al psicólogo Carl Jung. Su consejo fue que hiciese «con convicción lo siguiente y lo más necesario», que si daba el paso más pequeño y más viable, siempre progresaría, siempre haría algo significativo.

Es pequeño pero no es nada. De hecho, lo es todo.

Hay un cuento tradicional sobre un niño que se topa con una playa llena de estrellas de mar: cientos, miles, arrastradas a la orilla por el mar. Es una imagen terrible y trágica, y al borde de las lágrimas, el pequeño empieza a devolverlas al mar de una en una.

«No tiene sentido —le dice un adulto—. No conseguirás marcar ninguna diferencia».

«Para esta estrella de mar, tiene sentido», asegura el niño mientras rescata otra.

Para la persona a la que salvas, para la persona cuya carga reduces, no tiene nada de «pequeño». Cuando el Talmud dice que el que salva a una persona salva el mundo, es posible que se refiera a eso, porque sin duda salvas el mundo entero de esa persona.

A pesar de la expresión «toda la política es local», tendemos a pensar en cosas grandes antes que en cosas pequeñas. Pensamos en gestos magnánimos, en soluciones integrales y no en el progreso, en hacer algo por la gente o en el sufrimiento que tenemos delante.

Pero ningún cambio es posible sin ese primer pasito.

Piensa en Thomas Clarkson. Su ensayo trataba sobre la cuestión moral de si estaba bien o mal ser dueño de una persona en contra de su voluntad. Aunque él llegó a creer que la respuesta era negativa, su activismo no empezó ahí: Clarkson se centró primero en acabar con la trata de esclavos. En realidad, ni siquiera la trata de esclavos mundial, solo la del Imperio británico. Piensa en Truman. Cuando decidió participar en la lucha por los derechos civiles, no había gran cosa que pudiese hacer. Empezó designando una comisión. A continuación dio una orden ejecutiva para eliminar la segregación de las fuerzas armadas y otra orden ejecutiva para eliminar la segregación del gobierno federal.

No era suficiente, pero era un comienzo.

Sin embargo, al hacerlo, al tomar la iniciativa, estás haciendo una declaración poderosa, tal vez la más poderosa de todo el discurso. Estás manifestando que la esperanza no ha muerto. Que la decencia no ha muerto. Estás portando el fuego, estás manteniendo la luz con vida.

Empezamos por nosotros mismos, por nuestros principios, las cosas que controlamos directamente. Cómo llevamos nuestra vida, nuestros negocios, cómo desempeñamos nuestro trabajo.

A continuación, nos centramos en lo que tenemos más cerca, en el bien que podemos llevar a cabo delante de nosotros, el primer progreso mínimo que podemos hacer. Haz feliz a una persona. Ayuda a mejorar una cosa.

Se trata de algo pequeño, pero no es baladí. De hecho, si todos lo hacemos, el mundo se transforma.

Este mundo está lleno de cuestiones abrumadoras e irresolubles. Nos enfrentamos a enormes «problemas de acción colectiva», como se les llama. Y sin embargo, nos corresponde a cada uno de nosotros hacer lo que podamos, donde podamos, con lo que tenemos.

Como aparece escrito en el Tao Te Ching:

> En el universo todas las empresas difíciles empiezan por lo fácil.
>
> En el universo todas las grandes empresas empiezan por lo pequeño.

Recoger la basura que nos encontramos. Ayudar a un amigo a levantarse. Criar a unos hijos buenos. Boicotear el té que contribuye al comercio de esclavos, como hicieron innumerables activistas en los siglos XVIII y XIX. «No digas que lo pequeño es la esfera en la que nos movemos», escribió la poeta abolicionista Mary Birkett Card sobre todas las mujeres que no podían votar pero que lograron cambiar las cosas a través de sus hábitos de consumo.

Y también votar; sí, votar. Porque supone una diferencia. «Cada miembro de Dexter debe ser un votante censado», declaró Martin Luther King Jr. en su iglesia en 1954. No era una declaración tan revolucionaria como su discurso «Tengo un sueño», pero era un comienzo. También era una oportunidad urgente, considerando que menos del 5 por ciento de los negros de Alabama se habían censado a esas alturas. ¿Y empezar por dónde? Eso era lo que contaba. Uno de sus pocos errores como líder se produjo durante la campaña de Albany, que se malogró. «El error que cometí allí —explicó King— fue manifestarme contra la segregación en general y no contra una faceta única y clara de ella».

Porque, sinceramente, no tenemos ni idea de cómo acabarán las cosas, de adónde nos llevará lo que hemos empezado. Lincoln, como Clarkson, empezó de manera gradual, incluso pragmática. En el inicio, no se propuso liberar a los esclavos, ni rehacer Estados Unidos siguiendo los principios que los fundadores habían presentado pero no habían logrado cumplir. No estaba seguro de que fuese posible. De modo que arrancó su carrera política con algo mucho más pequeño: lo único a lo que aspiraba era a detener la expansión de la esclavitud en nuevos territorios.

El propio Thoreau sostenía que la esclavitud caería cuando una sola persona optase por salir del sistema. No importa, dijo, «lo pequeño que pueda parecer un principio». Además, si no empezamos, no solo privamos al futuro de lo que podría haber sido, sino que también somos cómplices de lo que ocurre en el presente.

Cada uno de nosotros es capaz de dar un paso. Cada uno de nosotros puede hacer algún bien... y ese bien suma. Como dice la canción protesta *The Rock Will Wear Away*, podemos ser las «gotas de agua que caen en la piedra» o podemos ser como martillazos contra una roca que con el tiempo, inevitablemente, acaben resquebrajándola.

Como un manifestante por los derechos civiles contestó cuando le preguntaron si el movimiento ganaría: «Ganamos cuando empezamos».

Así es.

Empecemos.

Crea alianzas

Harvey Milk, uno de los primeros políticos abiertamente gais de Estados Unidos, triunfó porque tenía aliados. No aliados en el sentido moderno y progresista de la palabra —simpatizantes de la comunidad LGBTQ—, sino aliados políticos. La clase de aliados con los que se negocia. La clase de aliados que Milk había cultivado, a pesar de que eran muy distintos de él y de que, de hecho, no estaban en absoluto de acuerdo con su estilo de vida.

Todo empezó en 1973, cuando el Sindicato de Camioneros estaba en huelga contra varias distribuidoras de cerveza por un nuevo contrato con el sindicato. Los camioneros necesitaban el apoyo de los bares gais de San Francisco para presionar a las empresas cerveceras. Harvey estaba dispuesto a ayudar... siempre que el sindicato empezase a aceptar a conductores gais.

«Si en la comunidad gay queremos que los demás nos ayuden en nuestra lucha para acabar con la discriminación —escribiría más adelante Harvey Milk—, tenemos que ayudar a los demás en sus luchas». De modo que los gais y los camioneros se unieron en una asociación muy provechosa, que culminó en un publicitadísimo boicot a Coors para exigir un contrato laboral bastante estándar.

Y luego, cuando llegó el momento en que Harvey se presentó como candidato a la junta de supervisores de San Francisco, tenía favores que cobrarse.

«¿Cómo que estás pensando apoyar a ese Harvey Milk? —dijo el presidente del sindicato de mecánicos cuando se enteró de la propuesta—. Por el amor de Dios, ¿tengo que volver al trabajo y decirles a los chicos que hemos apoyado a un puñetero marica como supervisor?». Pero los amigos de Harvey en el Sindicato de Camioneros tenían una respuesta: «Eh, Harvey Milk es el que ha sacado la cerveza Coors de los bares gais». De entre los candidatos, Harvey era lo más parecido que los sindicatos tenían a un aliado, y por eso se aliaron a su vez con él. «Ya sé que es marica, pero va de frente con nosotros —dijo el jefe del sindicato de la ciudad, George Evankovich—. Apoyémoslo».

Y lo hicieron, comicios tras comicios, hasta que al final ganó y pudo usar por fin el juego de lápiz y bolígrafo que le había regalado su primer amigo en el Sindicato de Camioneros tras quedar impresionado con su capacidad de organización. «Lo necesitarás cuando vayas al ayuntamiento a firmar proyectos de ley», le había dicho el hombre.

En efecto, Harvey lo necesitó.

Sería maravilloso que las causas triunfasen porque son justas. Sería maravilloso que los pioneros y aquellos que rompen barreras recibiesen apoyo porque a la gente le importasen la justicia y la representación. Pero no es así, y esa no es la forma en que el sistema —ni la historia— funciona.

Cuando Harry Truman era joven, entabló amistad con un chico llamado Eddie Jacobson. Por aquel entonces, Estados Unidos no solo era racista, sino también ferozmente antisemita, y Jacobson era una de las pocas personas judías a las que Truman había conocido. Su relación se estrechó en el ejército, y después fue con Jacobson con quien Truman se inició —y fracasó— en el negocio de la ropa.

Resultado directo de sus conversaciones con su amigo fue la condena pública que en 1943 Truman hizo de los horrores y la persecución de los judíos en Europa, mucho antes de que los horrores del Holocausto fuesen ampliamente conocidos, advirtiendo de que «no basta con hablar de las cuatro libertades. Ha llegado el momento de actuar». No era un problema judío, declaró, sino uno estadounidense al que había que enfrentarse «de forma justa y honorable». Claro que eso es justo lo que era Truman: un hombre leal a sus amigos. Un hombre que, como todos nosotros, estaba marcado por las personas a las que conocía y las cosas que había experimentado de primera mano.

Sin embargo, en 1948, Truman tuvo una desavenencia con dirigentes judíos. Sus asesores políticos creían que Israel perjudicaría los intereses petroleros en el extranjero. Al propio Truman le desanimó la cantidad de diplomáticos que habían acudido a él para exponer de un modo enérgico sus argumentos y llegó a prohibir la mención del asunto en su despacho. Nadie podía solicitar una reunión con él para hablar del tema. Nadie podía hacerle cambiar de opinión.

Menos Eddie Jacobson, que se dejó caer por la Casa Blanca sin cita un sábado por la mañana. Al cabo de unos minutos, le hicieron pasar para hablar con el presidente, no sin antes advertirle en la puerta de que no sacase Israel a colación.

Pero ese era precisamente el motivo por el que estaba allí.

«Señor presidente —empezó Jacobson, preguntándose si su amigo todavía albergaría algunos de los prejuicios de su educación—. No he dicho ni una palabra, pero cada vez que pienso en los judíos sin hogar, sin hogar durante miles de años... me echo a llorar. —Entonces, llorando de verdad, Jacobson hizo un llamamiento que solo un aliado de toda la vida, que solo un verdadero amigo podía hacer—. Ahora te niegas a ver [al doctor Chaim Weizmann, uno de los principales defensores de Israel] porque te han ofendido algunos de nuestros líderes judíos. No me parece propio de ti, Harry».

La última frase fue la que pareció afectar más a Truman. Hizo una pausa durante un largo rato y luego se giró en su silla. «Tú ganas, hijo de puta calvorota».

Exactamente dos meses más tarde, solo once minutos después de que Israel proclamase su existencia, Estados Unidos sería el primer país en reconocer la patria judía.

El periplo de Israel fue largo, resultado de muchos sacrificios —que perduran hasta el día de hoy—, y no fue una solución geopolítica perfecta, motivo por el cual las consecuencias de esa decisión también perduran hasta el día de hoy. Pero la verdad es que casi con toda certeza Israel no existiría sin la intervención de Jacobson. «No olvides ni un solo momento que Harry S. Truman es el hombre más poderoso del mundo —le había dicho Weizmann a Jacobson—. Tienes trabajo que hacer, así que deja las puertas de la Casa Blanca abiertas».

Podría decirse que la justicia es un deporte de equipo. Pocos pueden hacer gran cosa solos. Entonces ¿por qué tanta gente decide hacer justo eso? ¿Por integridad? ¿Por orgullo? ¿Por ignorancia?

Lo que no se hace por ningún motivo es el deseo de que las cosas salgan.

Nuestro modelo debería ser Thomas Clarkson, que juntó a tres anglicanos y nueve cuáqueros en aquella reunión en la imprenta. A medida que el movimiento antiesclavista crecía, fue incorporando nuevos aliados, nuevas voces, voces diversas, trabajando con todo el que podía para promover la causa. Lo mismo hicieron las sufragistas: fue un gran paraguas que acogió a mujeres de distintos credos, distintos orígenes, distintas creencias políticas. Algunas renunciaron al matrimonio, mientras que otras, como las sufragistas mormonas de la época, eran polígamas. Algunas pensaban que las mujeres merecían la igualdad total, y otras solo el derecho a voto. Pero todas tuvieron la inteligencia para ver que juntas podían llegar más lejos por el momento.

Tú ayudas a otros. Ellos te ayudan a ti. Juntos sois mejores. Así es como funciona. Así es como se hace justicia.

No obstante, hay una parte que puede incomodar a la gente. De nuevo, creemos que con tener razón es suficiente. Creemos que los méritos significan algo. ¡A lo mejor sobre el papel, pero no sobre el terreno!

Catón el Joven era famoso por su integridad moral y su incorruptibilidad. Roma, como el mundo actual, necesitaba más líderes como él. Sin embargo, cuando Pompeyo le pidió que formaran una alianza proponiéndole un matrimonio entre sus parientes, del que la hija y la esposa de Catón eran partidarias, este lo rechazó sin pensárselo dos veces.

Confundió la incorruptibilidad con el aislacionismo, y le costó caro... y también Roma. Pompeyo se casó con la hija de Julio César, quien, fortalecido con la alianza, derrocaría la república poco después. Nada de eso habría pasado, señaló con razón Plutarco, si Catón, «no hubiese temido tanto las transgresiones leves por parte de Pompeyo como para permitirle cometer la mayor de todas y sumar su poder al de otro».

Stalin no fue un hombre bueno. Fue un aliado necesario para ganar la Segunda Guerra Mundial, como comprendió Estados Unidos. Hitler lo aprendió por las malas, al empujar a Rusia a los brazos de Gran Bretaña y Estados Unidos —los aliados— cuando rompió el pacto de no agresión con Stalin e invadió a su antiguo aliado.

El bando que tiene más aliados normalmente gana. Así de simple.

Si somos demasiado escrupulosos para eso, para los amigos, para el compromiso; si no podemos cumplir nuestra palabra; si demostramos ser demasiado corruptos o egoístas o indecentes para asociarnos con alguien, otra persona ocupará ese vacío, y luego usará ese poder para promover sus intereses y no los nuestros, por motivos que no sean correctos ni justos. ¿A quién beneficia eso?

Los estoicos dirían que nos han puesto aquí para que trabajemos con otras personas: que la capacidad de colaborar, de conectar y de pactar es en realidad uno de los rasgos que nos hacen humanos. Nadie dice que no sea desesperante. Que no requiera una disciplina y un autocontrol enormes compartir espacio con personas con las que tienes que cooperar, pero de eso se trata, de compartir ese espacio, de cooperar. No de quedarte fuera gritando.

El movimiento por los derechos civiles se habría desarrollado de un modo muy distinto sin Louis Martin, un adelantado periodista negro convertido en una figura poderosa e influyente que asesoró a Roosevelt y concertó la famosa llamada telefónica de los Kennedy que salvó a Martin Luther King Jr. de la cárcel (y garantizó la presidencia a los Kennedy). Fue Martin, que formó parte del gobierno de Johnson, quien ayudó a llevar a Thurgood Marshall al Tribunal Supremo. Johnson conocía bastante bien el talento entre bambalinas de alguien como Martin, y en una ocasión declaró que así es como se conseguían cosas en el mundo: «Te acercas a aquellos que se encargan de las cosas».

Puedes no estar de acuerdo con muchas de las opiniones de una persona. Puedes incluso no soportar a algunas de las personas con las que tienes que aliarte.* Pero, para que se hagan cosas buenas, tendrás que aunar esfuerzos. Es un hecho contrastado.

También es un hecho contrastado que llegarás a querer a algunas de las personas a las que pensabas que odiarías. O, mejor dicho, que puede que conviertas al amor a algunas personas que en un principio estaban movidas por el odio. Eso es lo maravilloso del asunto: que aliándonos, uniéndonos, llevamos la justicia al mundo. Colaborando, Harvey Milk y el Sindicato de Camioneros tendieron un puente. Unos hombres que eran homófobos reconocidos llegaron a conocer, a entender y a apoyar a un hombre abiertamente gay. «La unión de transportistas de cerveza, negros, chicanos, latinos y gais luchando juntos», escribió Milk, sembró

* Churchill nos recuerda: «Solo hay una cosa peor que luchar con aliados, y es luchar sin ellos».

las semillas de la futura justicia y, lo más bonito de todo, fue un ejemplo de justicia.

Destruyamos a nuestros enemigos convirtiéndolos en amigos. Consigamos suficientes amigos para que sea imposible que alguien nos destruya.

Podemos crear un mundo mejor uniéndonos.

Uniéndonos, el mundo es mejor.

Hazte poderoso

En 416 a. C., Atenas, una gran potencia extranjera que gobernaba el Mediterráneo, invadió Milo, una pequeña isla del mar Egeo. Aunque a los atenienses la isla no les servía de gran cosa, les preocupaba que a sus enemigos, los espartanos, les resultase útil. De modo que, como una jugada de ajedrez en la larga guerra del Peloponeso, Atenas atacó y exigió su sumisión.

La población de Milo resistió con valentía, pero eran mucho menos numerosos que el enemigo. Los atenienses sitiaron la isla y luego enviaron a diplomáticos para negociar la rendición.

Era una atrocidad invadir un país soberano sin que mediara provocación alguna, alegaron los melinos. Tenían derecho a ser neutrales. Tenían derecho a ser libres. ¿Cómo podía justificar Atenas lo que estaba haciendo?

Los hombres de Atenas no se molestaron en intentarlo. «No os aburriremos con pretextos engañosos», explicaron. No darían largos discursos ni fingirían que lo que hacían era justo. No trataron de inventarse una provocación. Todo era muy simple, dijeron. Así funcionaba el mundo, donde los «fuertes hacen lo que pueden y los débiles sufren lo que deben».

Eso sí que era revelar sus intenciones a las claras.

Los atenienses estaban diciendo: Tenemos poder. Vosotros no. Podemos hacer lo que nos dé la gana.

Era horrible. No estaba bien. Pero era verdad.

También era una síntesis de gran parte de la historia anterior y posterior.

El poder gobierna el mundo.

Es muy difícil lograr la justicia sin él.

Es muy difícil detener la injusticia sin él.

Es muy difícil hacer cualquier cosa sin él.

Cuando Robert F. Kennedy se hizo cargo del Departamento de Justicia, por supuesto creía que los derechos civiles eran una cuestión moral. Sabía que el racismo era un prejuicio profundamente arraigado que tardaría generaciones en vencerse. Los políticos del Sur no serían tan «descarados» con respecto a la raza en sus discursos, explicó Kennedy a los líderes negros, si tenían que enfrentarse a un bloque considerable de votantes negros en cada elección. Y ahí residía la genialidad de las manifestaciones de King y de sus campañas para la inscripción en el censo electoral. «No solo estamos utilizando instrumentos de persuasión —declaró el famoso activista por los derechos civiles—, sino que tenemos que utilizar instrumentos de coerción».

Coerción.

No es exactamente la clase de sentimiento noble que recordamos de los discursos motivadores. Pero es lo que fue el boicot a los autobuses de Montgomery: un ejercicio de poder económico negro que llevó prácticamente a la quiebra al servicio de autobuses y que de esa forma cambió las políticas, aunque no la mente, de las empresas.

¿No consistía en eso el boicot al azúcar de Clarkson? ¿No utilizó para eso a sus aliados políticos en el poder? Él convencía con sus ideas, pero las dotaba de vida con el poder de su coalición y la presión que ellos ejercían.

Del mismo modo que los beneficiarios de la esclavitud y los banqueros se resistieron a los esfuerzos de Clarkson porque podían costarles millones, Martin Luther King Jr. comprendió que había un motivo por el que los sheriffs y los gobiernos del Sur se enfrentaban a él con tanta firmeza. Era algo que iba más allá de las ideas ridículas sobre el mestizaje o el orden natural de las cosas. Y es que los racistas sabían que ellos eran menos. Que con cada votante que él inscribía en el censo, amenazaba sus medios de subsistencia. Que con cada retransmisión por televisión, cada noticia de periódico, él iba minando su control, el sistema del que se habían apropiado. Y no iban a permitir que eso ocurriese.

Incluso cuando el *statu quo* es injusto —de hecho, precisamente muchas veces cuando el *statu quo* es injusto—, hay personas que se benefician de él. Y se opondrán al cambio de forma natural.

Casi todo lo que vemos en este mundo se explica en última instancia por ese desequilibrio de poder. El poder explica en cierta medida por qué una parte de la ciudad es bonita y está bien cuidada y la otra no; explica por qué a un grupo lo rescatan y al otro no; por qué algunos delitos se castigan con severidad y otros reciben un manotazo en la muñeca; por qué los ricos provocan guerras, pero son los pobres los que mueren en ellas; por qué de algunos problemas se habla y de otros no. Todos estos asuntos son resultado de intensas luchas de poder en las que alguien o algo ha impuesto su dominio sobre otro, ha utilizado el poder de la coerción para conseguir lo que quería o necesitaba.

Algunas de esas batallas se resolvieron —de forma justa o no— hace mucho tiempo, y otras prosiguen en la actualidad. Nunca se establece de antemano que la justicia prevalecerá. Si embargo, es casi seguro que la justicia no prevalecerá sin poder.

Las buenas ideas, las buenas causas, las ideas justas no se adoptan automáticamente. La mayoría de las veces hay que imponérselas a la gente. Hay que adquirir influencia. Debe reunirse una enorme coalición de aliados. Hay que atravesar muros. Hay que aplastar a la resistencia.

¡El cambio da miedo! Implica la existencia de ganadores y perdedores. Implica la existencia de dólares y centavos, de beneficios y privilegios.

«La información no es de efecto inmediato», se recordaría Florence Nightingale a sí misma y a sus trabajadoras. Que supieses lo que había que hacer, que hubieses peleado por la solución ideal, justa y necesaria de manera convincente, que vidas inocentes dependiesen de ella no significaba que fuese a ocurrir. No, necesitabas competencia para ejecutar... y necesitabas amigos en las altas esferas. Necesitabas financiación. Necesitabas ayuda pública. Necesitabas poder forzar su aprobación.

Pero sobre todo necesitabas poder.

Demasiados activistas creen que hay algo noble en ser agentes externos. Creen que el sistema entero está corrupto. Creen que el sistema es el problema. No se equivocan; existen problemas reales. Sin embargo, debido a su idealismo y sus escrúpulos, no pueden hacer nada para resolver esos problemas, y por eso ellos también se convierten en parte del problema. Es muy difícil cambiar ese sistema desde lejos.

Los presidentes y los primeros ministros también descubren eso. Son elegidos, pero se olvidan de que si sus partidos no controlan también el cuerpo legislativo, si no tienen el mandato de los votantes, si no pueden influir en un puñado de personas poderosas, su programa no tiene futuro.

«El poder *per se* no es malo. Es necesario —explicó Angela Merkel—. El poder es "hacer", realizar algo. Lo contrario del poder es ser impotente. ¿De qué sirve una buena idea si no puedo ponerla en práctica».

Lo contrario del poder es la impotencia.

¿Es eso lo que quieres?

Puedes dimitir en señal de protesta. Puedes llamarlos a todos cabrones. Puedes maldecir al mundo entero por corrupto y degradado. Pero ten presente que al hacerlo quizá te quedes sin opciones de ser de utilidad a algo que no sea tu sentido de superioridad.

Hay que preguntarse a quién beneficia no tener poder. ¿De qué sirve?

Cualquiera que quiera hacer el bien en el mundo debe estudiar el poder. Cualquiera que quiera hacer algo aparte de cruzarse de brazos y esperar a que llegue el cambio debe leer a Maquiavelo y a Robert Greene. Debe estudiar las campañas de los grandes líderes que cumplieron sus objetivos... así como a los demagogos y tiranos que hicieron cosas malas. Debe saber cómo adquirir y usar eficazmente el poder, y también cómo defenderse de él. Cómo conseguir aliados, cómo utilizarlos, cómo cumplir las metas a pesar de las objeciones y los intereses creados. De hecho, cuanto más reacio al poder es uno, más probable es que tenga que enfrentarse a él, antes de que su ingenuidad o su idealismo le perjudique a él o a su causa.

La vida de Séneca ilustra ese delicado equilibrio. El filósofo fue a trabajar para Nerón e hizo todo lo posible por estar presente en los momentos decisivos para poder moderar los excesos de Nerón y tratar de guiar al imperio en una dirección positiva. También se hizo muy rico gracias a ello y poco a poco se volvió cómplice de las fechorías de la administración y acabó manchándose las manos. El poder corrompe, como sabemos. Es un instrumento peligroso. No podemos codiciarlo como un fin en sí mismo..., pero tampoco podemos hacer como si no existiese y cruzar los dedos.*

Lo cierto es que las figuras abusivas como Atenas existen también en el presente (pregúntale a Ucrania). Son motivo de dolor e injusticia. ¿Un mundo con potencias contrapuestas, un mundo en el que los buenos deponen sus armas unilateralmente? Ese no es un mundo mejor. Es un mundo en el que los fuertes hacen lo que les da la gana y los débiles sufren.

Eso no está bien. Eso no es tener las manos limpias.

Además, es posible hacer las dos cosas.

En 1860, cuando Abraham Lincoln ambicionaba la presidencia y el Sur ambicionaba la expansión de la esclavitud —una institución centrada en la dominación, pero que era posible gracias a su base política y económica—, habló en la Cooper Union, Nueva York, donde instó a los republicanos a intensificar la lucha,

* Otros estoicos, como Ario Dídimo (que dio clases a Augusto) y Posidonio (que asesoró a Escipión Emiliano), lo hicieron mejor.

a no dejarse intimidar. Necesitaban el poder para impedir la aprobación de nuevas leyes, necesitaban abogados para que ejerciesen en los tribunales, necesitaban nombrar a los jueces que controlarían los tribunales, y era muy posible que pronto necesitasen soldados sobre el terreno. «No permitamos que nos calumnien vertiendo falsas acusaciones contra nosotros, ni que nos aparten de nuestro deber amenazando con destruir el gobierno o encerrarnos en mazmorras», declaró. Y luego continuó, levantando la voz con firme determinación:

> TENGAMOS FE EN QUE LA RAZÓN CONCEDE LA FUERZA, Y EN ESA FE, ATREVÁMONOS A CUMPLIR CON NUESTRO DEBER TAL Y COMO LO ENTENDEMOS, HASTA EL FINAL.

La valentía para usar la fuerza contra la fuerza, el poder contra el poder, no es baladí. De hecho, es lo único que el poder respeta. Y ahora que lo tenemos, utilicémoslo para hacer lo correcto.

Practica el pragmatismo

Jimmy Carter hizo lo correcto el día de su investidura en 1971. No pagó un precio muy alto como gobernador porque por aquel entonces el cargo era de un solo mandato en Georgia.

Seis años más tarde de su impresionante discurso en Georgia, fue elegido presidente de Estados Unidos. Su primer día en funciones, pocas horas después del desfile de investidura, tuvo una reunión a las 16.35 —literalmente, su primera cita— con un veterano del ejército discapacitado llamado Max Cleland para hablar de otro anuncio impresionante. Tras pedir a Cleland, que había perdido las dos piernas y un brazo en la batalla de Khe Sanh, que dirigiese la Administración de Veteranos, Carter le ordenó que empezase a trabajar en la amnistía para todos los que habían eludido prestar servicio en Vietnam. «Curaría las heridas del país», daría a los estadounidenses que estaban Canadá la oportunidad de volver a su patria, permitiría que otras personas dejasen de esconderse y acabaría con la vergüenza y el estigma. Carter creía que había llegado el momento del perdón y la comprensión.

Cleland, que apoyaba la idea, advirtió al presidente de que sería una medida mal vista en el Senado y de que quizá convendría esperar, al menos hasta el segundo mandato. «Me da igual si tengo a los cien contra mí —replicó Carter—. Es lo correcto».

Y lo hizo, y al diablo con el segundo mandato.

Resultó que a pesar de lo sorprendentemente efectiva que fue su presidencia, Carter no conseguiría un segundo mandato y perdería por un amplio margen en 1980 contra Ronald Reagan, una derrota que algunos achacan a aquella decisión que tomó en su primer día en el cargo.

Carter siempre dijo que él nunca quiso hacer nada que perjudicase a su país, por eso se negó esperar para hacer lo correcto. Con todo, su esposa, Rosalynn, trató de explicarle que no ser reelegido perjudicaría al país. Y es una idea que ha obsesionado a sus seguidores desde entonces: ¿qué podría haber hecho Carter con otros cuatro años en el cargo, con otros cuatro años de poder?

¿Por qué tuvo que abordar la devolución del Canal de Panamá a sus legítimos dueños o la paz en Oriente Medio en su primer mandato? ¿Podría haber conseguido más si hubiese sido un poco más pragmático? ¿Un poco menos idealista? ¿Podría haber jugado un poco mejor la partida?

La verdad es que la gente que cumple sus objetivos tiene que combinar las dos facetas.

La gente se sorprendió al volver a ver a Harvey Milk en la siguiente campaña a supervisor después de haberse presentado sin éxito en 1973. Se había cortado el pelo largo para parecer más respetable. El Harvey Milk que acabó obteniendo el cargo en 1977 estaba todavía más irreconocible. Había dejado de fumar hierba. Se había cortado el bigote y había empezado a llevar pulcros trajes formales.

Esa es una de las formas de conseguir aliados: pareciendo alguien con quien se puede hacer negocios. Podría decirse que es injusto, que las apariencias no deberían importar, que la gente debería poder vestirse y comportarse como quiera, que lo único que debería importar es el carácter de una persona y la virtud de su causa.

Pero ¿sabes qué? Cuando uno dice eso, demuestra la verdadera necesidad de pragmatismo.

Porque no estamos hablando de cómo deberían ser las cosas. Estamos hablando de cómo son. Se trata de un estado real que se halla delante de nosotros, no de una teoría. Un hecho, no una hipótesis.

Por lo tanto, la manera de proceder para Harvey Milk estaba muy clara. «Decidí que esto era demasiado importante —explicó— para estropearlo por fumarme un porro o estar en una redada en un baño público».

Lo que estás haciendo es importante, lo bastante importante para tener que ser pragmático al respecto.

Si ha habido una causa digna de tener éxito por sus méritos, esa es la Decimotercera Enmienda, que pondría fin a la esclavitud en Estados Unidos de forma permanente e irrevocable. Cuatro años de guerra habían desembocado en ella. Cientos de miles de soldados habían fallecido.

Lincoln sabía que estaba en el bando correcto, que si la «esclavitud no es injusta, entonces no hay nada injusto». Pero eso no cambia el hecho de que le faltasen muchos votos para conseguir que se aprobase. El presidente no resolvió ese problema dando otro discurso en Gettysburg. No apeló a los ángeles más benévolos del público. Aquel político, con más de dos décadas de trayectoria, se puso manos a la obra. Regateó. Intercambió votos. Ejerció presión. «Os dejo a vosotros que decidáis cómo hacerlo —dijo a sus cabilderos—. Yo soy el presidente de Estados Unidos, investido de gran poder, y cuento con que obtendréis esos dos votos».*

No era lo ideal, pero dio resultado, para aquellos que entonces eran esclavos, pero también para millones de personas que todavía no habían nacido.

Un moralista puede expresar lo que es la justicia. Sin embargo, es poco probable que la logre.

Lo que la justicia necesita además de la honradez e incorruptibilidad de Harry Truman es su capacidad para sobrevivir dentro del aparato, para obtener resultados. Existe una tensión entre esas ideas, como bien sabía Truman. En un momento difícil, para aprobar una emisión de bonos, Truman tuvo que pasar por alto el hecho de que uno de sus compañeros jueces había robado unos 10.000 dólares, si quería impedir que el mismo hombre robase más de un millón de dólares a los contribuyentes. «¿Hice bien o agravé el delito? —reflexionó Truman en un texto profundamente íntimo—. No lo sé [...] Tengo los 6.500.000 dólares en carreteras y una cifra que hace tirarse de los pelos a los ladrones [...] ¿Soy un administrador o no? ¿O no soy más que un ladrón que pacta para que se hagan las cosas? Júzgalo tú, yo no puedo».

* La grandeza de Lincoln, observó uno de sus mentores políticos, residía en que era un maestro en la negociación de favores pero «se negó a venderse. Él nunca tuvo precio».

El pragmatismo sin virtud es peligroso y hueco. La virtud sin pragmatismo es inútil e impotente.

Charles de Gaulle explicó que no solo hacía falta coraje para mandar, sino que un hombre de Estado «debe saber cuándo disimular, cuándo mostrarse sincero [...]. El hombre de acción casi no se concibe sin una gran dosis de egoísmo, orgullo, dureza y astucia. Pero se le consiente todo esto, e incluso adquiere más relieve, si hace de ello sus medios para llevar a cabo grandes empresas».

Resulta un poco maquiavélico, ¿no?

¡Bien!

Maquiavelo no era el malo que pintan los idealistas. Era un hombre de principios elevados; de hecho, lo torturaron de manera brutal por el papel que desempeñó en una tentativa para mantener su país libre. También era realista y entendía que el bien, enfrentados como estaban al mal, necesitaba ser tanto un león como un zorro si quería aspirar a llegar al mundo. Es decir, valiente y astuto.

El fin no siempre justifica los medios, pero ¿qué justifica no conseguir el fin que te has propuesto? ¿Es eso justicia? La verdad es que la injusticia y la inhumanidad a menudo tienen una lógica económica. Tienen intereses detrás. El triunfo del bien no puede depender de aquellos que son inútiles, poco realistas o ingenuos. No cuando el enemigo es malvado, agresivo, proteico e infatigable.

Es bien sabido que Kant dijo que no debes mentir, ni siquiera cuando un asesino aporrea la puerta de tu casa y pregunta dónde están tus hijos. No te gustaría que alguien así abriese la puerta de tu casa, ¿verdad? No parece alguien que se preocupa de verdad por las personas que están bajo su custodia; parece que le importen más los principios morales rígidos que las personas de carne y hueso. Parece la actitud que al asesino —o a tus adversarios políticos— le gustaría que tuvieses. Porque paraliza. Vuelve a alguien inútil y lo pone a merced de sus rivales.

Un ideólogo o un filósofo pueden ser teóricos. Un líder tiene que tomar decisiones. Un líder tiene que actuar. Debe ser idealista a la vez que realista. Porque hay cosas que tiene que proteger. No puede poner mala cara a unas migajas cuando su gente está pasando hambre. No puede permitirse juzgar a un posible aliado o insistir en los mensajeros perfectos. Debe tomar el mundo, la situación, como es, no como le gustaría que fuese, sobre todo si quiere cambiarlo. No puede permitir que una hipótesis entorpezca una oportunidad de ayudar aquí y ahora. El hecho de que no pueda resolver todos los problemas no es una excusa para no resolver parte de ellos. Una cosa es seguir unos principios, pero fácilmente podemos vernos siguiendo algo mucho más pobre, mucho más autocomplaciente o mucho más simbólico.

Sobre todo cuando otras personas están en riesgo.

Todos tenemos que descubrir cómo lograr ese equilibrio en cada situación particular. Piensa en la postura valiente y edificante de August Landmesser captada en la famosa foto: el único hombre de una multitud que se niega a hacer el saludo nazi. Dietrich Bonhoeffer, al que ejecutaron por conspirar para asesinar a Hitler, habría estado de acuerdo con la idea, aunque habría discrepado de una postura tan insobornable pero, en última instancia, ineficaz. A pesar de su profunda piedad cristiana y su aversión permanente a todos los aspectos del nazismo, cuando vio que uno de sus colaboradores se negaba a hacer el saludo, le preguntó si estaba loco. «¡Levanta el brazo! —exclamó—. Tendremos que arriesgarnos por muchas cosas, pero este ridículo saludo no está entre ellas».

Cuando sabes cuál es tu estrella polar, tienes la capacidad de tomar esa clase de decisiones. Eso no quiere decir que todos los medios estén justificados porque tienes un fin, pero sí te proporciona claridad, espacio para maniobrar, cierta capacidad de priorizar. Seguir una estrella polar no significa que acabes despeñándote por cataratas ni metiéndote en ríos caudalosos; un navegante diestro aprende a acertar con el rumbo sin chocar contra objetos ni matarse en el empeño. Esto no debería convertirse en una declaración polémica en la búsqueda de justicia.

La política, el desarrollo de proyectos, la obtención de resultados... son asuntos turbios. No podemos esperar a que aparezcan hombres perfectos, y tampoco podemos fingir que somos inmaculados. Hacer el bien en el mundo no será fácil. No estará exento de rivales u obstáculos. Podemos insultarlos. Podemos dejarnos llevar por la desesperanza. Podemos culpar a alguien.

O podemos ponernos las pilas.

Non angeli sed angli.

Deja de buscar ángeles. Deja de buscar anglos.

Pero volvamos por un momento a Carter. Era un hombre con el pragmatismo suficiente para decir a los líderes de los derechos civiles que, si bien no les gustaría su campaña, les gustaría su gobierno: sabía que había cosas que eran un medio para conseguir un fin. ¿Fue ingenua y temeraria su decisión de abordar un tema tan candente su primer día en el cargo? Eso piensan algunos. No obstante, otra interpretación es que también fue bastante pragmática.

Ninguno de nosotros sabe de cuánto tiempo dispone en la vida, en el poder, en un periodo determinado. Nadie puede garantizarte que aplazando algo tendrás mejores oportunidades más adelante.* Nadie puede decirte con seguridad que serás reelegido. Por ese motivo la mayoría de las veces la decisión pragmática es hacer lo correcto ahora.

Cuando tienes la oportunidad, debes aprovecharla.

La gente cuenta contigo.

* Una medida impopular que Carter tomó en su primer mandato fue dictar una orden ejecutiva que exigía el uso de cinturones de seguridad y airbags. Idealista o pragmática, actualmente hay millones de personas vivas gracias a esa decisión.

Desarrolla la competencia

Florence Nightingale tardó en arrancar. Su innovadora y revolucionaria carrera en la enfermería fue durante mucho tiempo clandestina; tardó casi veinte años en pasar de «la llamada», como se refirió al momento en que descubrió su vocación, al servicio que prestó en primera línea de los hospitales militares de Crimea.

Pero no desaprovechó ese tiempo. De hecho, fue una suerte de montaje de entrenamiento a cámara lenta, un largo aprendizaje en un arte poco valorado.

Primero, indagó en las posibilidades de que una mujer siguiese cualquier tipo de vocación. Pidió consejo. Buscó mentores y patrocinadores. A continuación, cuidó de pacientes enfermos, empezando por su abuela, así como de vecinos de pueblos que vivían cerca de ella. Y luego, finalmente, se ofreció voluntaria en hospitales de Alemania y Francia, donde experimentó de primera mano no solo las presiones de la enfermería, sino el pésimo y desastroso estado de la profesión de enfermera en aquel entonces.

«Vi morir a una pobre mujer delante de mis narices aquel verano —escribió Nightingale a una amiga en 1845— porque solo había necios velando por ella que la envenenaron como si le hubiesen dado arsénico». En aquella época se partía de la curiosa premisa de que una mujer de su posición no debía mancillarse con algo tan ordinario como ayudar de forma directa a los enfermos o los indigentes... y, sin embargo, se daba igualmente por sentado que todas las mujeres estaban cualificadas y dotadas por naturaleza para la enfermería debido a su sexo.

Como pasaba con la arraigada creencia de que los primogénitos de las familias de prestigio estaban capacitados por nacimiento para dirigir a las tropas o desempeñar cargos importantes, ese estereotipo carecía de fundamento. ¡Al contrario! Y eso es lo que más sorprendió a Nightingale: la incompetencia absoluta de las enfermeras, así como de los médicos. Tal vez les moviesen buenas intenciones, pero no tenían ni idea de lo que hacían, y al final esas buenas intenciones no se traducían en nada.

«Puede parecer extraño enunciar como primer requisito en un hospital que no perjudique a los enfermos —explicó Nightingale—. Es del todo necesario, sin embargo, sentar semejante principio, pues la mortalidad que se da en los hospitales, sobre todo en los de grandes ciudades muy pobladas, es mucho mayor que la esperada en cualquier cálculo de la mortalidad del mismo tipo de enfermos tratados fuera del hospital».

Como ejercían su incompetencia con tanta confianza, no solo no ayudaban, sino que mataban a las personas. Los cementerios estaban llenos de víctimas. Y entretanto ellos se daban palmaditas en la espalda por su compasión y su entrega.

El famoso poema de Longfellow retrataba a Nightingale como una especie de ángel que recorría los pasillos del hospital consolando a los enfermos y los moribundos. Era una imagen hermosa.

Pero no es acertada.

Un retrato más fiel de Nightingale la mostraría como una profesora de enfermeras severa: una formadora que cultivó a una generación de talentos para que tratasen y consolasen a los heridos. Debemos visualizarla a altas horas de la noche, inclinada sobre su escritorio mientras leía informes, redactaba cartas a políticos y generales, encargaba suministros y luchaba por conseguir recursos. Debemos imaginárnosla esforzándose por gestionar el hospital, resolviendo problemas, creando unas condiciones más higiénicas y eficientes.

«Por lo general, el público se la imagina a la cabecera de la cama de un soldado —escribió la tía y colega de Nightingale a su familia en 1855—. Qué sencillo, qué satisfactorio si eso fuese todo. El trabajo pesado es lo mucho que hay que escribir, lo mucho que hay que hablar, el trato con los mezquinos, los egoístas, los incompetentes».

Más que dedicación, Nightingale entendió que los pacientes necesitaban camas limpias. Más que sacrificio, necesitaban comidas nutritivas y estufas que funcionasen. En lugar de pedir a sus enfermeras que fuesen ángeles, estudió el tráfico de los hospitales y concibió un sistema de comunicación mejor —utilizando una serie de campanillas para que los pacientes pudiesen pedir ayuda—, que reducía el tiempo que se dedicaba a subir y bajar escaleras y, por tanto, permitía invertir más tiempo en proporcionar cuidados. Luchó por una mejor ventilación. Consiguió miles de donativos de los ciudadanos.

Y fue una administradora diligente y hábil de ese dinero. Durante la Segunda Guerra Mundial, un auditor del gobierno estudió el método de contabilidad del Servicio de Sanidad Militar y lo encontró extraordinariamente eficiente y preciso. Cuando preguntó quién lo había ideado, se sorprendió al descubrir que lo había creado Florence Nightingale unos ochenta años antes, otra de sus poco valoradas innovaciones y mejoras.

Por supuesto, para hacer el bien uno tiene que preocuparse: es fundamental. Pero ya lo dice el refrán: «A Dios rogando y con el mazo dando». ¿Qué es más importante? ¿Mandar emojis a la gente o las causas que requieren apoyo? Recordemos otro refrán: «El infierno está empedrado de buenas intenciones». Lo que la justicia necesita es tiempo, dinero, liderazgo. Lo que ellos necesitan es alguien que sepa lo que hace.

¿Puedes ser tú esa persona? Alguien competente, alguien que encare la justicia no como una idea, sino como un oficio. Como una ocupación en la que mejorar siempre.

La competencia no es un derecho de nacimiento, ni sirve automáticamente a una causa solo porque esa causa sea justa. La compasión es necesaria, pero no es suficiente en la búsqueda de la justicia. El coraje y la disciplina tampoco: son necesarios pero inútiles sin aptitud.

Podría decirse que Carter tuvo dificultades en su mandato no por sus posturas, audaces y valientes, sino porque se negó a contratar a un jefe de gabinete en la Casa Blanca, en contra de lo que todos le aconsejaban. Pese a que era un hombre bueno, le costaba gestionar el tiempo y la atención que el cargo le exigía. El sociólogo y filósofo Max Weber describió una vez el cambio político como el «lento taladrar de duras tablas». El pragmatismo es competencia. Y también la determinación y la delegación. La competencia es competencia, no tiene sustituto. Nightingale tardó años en comprender el problema que trataba de resolver, y más años en vencer la resistencia y los obstáculos para poner en práctica soluciones. Y después llegaron los problemas de vida o muerte de tratar a pacientes heridos en zonas de guerra.

Pero así son las cosas. No se trata de situaciones aptas para cardiacos. Y tampoco para ineptos.

Piensa en Truman: no solo bautizó el plan Marshall con el nombre del secretario de Estado a fin de dar a la oposición una excusa para que lo votase. Luego se aseguró de que también se ofreciesen el dinero y la ayuda a los países soviéticos, los cuales los declinaron, aunque minó todas las tesis comunistas según las cuales se trataba de un plan interesado. El «acto más generoso de la historia» no fue inocente, se lanzó con brillantez y astucia. Cualidades también presentes en los esfuerzos llevados a cabo por Churchill durante la Depresión. No es que el político inglés fuese valiente o bondadoso, es que hizo que el sistema político funcionase. Manejó las palancas del poder con eficiencia, como no se habían usado antes y como no han vuelto a usarse desde entonces.

«El error más generalizado que he cometido es creer que, como nuestra causa era justa, podíamos estar seguros de que los ministros blancos del Sur, una vez cuestionada su conciencia cristiana, acudirían en nuestra ayuda», declaró en una ocasión Martin Luther King Jr. Él llegó a comprender que la virtud sin una organización diestra, que la acción sin estrategia, era una forma segura de traicionar la causa. Con la ayuda de Bayard Rustin, Stanley Levinson, Diane Nash y Ella Baker, se convirtió en una fuerza política y mediática de peso. Y luego combinó esa fuerza con Lyndon B. Johnson, que a pesar de ser más racista y menos idealista que Kennedy, era un genio de la legislación. Johnson entendía el poder —dónde encontrarlo, cómo usarlo—, y ese poder, sumado al de King, los convirtió a los dos en una fuerza imparable del bien.

Se trata de un modelo para todos los que desean llevar el bien al mundo, a pequeña o gran escala.

«Trato de emular a todos los santos de la historia», declaró King, aunque añadió que «es necesario que cualquiera que se dedica a estos campos tenga una buena formación política». Desde luego, Theodore Roosevelt llegó a entenderlo. Después de descubrir cómo vivía la otra mitad y proponerse atacar a diversos intereses corruptos, tropezó en repetidas ocasiones con el conocimiento superior que sus rivales tenían de las maniobras parlamentarias, así como con los jueces y periodistas a los que controlaban. Su amigo Jacob Riis dijo que con la «honradez no bastaba». Para transformar el paisaje político y económico del país, Roosevelt no solo tenía que ser justo, sino también más astuto y mucho más hábil que aquellos que deseaban detenerlo.

Lo mismo tendrás que hacer tú.

No importa que el escritor tenga algo importante que decir; lo que cuenta es si posee el talento para transmitírselo al lector. No importa que un político tenga las opiniones adecuadas. ¿Sabe cómo funciona el sistema, cuenta con el personal y los contactos para obtener resultados? No importa que el abogado esté dispuesto a aceptar el caso. ¿Puede ganarlo? No importa que alguien sienta lástima por los indefensos o los afligidos, o incluso que se esfuerce en su nombre. Lo que cuenta es si ese esfuerzo alivia realmente el sufrimiento, no de forma temporal, sino permanente.

Por otra parte, la justicia tampoco es mera cuestión de agudeza política y don de gentes. La firmeza también es importante:

fuerza física bruta, recursos, habilidad para ganar. Hay malos en el mundo... y esos malos a menudo son fuertes, a menudo son violentos, a menudo tienen un gran poder que utilizan para imponer su voluntad a los demás. ¿Quién les plantará cara? ¿Quién es lo bastante fuerte para detenerlos?

No podemos limitarnos a abrigar buenas intenciones. Debemos ser capaces de llevar a cabo buenos actos.

¿Qué dice de la humanidad que el altruismo eficaz sea un concepto nuevo?

Cada problema debe estudiarse. Cada destreza debe practicarse. Cada variable necesaria para el éxito —aliados, financiación, ayuda pública, poder— debe cultivarse. El impacto debe medirse. Las decisiones deben optimizarse. Deben exigirse responsabilidades a la gente. Tenemos que asumir nuestras responsabilidades; es la forma de mejorar.

Eso lleva tiempo. En el caso de Nightingale, tardó años en convertir su potencial bruto en competencia sólida. Requiere aprender a través de la prueba y el error, como hizo King en su fallida campaña en St. Augustine y en otras ciudades. Requiere coraje, disciplina y sabiduría.

Es natural que así sea. Si el cambio, si ayudar fuese fácil, todo el mundo lo haría. Si los problemas se resolviesen solos, no habría problemas. El mundo sería justo y maravilloso, y las personas adecuadas estarían siempre en el poder.

¿Qué hacemos hasta entonces?

Hasta entonces tenemos que ser inteligentes, capaces y competentes.

Da, da, da

Cuando el rabino Harold Kushner se sentaba a escribir un libro, intentaba no procrastinar. Intentaba ponerse a trabajar de inmediato: sin dudar, sin pensar demasiado.

Solo se permitía un pequeño ritual que precedía su ejercicio de disciplina diaria.

Antes de que su bolígrafo tocase la hoja o el cuaderno, iba a por su talonario de cheques, donde garabateaba un pequeño donativo a una de las organizaciones benéficas a las que él y su esposa apoyaban. Del mismo modo que los antiguos se preparaban para la batalla ofreciendo un sacrificio a los dioses o las musas, el rabino hacía la guerra del arte atacando primero con un acto de bondad. Se calentaba para un día de buena prosa anotando unas cifras que sabía que tendrían un efecto positivo.

La generosidad es una cualidad que admiramos. Es algo en lo que a muchos de nosotros nos gustaría mejorar.

En realidad, solo hay una forma de conseguirlo. Y es la misma forma en que uno mejora en la escritura o en cualquier otro arte: con la práctica.

No más adelante, cuando estemos mejor. No solo cuando alguien lo necesite de verdad. No en uno o dos momentos importantes o fugaces.

Sino de forma sistemática, regular, como una rutina. De manera que se convierta en parte de quienes somos. De manera que se vuelva una especie de estrella polar en sí misma.

El lema de Ana Frank, que aprendió de sus padres, era «Nadie se ha hecho pobre por dar». Es cierto, la caridad es edificante y muy satisfactoria. Y da la casualidad de que la palabra para referirse a la caridad en hebreo —*tzedakah*— significa «justicia».

Por supuesto, una parte de nosotros es consciente de que regalar dinero es una buena forma de arruinarnos. Además, hemos trabajado duro, hemos sudado y nos hemos ganado lo que tenemos. Sabemos que el dinero podría acumularse y aumentar si lo invirtiésemos bien. Y no podemos evitar pensar en las cosas divertidas que podríamos hacer con él, o en algún momento del futuro lejano en que podría hacernos mucha falta.

Sin embargo, ¿no son también todas esas cosas motivos para ser generosos con el dinero? Hemos trabajado duro porque era nuestro deber, porque queríamos desarrollar al máximo nuestro potencial. Nos alegramos de recibir la compensación económica, pero también entendemos que es un extra. Nos la ganamos una vez y podemos volver a ganárnosla. ¿Y qué clase de persona valora su diversión —o una seguridad superflua— por encima del alivio del sufrimiento de otra persona?

«Si has sido bendecido, sé una bendición».

Y hay muchas formas de serlo.

Podemos ser generosos con nuestro tiempo, como Florence Nightingale, que dedicó su vida al servicio y no a la alta sociedad.

Podemos ser generosos con los motivos de alabanza, generosos con los elogios. Podemos ser la clase de persona a la que gente acude en busca de ayuda, la clase de persona cuya puerta siempre está abierta, la clase de persona que sonríe a los extraños, que empareja a sus amigos, que cuida de la gente que está sola, que siempre está ahí cuando la necesitas para dedicarte una palabra amable. Podemos utilizar nuestro poder y nuestra influencia para luchar por las personas que tienen poco, como hizo Theodore Roosevelt. Podemos ser generosos con nuestros favores y nuestros consejos.

La amabilidad es una forma de generosidad que siempre podemos permitirnos.

No importa cuánto dinero tengas, no importa si tienes mucho (o muy poco) poder; nada te impide ser generoso de una forma u otra. «¿Cómo te va?». «¿Necesitas algo?». «Magnífico trabajo». «Te aprecio». Son expresiones de generosidad que no cuestan nada.

Nada te impide ser generoso ahora mismo. La inmensidad de los problemas o las necesidades del mundo no te absuelven ni te impiden dar pequeños pasos para solucionarlos, hacer algo por alguien que los padece.

Durante la Depresión, vagabundos e indigentes solían pasar por la casa de Carter, que no estaba lejos de las vías del tren. La madre de Carter siempre les preparaba algo de comer. Una vecina comentó lo agradecida que estaba de que no hubiese ninguno rondando su casa. Más adelante, Jimmy Carter se enteraría de que durante la Depresión la comunidad de personas sin hogar tenía una serie de símbolos para comunicar qué casas eran de personas amables y gentiles y qué casas eran de personas insensibles y crueles y convenía evitar.

La idea de esa marca —de que los necesitados lo considerasen merecedor de ella— acompañó a Carter toda su vida. Por eso a los noventa años donaba su tiempo y su dinero para ayudar a los demás, construyendo incluso casas para aquellos que no podían permitirse una.

Resulta curioso que Ralph Waldo Emerson sea famoso por sus ensayos sobre la autosuficiencia cuando en realidad era un hombre increíblemente generoso, no solo con su dinero, sino también con su tiempo y su apoyo. La escena que cultivó en Massachusetts no tiene parangón en la historia. Gente de toda Nueva Inglaterra sabía que era bien recibida en casa de Emerson, donde las reuniones no oficiales empezaron a desembocar de forma natural en lo que los historiadores llamaron el Club Trascendental. Él guio y ayudó a forjar las carreras de innumerables artistas e intelectuales. Al fin y al cabo, fue en la tierra de Emerson, en Walden Pond, donde Thoreau pudo vivir y construir su cabaña. Mantuvo económicamente a los miembros de su familia. Emerson fue un paladín imparable de la educación, un firme defensor económico de las bibliotecas públicas y el acceso al conocimiento. Grande es la persona que cede la mayor parte de los beneficios, declaró Emerson más adelante. Cuanto más éxito tienes, más autosuficiente eres, más te sobra para ayudar a otros a volverse como tú.

«A todo aquel a quien se haya dado mucho, mucho se le demandará».

Y a cada uno de nosotros se le ha dado mucho. A todos.

¿Qué haremos con ello? ¿A quién ayudaremos? ¿Qué daremos?

Una propuesta: tanto que duela, tanto que suponga un desafío, tanto que implique un sacrificio.

¿Por qué debemos quedárnoslo todo para nosotros? En primer lugar, no es nuestro en realidad. «¿Quién es el dueño de su patente?», le preguntaron a Jonas Salk por televisión cuando lanzó las primeras medidas de protección contra el azote de la poliomielitis. «Yo diría que la gente», respondió, consciente de que su investigación se había financiado con donativos y desarrollado gracias a muchos otros adelantos científicos. «No hay patente. ¿Puede patentarse el sol?».

Marco Aurelio, en sus reflexiones sobre el conjunto de su vida, escribió que se sentía afortunado de no haber necesitado pedir dinero nunca, pero más afortunado aún de que cada vez que otra persona lo había necesitado, nunca había estado en la situación de tener que decir que no podía permitirse ayudarle.

No solo es lo justo y lo correcto, sino que nos hace grandes. De modo que empecemos y convirtámoslo en un hábito.

Lo importante no es cómo ni cuánto, sino que seamos una bendición para los demás, de la forma que podamos, del modo que nos sea posible.

Cultiva un árbol de entrenamiento

Teniendo en cuenta su récord de victorias, Gregg Popovich es quizá el mejor entrenador de la historia de la NBA. Si le añadimos su número de campeonatos (cinco), su número de temporadas triunfales (veintidós), su racha ininterrumpida de apariciones en *playoffs* (veintidós), su porcentaje de victorias (65,7%), sus medallas de oro en Juegos Olímpicos (dos) y el hecho de que consiguió todo eso con un solo equipo, es posible que sea el mejor entrenador de la historia del baloncesto.

Pero existe otro sistema métrico aparte de las victorias y los anillos de campeones —menos tenido en cuenta, aunque más importante— que podría demostrar que es el mejor entrenador de todos los deportes: su árbol de entrenamiento.

En el deporte, un árbol de entrenamiento está determinado por los entrenadores, los jugadores y los ejecutivos que un entrenador ha descubierto, contratado y aconsejado, y lo que hacen después en sus carreras. El árbol de entrenamiento de Gregg Popovich es tan extenso, como dijo un periodista deportivo, que en realidad se trata más bien de un «bosque de entrenamiento».

En el proceso de convertirse en el entrenador más veterano de todas las ligas deportivas profesionales importantes, Gregg Popovich acogería bajo su ala a múltiples jugadores del Salón de la Fama, como Tim Duncan, Tony Parker y Manu Ginóbili, que no solo formaron una de las mayores dinastías de la NBA moderna, sino que siguieron en San Antonio y se convirtieron en líderes de su comunidad. En un momento dado, casi el 30 por ciento de todos los entrenadores de la NBA habían trabajado o jugado a las órdenes de Popovich, y sus protegidos han ganado por su cuenta once campeonatos como entrenadores principales (y un campeonato de la liga menor G League). En cinco ocasiones, se ha nombrado Entrenador del Año de la NBA a alguien de su bosque. De los veintitrés entrenadores y managers negros que hay actualmente en la NBA, siete trabajaron con Popovich en los Spurs. Becky Hammon, entrenadora del año de la WNBA en 2022, pasó ocho años con los Spurs, donde fue la primera mujer entrenadora asistente de la NBA y la primera en ejercer de entrenadora principal cuando expulsaron a Popovich y este la nombró su sustituta (también ganó dos títulos seguidos de la WNBA como entrenadora). Y si uno empezase a seguir el rastro de los árboles de entrenamiento de los entrenadores que figuran en el árbol de Popovich, se encontraría prácticamente a todas las figuras de la NBA y el baloncesto de la NCAA.

Eso fue lo que sorprendió a Adam Silver, el comisionado de la NBA, durante la final de 2022, en la que se enfrentaron dos entrenadores a los que Popovich había entrenado, contratado y formado. Los Spurs eran más que un simple equipo de baloncesto, dijo; casi eran una academia de futuros entrenadores y ejecutivos.

«Que el honor de tus alumnos te sea tan preciado como el tuyo», dijo el rabino Eleizer. Aunque eso es un poco más fácil cuando eres profesor, porque en eso consiste el trabajo. Si Popovich hubiese dirigido una academia —una organización educativa sin ánimo de lucro emplazada en una misión—, esos logros habrían sido impresionantes. ¿Y el hecho de que consiguiese hacer eso mientras rendía al máximo nivel en un deporte feroz en el que él ayudaba, cuando no generaba, a la competencia? Eso es algo que ha hecho al margen de su compromiso con ganar, como ideal y como expectativa de su empleo. Tampoco se trata de un «club de veteranos», en el que un grupo de personas se ayudan unas a otras, o un líder que crea réplicas idénticas de sí mismo. No, es el acto de abrir una puerta, tender una escalera a un grupo diverso de líderes excepcionales, distintos tipos de deportistas, entrenadores y ejecutivos que se esfuerzan por alcanzar su potencial.

De modo que, al contemplar tu carrera, conviene que te preguntes:

¿A quién has dado una oportunidad?

¿A quién has ayudado a progresar?

Y, lo más revelador, ¿cuánto se parecen o se diferencian de ti esas personas?

Sin embargo, muy a menudo nos interesa más saber cómo conseguir que alguien nos dé una oportunidad a nosotros. O cómo conseguir otra oportunidad, o una oportunidad mayor, o una mejor. Creemos que al pensar en los demás nos ponemos en peligro, como si la vida o el trabajo fuesen un juego de suma cero.

«Solo puede quedar uno» era el lema de *Los inmortales*.

No, hay espacio para que todos tengamos éxito. Para que tengamos mucho más éxito del que gozamos en la actualidad.

George Marshall progresó en su carrera, consiguió llegar a lo más alto de su profesión y triunfar precisamente porque entendió que su trabajo consistía en ayudar a otras personas: en crear un ejército lleno de oficiales de talento. Mientras que otros generales peleaban con uñas y dientes por su propio progreso, escribían cartas a sus superiores presionando para que los ascendiesen o les encargasen las mejores misiones, Marshall era partidario de ascender a jóvenes prometedores como Omar Bradley, George Patton, Walter Krueger y, sobre todo, Dwight D. Eisenhower, a quien formó en las aptitudes necesarias para hacer historia. Podría decirse que su árbol de entrenamiento fue el roble del que dependió la victoria de los aliados.

En esta vida se nos valora por nuestros logros como individuos. Nos esforzamos por desarrollar al máximo nuestro potencial y dar el do de pecho. Pero, pasado cierto punto, eso no significa gran cosa. Lo que más importa, lo que importa a largo plazo, es a quién hemos ayudado a tener éxito a lo largo del camino.

En realidad, el árbol de entrenamiento no solo cuenta en el deporte. Sócrates nos descubrió a Alcibíades, Jenofonte y Platón. Platón, a su vez, nos descubrió a Aristóteles, y Aristóteles, a Alejandro.

Emerson no solo fomentó con generosidad la escena literaria de Nueva Inglaterra, sino que estimulaba de manera activa el talento dondequiera que lo encontraba. «Te doy la bienvenida al comienzo de una larga carrera», escribió efusivamente Emerson en una carta a un Walt Whitman que luchaba por abrirse camino en 1855 (que Whitman incorporó enseguida como nota publicitaria en la portada de su entonces desconocida y autopublicada obra maestra *Hojas de hierba*). Sin Emerson, las carreras de

Nathaniel Hawthorne, William Ellery Channing, Amos Bronson Alcott y posteriormente William James (ahijado de Emerson) y la hija de Alcott, Louisa May Alcott, habrían sido muy distintas. La generosidad es la semilla de un gran árbol de entrenamiento.

Aparte de su obra como abolicionista, Thomas Wentworth Higginson asesoró y publicó la poesía de Emily Dickinson. Frederick Douglass alentó y orientó a Ida B. Wells, cuya obra contra los linchamientos así como su actividad por el sufragio femenino y su contribución a la fundación de la Asociación Nacional para el Progreso de las Personas de Color en 1909 fueron magníficas extensiones del legado de Douglass, un hombre nacido en la esclavitud en 1818. El legado de Martin Luther King Jr. también se ve realzado por el hecho de que John Lewis se convirtiese en congresista, Andrew Young se hiciese embajador de la ONU y Diane Nash obtuviese la Medalla Presidencial de la Libertad.

Denzel Washington pagó para que Chadwick Boseman fuese a la universidad. Walker Percy fue adoptado por su tío Will, y luego ejerció a su vez de mentor y profesor en la sombra del biógrafo Walter Isaacson. Percy también descubrió y ayudó a publicar póstumamente la novela de John Kennedy Toole *La conjura de los necios*, ganadora del Premio Pulitzer. George Carlin conoció a un joven Garry Shandling en un club de cómicos de Arizona en 1968, y después de leer el cuaderno de chistes de Shandling dijo: «Creo que eres gracioso... Si te estás planteando dedicarte a esto, creo que deberías hacerlo».* Shandling sería a su vez mentor del director Judd Apatow y los humoristas Kevin Nealon,

* Carlin concluía a menudo su número con un recordatorio en el mismo sentido: «Cuídense y cuiden también de otra persona».

Adam Sandler y Sarah Silverman, además de una generación de cómicos de los ochenta, los noventa y los dos mil.

¿Y las personas a las que esos pioneros no conocieron, pero cuya obra influyó, a las que su ejemplo inspiró? Eso constituye un auténtico impacto multigeneracional, una red infinita de alas de mariposa agitadas, de vidas transformadas y de futuros mejores.

De eso se trata. No todos tenemos el poder de cambiar o mejorar el mundo mientras vivamos. Apoyando, animando e influyendo a otros —incluidos nuestros hijos—, nuestros esfuerzos pueden perdurar.

Mentor. Mecenas. Patrocinador. Aliado. Profesor. Maestro. Gurú. Inspiración.

Hay muchos nombres para referirse a ello, porque es un papel definido por muchos papeles distintos.

Lo que importa es que seamos la vela que enciende otra, que enciende otra, que enciende otra.

Porque, gracias a ello, mundos enteros se iluminan y salen de la oscuridad.

Cuida del desfavorecido

Angela Merkel creció a la sombra de las maldades que su país había cometido. También creció siendo hija de un pastor y viviendo junto a la organización benéfica para disminuidos psíquicos que tenía su iglesia, donde tuvo ocasión de ver el Sermón de la Montaña en acción. Fue esto último lo que determinó su visión del mundo. «Malaquías ve la violencia ejercida en la sociedad contra los débiles —declaró, parafraseando la Biblia—, contra aquellos que viven al margen de la sociedad, los jornaleros, las viudas y los huérfanos tratados de manera injusta. Malaquías dice que eso es inaceptable; va contra los mandamientos de Dios... Los más débiles de la sociedad no deben ser maltratados. Debemos centrarnos en ellos».

¿Cuál fue la única vez que Jesús perdió la paciencia? En el episodio de los mercaderes —la guarida de ladrones— que se habían hecho con el templo. Estaban subiendo abusivamente los precios. Estaban perjudicando a la sociedad.

Fue esa versión del cristianismo, la que enfatizaba la historia del buen samaritano, la que se preocupaba por las «cañas cascadas» del mundo, la que influyó en la decisión de Merkel de aceptar a un millón de refugiados que huían de la guerra civil siria iniciada en 2011. Era de esperar que otros países cristianos se apresurasen a imitarla, pero no fue así, la canciller alemana fue muy criticada, y la grave situación de esas multitudes que sufrían quedó relegada a un debate político o cultural, como si no fuesen seres humanos a los que podía y debía ayudarse.

Sin embargo, ella siguió adelante. *Wir schaffen das*, aseguró al público. «Podemos lograrlo».

Podemos.

¡Debemos!

Si no luchamos nosotros por el desfavorecido, si no hacemos lo que podamos por él, ¿quién lo hará? Y si permitimos que resulten heridos o sean explotados o dejamos que sufran, ¿qué dice eso de nosotros?

Desde muy temprana edad, a Catón le desagradaron los abusones. En la fiesta de cumpleaños de un amigo, un grupo de niños estaba jugando a una versión romana de policías y ladrones. Uno de los mayores atrapó y encerró a uno de los más pequeños en una estancia oscura. Asustado, el muchacho llamó a Catón, que echó a un lado al niño que bloqueaba la puerta y llevó al pequeño asustado a su casa con sus padres. De adolescente, lo invitaron con su mentor a casa de Sila, que entonces gobernaba Roma como un cruel dictador. Cuando el mentor explicó a Catón por qué todo el mundo temía a Sila, observó que a su alumno le cambiaba el semblante. «¿Por qué no me das una espada —dijo Catón con absoluta sinceridad— para poder liberar a mi país de la esclavitud?». Y, cuando se hizo mayor, detestaba la corrupción de las provincias de Roma por ese motivo, porque convertía en víctimas a los habitantes que se merecían algo mejor.

Catón y muchos estoicos tenían una estrella polar que los orientaba en contra de todo aquel que intentaba decirles a ellos o a cualquiera lo que debían hacer: todo aquel que abusaba del poder y lo ejercía contra los débiles. De hecho, la expresión *Sic semper tyrannis* («Así siempre con los tiranos») se remonta a Escipión Emiliano, uno de los grandes generales estoicos de antes del cambio de milenio.

George Washington, que tomó como modelo la vida entera de Catón, trataba de contemplar cualquier situación con la templanza del político romano, a través de «la luz serena de la apacible filosofía». Pero su opinión sobre la justicia, sobre la finalidad de un buen gobierno, de un mundo justo, se resumía en un versículo que tomó de las Escrituras: «Y se sentará cada uno debajo de su vid y debajo de su higuera, y no habrá quien lo amedrente».*

Washington recordó el bello pasaje de la vid y la higuera en 1790, cuando habló ante unos judíos de Rhode Island de una visión de Estados Unidos que no daba «permiso a la intolerancia» ni «ayuda a la persecución».

Hablaba de tolerancia. Hablaba de protección. Hablaba de diversidad, amor y esperanza.

Los tiranos, los abusones y los cretinos son los enemigos de la justicia. No se les puede aceptar. No se les puede acoger. Ya sea una turba en internet o un sistema económico que explota a los empo-

* Cabe señalar que Washington fue moralmente ciego a la raza de personas que no gozaban de la seguridad de tener su propia vid y su propia higuera en Estados Unidos por aquel entonces.

brecidos, el jefe castrante y hostigador o el gobierno que persigue a los disidentes o explota a sus ciudadanos, la tiranía es tiranía.

Nos pone a todos en peligro.

Después de uno de los terribles bombardeos que se produjeron durante el movimiento por los derechos civiles, el periodista Ralph McGill escribió un editorial en el *Atlanta Constitution* que lo expresaba a la perfección. «Cuando los lobos del odio se sueltan contra un pueblo —explicó—, nadie está a salvo». Los propios activistas lo entendían, pese a que estaba luchando por su vida: por eso los judíos acudieron al sur en 1964 y fueron apalizados en nombre de los negros, y por eso los líderes negros denunciaron la guerra de Vietnam y la persecución en el extranjero. «No podemos quedarnos sentados tranquilamente al borde del camino mientras nuestros hermanos judíos de la Unión Soviética se enfrentan a la posible extinción de su vida cultural y espiritual —declaró Martin Luther King Jr. en 1966—. Quienes se quedan sentados mientras otros sufren son unos cobardes dispuestos a comprar su tranquilidad con deshonra... La negación de los derechos humanos en cualquier lugar supone una amenaza a la afirmación de los derechos humanos en todas partes».

Debemos ser compasivos con las cañas cascadas del mundo porque nosotros también lo somos. Nosotros también fuimos extranjeros en la tierra de Egipto. Y algún día podríamos volver a serlo.

Debemos vernos a nosotros mismos en el otro.

El mundo es injusto y cruel. ¿Contribuimos a ello? ¿O lo paliamos?

Cuando tenemos poder —que todos poseemos como colectivo— debemos asegurarnos de usarlo para el bien.

«La sociedad no puede pisotear a sus miembros más débiles y vulnerables sin recibir la maldición en su propia alma», dijo Frances Watkins después de describir el gran vínculo de humanidad del que todos formamos parte. Nuestra misión es crear un mundo en el que la gente tenga la oportunidad de florecer en el plano espiritual, profesional y personal. En el que nadie sea pisoteado, en el que se aliente a las personas a desarrollar su potencial al máximo. A prosperar y ser felices. A seguir su estrella polar. A amar a quien quieran. A rendir culto como quieran. A pensar lo que quieran y decir lo que quieran.

A lo largo de su dilatada carrera, Clarence Darrow trabajó prácticamente con todas las grandes corporaciones y grupos de presión de Estados Unidos, aunque no siempre eran los clientes más benévolos. Los negocios son importantes, y tampoco hay que meterse con ellos. Pero él se mostró muy firme con respecto a una postura, insistiendo en que nunca los ayudaría y nunca los había «ayudado a oprimir a los débiles o condenar a los inocentes». De hecho, el momento crucial de su carrera fue cuando abandonó un empleo lucrativo en una empresa ferroviaria para luchar contra sus antiguos clientes, que mantenían un litigio importante con organizadores sindicales.

No apuntamos hacia abajo... y tampoco toleramos que otros lo hagan.

Ese es el motivo por el que Emerson apoyó y protegió la red clandestina conocida como «el ferrocarril subterráneo». No solo no permitimos la intolerancia ni ayudamos a la persecución, sino que hacemos lo contrario. Luchamos contra la intolerancia y ayudamos a aquellos que están siendo perseguidos.

«Así siempre...».

¿Apoyas a David o a Goliat? ¿Luchas contra la tiranía o eres el tirano? ¿Eres sincero o en realidad eres un trol?

La libertad es esencial, pero la forma más esencial de libertad es hallarse libre del miedo.

Nuestro deber es asegurarnos de que los vulnerables se encuentran protegidos y pueden vivir sin miedo.

Porque ellos son nosotros y nosotros somos ellos.

Causa problemas buenos

Arthur Ashe fue uno de los deportistas con una conducta más intachable del mundo. Mientras otros tenistas se cabreaban y tenían aventuras, mientras otros rompían raquetas y conducían coches caros, él era reservado y serio. Ellos perseguían el dinero, él fue a West Point y sirvió a su país. Ellos estaban motivados, él era disciplinado.

No es que fuese pasivo o apolítico. Había aprendido del ejemplo de su padre a no dejarse llevar por las emociones: a trabajar con discreción pero con firmeza en la consecución de sus metas, sin llamar la atención de manera innecesaria.

De modo que puedes imaginarte la sorpresa del padre de Ashe en enero de 1985 cuando Arthur lo llamó para decirle: «Papá, quiero que sepas que es probable que mañana me detengan en Washington». De inmediato, su padre supo que se trataba del apartheid, una causa que su familia, que había vivido en la segregada Virginia, conocía personalmente. «Bueno, hijo, Sudáfrica está muy lejos de aquí —dijo—. Pero, si crees que tienes que hacerlo, supongo que tienes que hacerlo».

«Tengo que hacerlo, papá», contestó Arthur. Al día siguiente, Ashe, campeón de Wimbledon, el Open de Australia y el US Open y capitán del equipo de la Copa Davis, fue detenido junto con casi cincuenta profesores de colegios públicos enfrente de la embajada de Sudáfrica.

La noticia sorprendió a sus seguidores y molestó a sus patrocinadores. Así es la vida. La mayor parte de los cambios, de la justicia, es intrínsecamente disruptiva. Eso implica oponerse al estado de las cosas. Eso implica molestar a la gente. Eso implica correr riesgos. Eso implica decir cosas que son groseras, desagradables e incluso ofensivas.

Pero cuando sabes cómo vive la otra mitad, cuando sabes que hay sufrimiento que puede evitarse o injusticias autorizadas por el Estado, dejan de importarte las sutilezas.

De joven, John Lewis vio los mismos letreros que todavía existían cuando Arthur Ashe era niño. Los rótulos en los que ponía «Blancos» y «De color»: letreros que dividían el mundo, letreros impregnados de la amenaza implícita de violencia. Cuando preguntaba a sus padres y a sus abuelos qué querían decir esos letreros, le contestaban: «Así son las cosas. No te entrometas. No te busques problemas». No alteres el orden de las cosas. Es peligroso. No vale la pena.

Pero entonces apareció Rosa Parks. Con un valor y una disciplina increíbles, desafió aquellos letreros haciendo lo que consideraba correcto. Años más tarde, Lewis explicaría que Parks lo motivó para «encontrar una vía, interponerme, buscarme lo que yo llamo problemas buenos, problemas necesarios».

Durante el resto de su vida, John Lewis siguió buscándose problemas buenos. Lo detuvieron unas cuarenta y cinco veces, incluidas cinco ocasiones en que se encontraba en el Congreso. En 2009, con casi setenta años, el Servicio Secreto lo detuvo en una manifestación contra el genocidio de Darfur.

Sería maravilloso que ese tipo de incidentes no tuviesen que producirse. Que obedecer la ley y comportarnos lo mejor posible fuesen sinónimos de hacer lo correcto. Pero así no funciona el mundo. Y desde luego no es como se ha desarrollado la historia.

La búsqueda de justicia rara vez conlleva el respeto del *statu quo*. ¿Cómo va a ser así? Si la injusticia existe, debes rechazar el *statu quo* por defecto para ponerle remedio. Cuando Nietzsche describió el combate del filósofo contra la convención como una guerra a cuchillo, también describió a la perfección la realidad del activista. Es una lucha brutal, una lucha cara a cara. La gente resulta herida. Las cosas acaban hechas pedazos.

Significa poner palos en las ruedas. Ponerse delante de los tanques. Ser el que protesta, el que no se calla, el que repite la verdad que la gente no quiere oír.

¿Por quién lo haces? Lo haces por el desfavorecido. Lo haces por la gente que no puede hacerlo por sí misma. Lo haces por lo que es justo.

«Ninguna mujer ha desahogado tanto a los afligidos —dijo Clare Boothe Luce de Eleanor Roosevelt— ni afligido tanto a los desahogados». Lo mismo podría haberse dicho de Jesús y Gandhi. No debería sorprendernos que ellos también tuviesen reputación de agitadores. Como Ashe, tuvieron que elegir. ¿Odiaban la injusticia más de lo que amaban el decoro?

Sí, queremos y necesitamos aliados, pero no podemos permitir que el miedo a ganarnos enemigos nos paralice. Larry Kramer —dramaturgo galardonado y activista por los derechos de los gais que no cejó en sus esfuerzos por concienciar sobre la epidemia del sida— no siempre halló el equilibrio justo y ofendió a muchos de sus amigos.

Pero su papel en esa crisis consistía en despertar a la gente, y había mucho en juego. Para conseguirlo tenía que dejar de lado las sutilezas.

«Todos estaréis muertos dentro de cinco años. Todos y cada uno de vosotros, cabrones —espetó Larry Kramer a bocajarro a la comunidad gay cuando el sida empezó a causar estragos entre ellos—. ¿Qué tal si hacéis algo al respecto? ¿Por qué hacer cola para el matadero? ¿Por qué no salís a la calle y hacéis historia, joder?».

Eso es exactamente lo que hizo su grupo ACT UP. Como las sufragistas, boicoteaban actos públicos e interrumpían a políticos. Lanzaron las cenizas de víctimas de sida en el césped de la Casa Blanca. Envolvieron la casa de un senador homófobo de Estados Unidos con un condón gigante. Invadieron la Bolsa de Nueva York y la catedral de St. Patrick. Cerraron la oficina central de la Administración de Alimentos y Medicamentos en señal de protesta.

Un par de años más tarde, defensores de los derechos de las personas con discapacidad utilizaron una estrategia parecida con su conmovedor «Capitol Crawl» («Ascensión a rastras al Capitolio»), en el que unos discapacitados se deshicieron de las sillas de ruedas y las muletas, y subieron a rastras los escalones del Capitolio para demostrar las barreras a las que se enfrentaban en la vida cotidiana. ¿Cómo no iban a responder los legisladores?

Ese tipo de publicidad constituye una forma persuasiva de comunicación, una manera de obligar a los dirigentes y al público a que vean cómo vive la otra mitad. Ejerce presión, y la presión da lugar a reuniones y cambios en las políticas. Y cuando las autoridades reaccionan mal o, peor aún, reaccionan exageradamente —los manifestantes de ACT UP fueron detenidos en innumerables ocasiones—, su autoridad moral se socava todavía más.

Los problemas buenos benefician a las causas buenas.

Sí, causar problemas tiene consecuencias. Las cárceles en las que metieron a esos activistas —en especial las que conocieron las sufragistas y los manifestantes por los derechos civiles— no eran lugares agradables. Eran pocilgas peligrosas. No todos los activistas vivieron para ver sus figuras reivindicadas y su servicio reconocido, como Lewis y otros. Pero no hacer nada es una deshonra.

Larry Kramer vio algo. Descubrió algo. Se negó a quedarse callado. Insistió en decir algo hasta que la gente lo oyó. Y si más doctores, administradores y políticos hubiesen estado dispuestos a escuchar antes, miles de inocentes —incluido Arthur Ashe— todavía estarían con nosotros.

Necesitamos a más personas que causen más problemas.

Florence Nightingale causó muchos problemas buenos, pero ¿qué activismo practicó contra la propia guerra? ¿Contra el propio colonialismo? James Stockdale ejerció una presión increíble sobre sus captores, pero, teniendo en cuenta lo que presenció en el golfo de Tonkin, ¿qué presión podría haber ejercido sobre la administración de Nixon durante los dos últimos años de la guerra si hubiese vuelto a casa?

Al final, es más probable que juzguemos (y nos juzguen) por los problemas no causados que por los que sí se han causado.

No sigas la corriente. No concedas al *statu quo* más respeto del que merece.

Lucha. Lucha por ayudar. Lucha por mejorar las cosas.

Como Arthur Ashe, el gran Bill Russell decidió crear problemas. En el baloncesto, un deporte al que en los cincuenta y los sesenta prácticamente solo jugaban blancos, decidió hacer preguntas. Organizó manifestaciones. Optó por la confrontación. No siempre se entendía, no siempre daba resultados, pero, como él dijo, es «mucho mejor aceptar los conflictos del mundo, las persecuciones, las discusiones, las tensiones, las calumnias, la violencia, que hacer como si no existiesen». Que ser un cobarde que permanece al margen. «Los hombres que preguntan siempre han triunfado —declaró— o han sido seguidos por hombres que han triunfado».

¿Cuál de esos dos tipos de persona serás tú?

¿Qué problema buscarás?

¿Qué problema bueno causarás?

Sigue intentándolo

Raphael Lemkin se pasó la primera mitad del siglo XX tratando de que el mundo viese las cosas terribles que las personas se hacían unas a otras, primero en Armenia y luego en Europa.

Nadie le escuchó.

De modo que dio marcha atrás y decidió empezar por algo muy pequeño. Parte del problema residía en que las nuevas tecnologías posibilitaban la violencia a una escala difícil de expresar siquiera. «A medida que sus ejércitos avanzan —dijo Churchill de Hitler en 1941—, barrios enteros son exterminados. Nos hallamos ante un crimen sin nombre».

Churchill casi siempre tenía las palabras apropiadas. En este caso, se le resistieron.

Eso es lo que Lemkin resolvió primero.

Tal vez porque el crimen no tenía nombre, la gente ponía excusas, negaba cosas, realizaba falsas comparaciones, no hacía nada. En 1943, Lemkin cambió la historia acuñando la palabra «genocidio» para describir la destrucción sistemática e intencionada de una raza de personas. Del mismo modo que las impactantes imágenes del comercio de esclavos creadas por Thomas Clarkson cambiaron irrevocablemente la percepción del público, esa palabra —incorporada al diccionario Merriam-Webster en 1950— también cambió el arco moral del universo.

Allí estaba. No podía negarse.

Tras introducir la palabra, luchó de manera infatigable por codificarla dentro del marco legal frente a la inercia y a una resistencia increíble. En Núremberg, después de la guerra, prácticamente dormía en los pasillos abogando por que la ONU reconociese el genocidio como un delito internacional. Perseguía a los periodistas para que cubriesen la noticia. Enviaba cartas y paquetes con información sobre su investigación a los políticos. Acorralaba a diplomáticos. Escribió innumerables páginas de opinión y artículos. Eran problemas buenos por una causa buena.

Le llevó más de cuatro años, pero por fin, en 1948, la ONU atendió su demanda rematando la declaración con un convenio unánime que prohibía el genocidio: el acto horrendo e indecible que los nazis cometieron cuando asesinaron a la madre de Lemkin.

Él no pudo evitar echarse a llorar.

Aun así, la batalla no había hecho más que empezar.

Si bien la ONU aprobó el convenio de Lemkin, Estados Unidos se negó a ratificarlo durante décadas. En 1967, un senador estadounidense llamado William Proxmire recogió el testigo. «La inacción del Senado se ha convertido en una vergüenza nacional —declaró—. Hoy anuncio formalmente que de ahora en adelante tengo intención de hablar un día sí y otro también en este organismo para recordar al Senado nuestra inacción y la necesidad de tomar medidas inmediatas».

Tampoco se trataba de postureo ético, pues en ese momento estaba produciéndose un genocidio en Nigeria contra los cristianos igbos. En unos pocos años, las tropas paquistaníes matarían a millones de personas en Bangladesh. A continuación tuvo lugar un genocidio contra el pueblo hutu en Burundi. Y luego un genocidio en Camboya... y luego otro.

El discurso de Proxmire no dio frutos, aunque el senador se negó a aceptar la indiferencia. Habló ante el Senado una y otra vez hasta que le escucharon; llegó a pronunciar tres mil discursos sobre el genocidio ante los otros senadores. Se negó a rendirse. Fue incansable pero también pragmático, e hizo incontables negociaciones y tratos con el fin de conseguir, sin prisa pero sin pausa, los sesenta y siete senadores que necesitaba para ratificar el convenio.

En octubre de 1988, Proxmire se levantó para pronunciar su último discurso sobre el genocidio, más de veinte años después del inicio de su campaña, cuarenta años después de que Lemkin la emprendiese. Con esa vez, lo había hecho en 3.211 ocasiones a lo largo de dos décadas. Sin embargo, en ese momento podía anunciar que el convenio había sido aprobado, que el mundo disponía de un nuevo instrumento para amparar a aquellos que necesitaban protección con más urgencia.

Por supuesto, sería maravilloso que el mundo fuese justo por naturaleza, que las personas fuesen automáticamente buenas, que siempre hiciesen lo correcto. Por desgracia, ni lo son ni lo hacen. Se trata de uno de los hechos más desoladores y frustrantes de la vida. La gente no solo no suele hacer lo correcto, sino que sigue equivocada u obrando mal incluso tras verse cuestionada, incluso después de que tú hayas presentado todos los argumentos o adoptado todas las vías posibles.

Se atrincheran en su postura y se niegan a abandonarla.

Esa fue la estrategia del Sur durante la segregación. Opusieron resistencia confiando en que si contribuían a que la situación se volviese muy difícil, muy dolorosa y muy desagradable, el Norte se rendiría, como había hecho tras la guerra de Secesión con la Reconstrucción.

Por ese motivo el movimiento por los derechos civiles fue mucho más que manifestaciones. Fue una serie de procesos judiciales interminables; procesos que tardaban años en retomarse, años en que se les asignase fecha en los tribunales, años en recibir el veredicto adecuado... y que a menudo eran entonces desatendidos por los políticos y los agentes de la ley del Sur. En el caso de James Meredith, el hombre negro que integró la Universidad de Mississippi, John Doar, un abogado del Departamento de Justicia, presentó cientos de mociones, se sentó ante múltiples jueces, apeló y apeló y apeló.

«Tienes que seguir intentándolo», dijo Doar de su estrategia legal, ya fuese desmantelando la segregación o procesando a asesinos. No importaba si tenían el mandamiento judicial en contra. No se acababa porque un alcalde o un gobernador pasase por alto una resolución. No importaba que una turba los acosase, no importaba que nadie colaborase con su investigación. Aún había tiempo, aún había otra moción, un nuevo juzgado, una apelación, algo que todavía no habían descubierto.

Lo principal era que los buenos no abandonasen. Que no se desanimasen. Tenían que seguir para convencerse de que podían —de que conseguirían— triunfar.*

* Analizándolo ahora, resulta difícil no ver cuántos de los problemas actuales de Estados Unidos tienen su origen en el hecho de que la Reconstruc-

Incluso después de recibir un disparo en la cabeza, James Meredith perseveró. Doar tampoco abandonó. Como Lemkin y Proxmire. Discurso tras discurso. Moción tras moción. Día tras día. No desistieron. Siguieron intentándolo hasta que finalmente, con el tiempo, lograron progresos mínimos.

Cumplieron con su trabajo.

Los estoicos dicen que nos forjamos una vida, que creamos cambios, acto tras acto, día tras día. «Nadie puede impedírtelo», escribió Marco Aurelio en las *Meditaciones*. Hay una fuente del bien dentro de nosotros, en el mundo, escribió el emperador romano. Debemos asegurarnos de que no para de borbotear. Nadie puede obligarte a abandonar tu causa; es lo único que controlas. Pueden acribillarte a insultos. Pueden levantar innumerables obstáculos. Pueden atacarte con puñales y cuchillos (como les pasó a John Doar y James Meredith). Pueden enterrarte en papeleo. Pueden retrasarte hasta casi volverte loco.

Pero la decisión de marcharnos, de renunciar a nuestra idea de negocio, de dejar la organización, esa siempre es nuestra.

Empezamos por algo pequeño. Forjamos aliados. Cuidamos del desfavorecido.

Debemos actuar. Debemos actuar, aunque el efecto sea mínimo, aunque no se tenga en cuenta, aunque nos parezca una misión suicida. Aunque se nos antoje que no percibiremos el efecto en vida, tenemos que intentarlo.

Además, si logramos nuestros objetivos con facilidad, si los cambios se producen sin resistencia, ¿de verdad estamos libran-

---

ción terminase antes de tiempo. John Doar tuvo que seguir intentándolo porque los políticos del Norte habían abandonado en 1877.

do la batalla adecuada? ¿Derrotas, reveses, enemigos? Son señales de que hemos apuntado lo bastante alto, de que aspiramos a algo importante, algo que cuenta.

Al enfrentarnos a esos obstáculos, no debemos detenernos. Ponemos un pie delante del otro. Seguimos el proceso, hacemos los progresos que podamos.

Cobramos impulso. Continuamos intentándolo.

Y al final, inevitablemente, alguien —nosotros o alguien que porta la antorcha que hemos ayudado a encender— triunfará.

Y luego, ¿qué?

Hacemos lo que dijo Proxmire después de pronunciar el último discurso. Resistimos el deseo de celebrarlo. Nos negamos a dormirnos en los laureles. Sabemos que nunca se acaba de hacer justicia.

Sonreímos y decimos: «Voy a buscar otra cosa».

Algo más grande que nosotros...

> Si bien Cristo jamás dijo a los hombres: «Vivid para los demás», les indicó que no había ninguna diferencia entre nuestra vida y la del prójimo.
>
> Oscar Wilde

Nacemos siendo egoístas, preocupados tan solo por nuestras necesidades y nuestra supervivencia básica. Sin embargo, al nacer se nos ofrece el modelo de desinterés perfecto: el amor incondicional de un progenitor.

Siempre se ha dicho que todos estamos aquí porque alguien nos cuidó cuando éramos pequeños y estábamos totalmente indefensos.

La obra de nuestra vida consiste en pasar de esa dependencia a la seguridad, de ser cuidado a cuidador, pero no solo de nuestros hijos en caso de que decidamos tenerlos, sino también de los demás, de ideas, de causas, de la propia justicia.

Un estoico llamado Hierocles ilustró esa idea como una serie de círculos concéntricos. Cada individuo, dijo, nacía en el centro de esos círculos, interesado fundamentalmente en sí mismo. Con el tiempo, ampliamos nuestros círculos de afectos o de compasión a las personas a las que queremos, las personas que viven a nuestro alrededor, las personas como nosotros. Pero más allá de esos círculos internos hay un mundo más grande, compuesto por el resto de los seres humanos repartidos por el mundo, el medioambiente, los animales, incluso generaciones futuras a las que no conoceremos. La labor de la filosofía, según él, de la justicia, consistía en acercar esos círculos externos al interior, preocupándonos por los demás tanto como nos preocupamos por nosotros mismos.

Cuanto más crecen los círculos, más crece nuestro corazón y mejor se vuelve el mundo.

Tenemos que ser conscientes de que todos formamos parte de una gran familia, con caracteres individuales que se relacionan entre sí.

Era «la forma más completa de locura —escribió Hierocles—: desear unirnos a aquellos que no nos guardan ningún afecto por naturaleza y deliberadamente, en la mayor medida posible, conferirles un vínculo familiar».

Pero qué locura más bella, ¿no?

La belleza de aquellos que trabajan de un modo incansable por un futuro mejor, que se esfuerzan y luchan por los derechos de otros, que se interesan por cómo vive la otra mitad, que encuentran la forma de amar a sus enemigos, que encuentran la forma de hacer el bien en un mundo de maldad... y cada golpe asestado a la crueldad, cada paso hacia la decencia hace el siguiente más concebible.

Tenemos que preocuparnos por aquellos que no pueden preocuparse por nosotros, aquellos a los que no les importamos.

Es nuestra responsabilidad.

Es nuestra vocación más elevada.

La obra de nuestra vida.

TERCERA PARTE

El todo (es uno)

> Para mí, lo que hacía que vivir casi mereciera la pena [...] eran todos los santos a los que había conocido, que podían estar en cualquier parte. Por santos me refería a la gente que actúa con decencia en una sociedad sorprendentemente indecente.
>
> KURT VONNEGUT

Hay algo más allá de ser una persona recta, más allá de ser afectuoso y compasivo, en que la bondad se convierte en una forma de grandeza. Cada cultura, cada tradición tiene su propia versión de los santos. Se trata de personas que no se limitan a atender la llamada del coraje y la justicia, que actúan de forma muy desinteresada, con un aplomo y una gracia que parecen casi sobrehumanos. Gracias a ellos, se convierte en algo divino, algo sagrado. Más que adoptar el «nosotros» de la virtud, adoptan una conexión expansiva y radical con todo y todos los que jamás han existido, ampliando el «nosotros» para que incluya a todo el mundo, para que nos incluya a todos, incluso a las generaciones que todavía no han nacido. No solo les importan las personas y los principios, sino todas las cosas por igual. No se limitan a hacer lo correcto, lo hacen incluso cuando les cuesta caro, incluso cuando les cuesta todo. ¿Son esos hombres y mujeres sobrehumanos? No, su compromiso con la honradez los ha transformado, los ha elevado de un modo que también puede transformarnos a nosotros si así lo decidimos. Si así nos consagramos.

Para amar de tal manera el mundo...

Para ser un hombre de paz, resulta sorprendente la cantidad de tiempo que pasó en guerra a lo largo de su vida. De hecho, la pasó casi toda enfrentándose a un enemigo implacable tras otro, a menudo violentos y crueles. En cada batalla, Gandhi parecía hallarse en una situación increíblemente desigual, enfrentándose a las potencias más poderosas del mundo, ya fuese el Imperio británico o la dureza del corazón humano.

Sin embargo, en cada ocasión, salía victorioso; no solo ganaba, también se ganaba a sus enemigos. Ganaba sin ningún cargo oficial, sin el mando de un ejército, sin fortuna ni ingresos. Incluso evitaba la tecnología más rudimentaria y optaba, como los guerreros de la antigüedad más remota, por luchar ataviado únicamente con unas sandalias y un taparrabos.

Albert Einstein, que entendía los conceptos más incomprensibles y complejos con tanta facilidad, solo podía asombrarse. De que un hombre se enfrentase a la brutalidad de Europa con la dignidad del simple ser humano y, a pesar de todos los obstáculos, tentaciones y dificultades, se sobrepusiera todas las veces. «A las generaciones venideras —dijo— les costará creer que una persona de carne y hueso como esta caminó una vez sobre la tierra».

Pero caminó. Y mucho.

Mohandas Karamchand Gandhi nació en 1869 en una familia importante de Porbandar, en la India. Su destino podría haber sido una vida desahogada dedicada a la política provincial.

Sin embargo, algo dentro de él, como le sucedió a Buda, lo llamó a moverse. Un dios lo llamó, un Krishna aconsejó a ese Arjuna que se alejase de la vida normal y emprendiese el viaje del héroe con destino a algo más importante, algo más allá de sí mismo.

Sin embargo, para cumplir ese destino, para atender esa llamada, Gandhi tenía antes que vencerse a sí mismo.

Según uno de sus recuerdos de infancia, cuando Gandhi iba a la escuela, un profesor de inglés reparó en que había escrito mal una palabra en un examen. Con la esperanza de mantener la nota perfecta de la clase —y promocionar su propia carrera— el profesor hizo un gesto a Gandhi para que copiase al compañero de clase sentado a su lado. La tentación se le puso delante. Pero él la resistió. Prefirió suspender a hacer trampa y ganar. ¿Su premio? El profesor al que tanto había admirado se fue quejándose de la «estupidez» de su alumno.

Gandhi no nació santo; nadie nace siéndolo. A los quince años, robó dinero a su hermano mayor. ¿Cuánto? ¿Para qué? La verdad es que no lo sabemos, pero, a medida que pasaban los días, fue sintiéndose cada vez más culpable. A modo de confesión, escribió a su padre una carta en la que exponía sus delitos y pedía que lo castigasen. Su padre, que se moría a causa de una fístula, se incorporó en el lecho y leyó la carta de su hijo. Rompió el papel sin pronunciar palabra antes de desmayarse. Su hijo se echó a llorar, bendecido por el perdón de su padre.

Sería uno de sus últimos encuentros. Poco después, cuando la salud de su padre estaba en su momento más bajo, Gandhi, entonces un joven casado, pidió a un tío que lo relevase en el cuidado del enfermo. A continuación fue a su cuarto e hizo el amor con su esposa. Mientras estaba allí, llamaron a la puerta para darle una terrible noticia: su padre había muerto.

No había podido despedirse de su padre —¿con qué fin, un placer transitorio?—, y eso le obsesionó para siempre. Incapaz de concederse el perdón que sin duda su padre le habría dado, Gandhi lamentaría años más tarde que la «deshonra de mi deseo carnal en el momento crítico de la muerte de mi padre [...] es una mancha que nunca he podido borrar ni olvidar».

Esa pérdida cambió el curso de la vida de Gandhi en todos los sentidos. Por un lado, lo dejó marcado, y por otro lo liberó. Sin demasiados motivos para quedarse en la India y deseoso de buscar nuevas oportunidades, el joven partió a Londres a estudiar Derecho por decisión de sus familiares. Su madre solo le puso una condición. Debía jurar que, mientras estuviese en el extranjero, no tocaría el vino, las mujeres y la carne.

Gandhi le dio a su madre su palabra, y no la rompería en mayor o menor grado durante el resto de su monacal vida.

Londres resultó ser el origen de su despertar espiritual. Fue allí, a casi ocho mil kilómetros de la India, donde Gandhi leyó por primera vez el Bhagavad Gita, uno de los textos sagrados más importantes del hinduismo. El libro narra la historia de la vida del guerrero, de Krishna guiando a Arjuna por el camino del guerrero. Gandhi tenía veinte años cuando lo leyó la primera de muchas veces. Cada decisión que tomaba, según sus amigos íntimos, era un intento consciente de aplicar el mensaje del Gita en la vida. Luego un encuentro casual con un vendedor de biblias convenció a Gandhi de que debía dedicar tiempo al texto religioso seminal de Occidente. Aunque gran parte del Antiguo Testamento le aburrió, el Sermón de la Montaña, que según él le «llegó directo al corazón», con su recomendación de poner la otra mejilla, le deleitó sobremanera. Por supuesto, nunca se convirtió al cristianismo, pero se esforzó por ser una versión viva de ese sermón.

La vida de estudiante pobre, que sobrevivía con alrededor de un chelín al día, enseñó a Gandhi a la fuerza lo que significaba reducir las necesidades propias lo máximo posible. También descubrió que no le importaba hacerlo, que en realidad disfrutaba del sencillo estilo de vida que más adelante haría famoso.

En Inglaterra recibió clases para hablar en público. Sacaba notas decentes. Se apuntó a un club de vegetarianos. Hizo amigos ingleses. Conoció a personas de distintas religiones. Conoció a feministas y filósofos. Conoció a doctores, socialistas y académicos de Oxford. A modo de intercambio, enseñó el Gita a dos ingleses, y ellos le enseñaron a él teosofía, un ecléctico y extraño cajón de sastre de tradiciones religiosas.

De todas las generaciones de su familia, nadie había salido de la India; de hecho, pocos habían salido de casa. Y menos aún habían socializado con personas de fuera de su cultura o su casta. En Inglaterra, Gandhi estuvo expuesto a diario a nuevas personas, nuevas ideas y nuevas culturas. Como explicaría uno de sus rivales británicos, si las ideas de Gandhi «se hubiesen limitado a las de Oriente, se habría conformado con aplicarlas a su existencia personal en una vida de reclusión meditativa. Son las enseñanzas de Occidente las que lo han convertido en un activo reformista social». En realidad, la sed de verdad moral de Gandhi trascendía esa simplista distinción geográfica. Se convirtió en un reformista social porque llegó a creer en esos ideales universales de paz, igualdad y justicia, pero sobre todo en el amor.

Dos encuentros lo dejaron de piedra y convirtieron a aquel estudiante de Derecho menudo y apático en el paladín que cambiaría el mundo. El primero se produjo en la India, justo después de que se licenciara en Derecho, cuando el hermano de Gandhi tuvo problemas con un funcionario colonial británico. Con la esperanza de resolver esas diferencias, Gandhi fue a reunirse con aquel hombre. En Londres lo habían tratado como a un igual. Ahora volvía a estar en su patria, convertido en un abogado titulado, miembro de una importante familia local, que ejercía sus derechos y seguía el procedimiento oficial. Y, sin embargo, ¿qué consiguió?

Consiguió que un colonizador lo maltratase físicamente.

Poco más tarde, mientras estaba en Sudáfrica por un caso, Gandhi se dirigió en tren a Pretoria. Pese a que se había subido con un billete de primera, le pidieron que se sentase en un vagón de tercera debido a su raza. Cuando se negó, lo echaron del tren con su equipaje y tuvo que pasar una larga y fría noche solo junto a las vías. Al día siguiente, cuando viajaba en diligencia, le impidieron sentarse dentro con los pasajeros blancos y luego fue agredido por el cochero.

¿De qué servía esa crueldad? ¿A quién beneficiaba?

Cuando más adelante le pidieron que contase «la experiencia más creativa de [su] vida», Gandhi citaría ese momento, la humillación y la deshumanización de una injusticia legalizada. «La penalidad a la que se me sometió fue superficial —explicaría—, un mero síntoma de la profunda enfermedad de los prejuicios raciales». En la estación de ferrocarril descubrió, como Thomas Clarkson había descubierto en el cruce de caminos, que no se podía pasar por alto el mal, que él estaba tan capacitado como cualquier otro para intentar «erradicar la enfermedad y sufrir penalidades en el proceso».

Poco después, en Sudáfrica se dio a conocer la noticia de un proyecto de ley que privaría a los indios de sus derechos al voto, la primera de muchas medidas discriminatorias destinadas a los trabajadores que los británicos habían importado para que ayudasen a construir sus colonias, pero que para entonces eran temidos como clase social y económica. Gandhi había ido a Natal a trabajar en varios casos, confiando en volver en breve a su hogar en Porbandar. La injusticia de las experiencias que había vivido, que entonces las autoridades querían codificar en el marco legal, le había conmocionado. Esperaba quedarse un mes más. La guerra resultante se prolongaría las dos décadas siguientes.

Al principio de su trayectoria como activista, Gandhi empezó por cosas pequeñas. Representó a trabajadores indigentes. Representó a un musulmán que no quería que lo obligasen a quitarse el gorro en el juzgado por motivos religiosos. Publicó unos cuantos panfletos en los que defendía la igualdad de derechos de los indios. Fundó un pequeño periódico. Escribió a políticos británicos en Inglaterra. Fundó el Congreso Indio de Natal, su primera organización política. Cultivó aliados y amigos, como Henry Polak y Hermann Kallenback, dos judíos que servirían y asesorarían a Gandhi el resto de su vida. Visitó los barrios pobres y comprendió por primera vez cómo vivía la otra mitad, las humillaciones y las injusticias que no solo experimentaba a diario la gente de su comunidad, sino que esa comunidad infligía a sus propios miembros, los denominados intocables.

Entretanto, trabajaba mucho y se ganaba bien la vida, tan bien que regresó a su hogar a por su familia y se la llevó a vivir con él a Sudáfrica. Fue durante el viaje de vuelta a casa cuando vivió un tercer y revelador encontronazo con el odio racial, esta vez más peligroso que los anteriores. Mientras estaba en el barco frente a la costa de África con varios cientos de indios más, corrió el malicioso rumor de que él y los demás pasajeros formaban parte de una invasión de inmigrantes ilegales, un convoy de recién llegados enfermos y parasitarios que aplastaría y sustituiría a la clase gobernante del momento. Se trataba de la teoría del gran reemplazo. Era un ejemplo de desinformación viral. Las leyes Jim Crow y el Ku Klux Klan. La misma cantinela que, según parece, lleva cantándose desde siempre.

«La intención de esas criaturas delicadas y superficiales es apropiarse de lo único que los gobernantes de este país les han negado: el derecho a voto», dijo un portavoz a la turba airada reunida en la costa. «Su intención era entrar en el parlamento y legislar para los europeos; encargarse de la economía doméstica y mandar a los europeos a la cocina».

Aconsejaron a Gandhi que desembarcase al abrigo de la noche porque era menos peligroso. Considerando que no había nada en la no violencia que lo obligase a ser un cobarde, se negó. Una turba lo recibió, y él recibió a la turba soportando sus golpes y látigos, y estuvo a escasos segundos de ser linchado; la multitud coreaba que lo colgaría «de un manzano».

«Gandhi debería haber odiado todo rostro blanco hasta el fin de su vida», observó el estudioso de Oxford y amigo de Gandhi Edward Thompson. El incidente de la costa solo endureció a Gandhi en un sentido: perdonó a la multitud, pero llevaría la causa hasta el final. Y lo haría volviendo mejores a sus seguidores al no consentir lo peor de sí mismos.

Como Gandhi es tan famoso por las campañas que llevó a cabo en la India, su labor en Sudáfrica se ha olvidado en gran parte. En realidad, fue durante su estancia en Sudáfrica, protegiendo los derechos de los inmigrantes hindúes y musulmanes de los primeros brotes del odio racial que mataría a millones de personas durante el siglo siguiente, cuando se desarrolló no solo su reputación, sino también un gran avance en las relaciones humanas.

A principios de la década de 1900, Gandhi viajó a Londres varias veces para presionar a la administración colonial con el fin de que su pueblo recibiese un trato mejor y exigir sus derechos como sujetos británicos. Fue allí donde presenció la labor de las sufragistas cuando el movimiento estaba empezando a cobrar auge. Asistió a una de sus reuniones y habló con la mismísima Emmeline Pankhurst.

«Hoy el país entero se ríe de ellas —escribió en Sudáfrica—, y cuentan con poca gente de su parte. Pero, impertérritas, esas mujeres trabajan con firmeza por su causa. Seguro que triunfan y consiguen el derecho a voto, por el simple motivo de que los hechos valen más que las palabras».

El 11 de enero de 1908, de vuelta en Sudáfrica, desafiando una ley que exigía que todos los varones «asiáticos» presentasen las huellas digitales, se sometiesen a exámenes físicos y llevasen un certificado de registro en todo momento, Gandhi se encontró en el mismo juzgado en el que había intentado sacar de la cárcel a sus clientes muchas veces como abogado. Ahora le pedía al juez que le concediese la máxima condena según la ley. A los pocos días, cientos de seguidores se unirían a él.

Los indios habían sido discriminados porque se creía que eran un pueblo inferior, un grupo sin poder político totalmente dividido: hindúes, musulmanes, ricos, pobres, libres, esclavizados. Y, sin embargo, allí estaban, una oleada coordinada de hombres —y luego mujeres— tras otra, que desafiaban la ley en silencio pero de forma imparable.

Él había mandado que llenasen las cárceles... ¡y las llenaron!

«Gandhi tiene la maravillosa capacidad espiritual de convertir a los hombres normales y corrientes que lo rodean en héroes y mártires», explicaría uno de sus aliados políticos más cercanos.

«Cuando emprendí la *satyagraha* —declaró Gandhi—, no tenía ninguna guía. Éramos trece mil hombres, mujeres y niños contra un país entero capaz de eliminarnos de la faz de la tierra. No sabía quién me escucharía. Todo ocurrió en un abrir y cerrar de ojos. Las trece mil personas no contraatacaron. Muchas se quedaron atrás. Pero el honor de un país se salvó. La *satyagraha* sudafricana escribió una nueva historia».

Esa palabra —*satyagraha*— es la más importante de esa nueva historia, y tal vez una de las palabras más importantes de la historia de la humanidad.* La «resistencia pasiva» era un con-

* Al primo de Gandhi se le ocurrió el término *sadagraha*, una palabra que significa «firmeza en una buena causa», que Gandhi adaptó a *satyagraha*: «firmeza en la verdad» o «fuerza del alma».

cepto que gozaba de cierta popularidad en la época, promovido por las sufragistas, pero a Gandhi le parecía del todo insuficiente. Y es que lo que él hacía no era pasivo, sino activo. Su actitud buscaba el conflicto, un conflicto no violento, pero conflicto al fin y al cabo, entre la justicia y la injusticia, en el que la justicia tenía la oportunidad de demostrar su superioridad en todos los aspectos, mientras que la injusticia se ponía al descubierto, con todas sus contradicciones y crueldades expuestas.

Ahí, en ese momento crítico, la víctima podía, mediante paciencia y coraje, demostrar su humanidad, su dignidad, su merced a un opresor o un público indiferente que pensaba que no tenía ninguna de esas cosas. ¿Ganaría o conseguiría siempre sus objetivos políticos la *satyagraha*? Puede que no, aceptaba sin reparos Gandhi, pero nunca fracasaría en el empeño de demostrar su bondad. Ayudaría al practicante a alcanzar un plano espiritual superior.

«La mejor ayuda al desarrollo del carácter fuerte, puro y hermoso que constituye nuestra meta es la resistencia al sufrimiento —dijo Gandhi en un discurso en 1909—. La templanza, el desinterés, la paciencia, la gentileza son las flores que brotan bajo los pies de aquellos que lo aceptan, pero se niegan a imponer sufrimiento, y las lúgubres cárceles de Johannesburgo, Pretoria, Heidelberg y Volkrust son como las cuatro puertas de ese jardín de Dios».

Durante su primera estancia en la cárcel, Gandhi leyó *Desobediencia civil*, de Thoreau. El escritor estadounidense, que había leído el Gita y otros textos indios, había ido a la cárcel en señal de protesta contra la expansión de la esclavitud. En Sudáfrica, Gandhi también se quedó prendado de las obras de Tolstói, no las novelas, sino los libros cristianos que predicaban la no violencia y la compasión, la idea de que el reino de Dios estaba en cada persona.

Tolstói y Thoreau. Emmeline Pankhurst. El Sermón de la Montaña. El Bhagavad Gita. El Corán. Todo se combinó. Pierre Teilhard de Chardin, un filósofo francés que, al igual que Gandhi, sirvió con valentía como camillero en la guerra, explicó que aquellos que se mantenían fieles a sí mismos, que se encaminaban hacia la conciencia y el amor, acababan encontrándose unidos en una cima a «todos aquellos que han hecho la misma ascensión desde todos los puntos. Pues todo lo que se eleva debe converger».

La idea, el camino estuvo siempre ahí, pero convergió en Gandhi en un momento en que lo cambió todo.

Antes de Gandhi, ¿cuál era el remedio de aquellos que no estaban de acuerdo con el gobierno? La violencia. ¿Con qué medio podía combatir la tiranía una persona? Con la violencia. ¿Y cómo respondía el gobierno a esas amenazas? Con violencia. Ambos bandos se demostraban su inhumanidad. Era un círculo vicioso de brutalidad creciente, desesperación e impotencia que sacaba lo peor de todo el mundo, que inevitablemente, como diría Gandhi más adelante, cegaba al mundo entero.*

Gandhi había visto la guerra de cerca, cuando atendía a los heridos en la guerra de los bóers. Había visto los horrores que las personas estaban dispuestas a hacerse unas a otras. Creyen-

* Compara el legado de Gandhi con las revoluciones que se produjeron después de las innovaciones de Marx y Lenin... en las que podemos calcular que murieron como mínimo cien millones de personas.

do que existía otra vía, ponía su integridad física en riesgo para demostrarlo. «Gandhi resistía el mal con tanto vigor y fuerza como un resistente violento —observaría más adelante Martin Luther King Jr.—, pero resistía con amor y no con odio. El auténtico pacifismo no es el sometimiento ingenuo al poder del mal. Es más bien un enfrentamiento valiente del mal con el poder del amor».

Los dos hombres utilizarían de un modo brillante —y también podríamos decir poético— la religión de sus opresores contra ellos, tomando los ideales que esos opresores les habían dado y convirtiéndolos tanto en un escudo como en una espada. Pero igual de brillante fue la forma en que ambos hombres, sobre todo Gandhi en sus primeros años, combinaron el idealismo pío con un pragmatismo terrenal. En Sudáfrica Gandhi había luchado como abogado por el derecho de un musulmán a poder llevar gorro en un juzgado. Pero ese era el mismo Gandhi que, para ser aceptado en la profesión, se había quitado de manera voluntaria el tocado de su religión, reservando sus fuerzas, declaró, «para librar batallas más importantes».

Casi inmediatamente después de ir a la cárcel por primera vez, Gandhi aceptó un arreglo con los poderes políticos de Sudáfrica. A cambio de la promesa de que ellos levantasen las obligaciones legales más onerosas contra los indios, Gandhi aceptó someterse a las mismas formalidades de registro a las que acababa de resistirse. No aceptaría la inferioridad legalizada, porque una vez que empezase, una vez que constase legalmente, ¿dónde acabaría? Pese a que algunos de sus seguidores se enfadaron, él sostuvo que era el mejor trato que lograrían. De hecho, eso es lo que buscó de forma sistemática durante toda su carrera: tratos que mejorasen las cosas, aunque solo fuese un poco. Gandhi era un idealista, un purista..., pero también un incrementalista.

El suyo siempre fue un pragmatismo virtuoso, pero pragmatismo al fin y al cabo. Y, lo más importante, se caracterizaba por su eficacia al obtener resultados. «Dentro del santo, o casi santo —escribiría George Orwell sobre Gandhi—, había una persona muy astuta y capaz».

Se trataba de un hombre que podría haber hecho cualquier cosa. Su carrera judicial había florecido en Sudáfrica, circunstancia que le había permitido unos cuantiosos ingresos y una casa en la playa. Pero renunció a todo eso y decidió vivir en comunidad en un ashram, dedicando cada vez más horas a la causa, hasta que no hubo suficientes horas en el día para ejercer la abogacía. Aunque luchó por los derechos de los indios a viajar como quisiesen, él viajaba en tercera clase por decisión propia, deseando experimentar las mismas dificultades no solo que los indios, sino que todos los pobres del país. Renunció al sexo. Sus ambiciones convirtieron las preocupaciones personales en algo parecido al desinterés, y en un momento dado rechazó unas joyas que le habían ofrecido sus seguidores en señal de gratitud, aunque su esposa le rogó que las aceptase por el futuro de sus hijos. No, Gandhi insistió en que se entregasen al Congreso Indio de Natal para crear un fondo de emergencia.

Como Truman, Gandhi también poseía la maravillosa capacidad de cambiar. Durante casi toda su estancia en Sudáfrica, mientras luchaba contra las injusticias de la administración colonial, no se le ocurrió hasta el final que él también era un colonizador. Utilizaba palabras racistas para referirse a los nativos africanos, refiriéndose a ellos como «salvajes» y calificativos peores. En un principio no parecía muy preocupado por sus derechos; de hecho, le horrorizó que los británicos agrupasen legalmente a los indios con los nativos.

Fue su periodo como camillero lo que le abrió los ojos. «Nunca olvidaré —dijo años más tarde— las espaldas laceradas de los zulúes que habían sido azotados y que nos traían a nosotros para que los atendiésemos porque ninguna enfermera blanca estaba dispuesta a cuidar de ellos». La hipocresía de los cristianos que habían infligido esos castigos le pareció repugnante, pero también lo incitó a evaluar sus propias hipocresías. La educación o la riqueza no lo hacían a uno superior, comprendió, sino la forma en que trataba a los más vulnerables. El Gandhi que aparecería en la India, el destructor de las castas y la intocabilidad, nació allí, al examinar sus propios defectos.

Más de cinco décadas antes de que Martin Luther King Jr. hablase de su sueño en Washington, Gandhi habló de la misma idea, pero como obligación. «Si miramos al futuro —le dijo al público reunido en Johannesburgo en 1908—, ¿no es un legado digno de dejar a la posteridad que las distintas razas se mezclen y creen una civilización que quizá el mundo aún no ha visto?». Ese es el motivo por el que luchó en Natal, desafiando en repetidas ocasiones la ley y convirtiéndose no solo en una figura cada vez más internacional, sino en un organizador político sagaz.

En 1914, la obra de Gandhi en Sudáfrica había concluido, pues había llegado a lo que consideraba un arreglo aceptable con el gobierno sudafricano para proteger los derechos de las minorías. «El santo ha zarpado de nuestras costas —manifestó con alivio el general Jan Smuts, su viejo adversario—, espero sinceramente que para siempre».

Gandhi tenía cuarenta y cuatro años. Podría haber considerado retirarse o haber vuelto a ejercer la abogacía, satisfecho de su contribución a la vida pública. Sin embargo, se subió a un barco con rumbo a la India, donde le aguardaban sus batallas siguientes. «Por supuesto que seguiré trabajando por vosotros —aseguró a los indios que dejaba atrás—. Vosotros estáis bajo contrato con una persona durante cinco años, pero yo estoy bajo contrato con trescientos millones de personas [toda la India] para toda la vida. Continuaré con ese servicio y nunca os apartaré de mi corazón». En total, Gandhi pasó 250 días encarcelado en Sudáfrica. No era un preludio de lo que le esperaba, sino un adelanto.

De joven, Gandhi había ido a Inglaterra y se había vuelto con un título de Derecho. Había ido a Sudáfrica a convertirse en abogado y se había vuelto convertido en activista. Mohandas regresó a la India como el Mahatma, el de alma grande.

Pasaría el año siguiente en la India con los oídos bien abiertos y la boca bien cerrada. La India era entonces un país cuya población padecía una pobreza y un sufrimiento enormes. Cientos de miles de personas morían al año de tuberculosis. Millones de habitantes estaban contagiados de malaria. La hambruna se hallaba extendida. Los recursos del país habían sido saqueados por los británicos, que lo gobernaban como una potencia colonial —solo unos pocos cientos de miles de británicos gobernaban a cientos de millones de indios—, enfrentando expresamente a la población, explotándola y abusando de ella. Gandhi sabía que guiaría a la India a su destino, que la liberaría de la injusticia que la había regido durante casi doscientos años, pero ¿cómo? ¿Cuándo? Esperaría una señal.

Mientras tanto, el cambio empezó —como siempre— con un proceso de transformación interior.

Cualquier libertad con respecto a los británicos, «es una palabra sin sentido si deseamos mantener una quinta parte de la India subyugada a perpetuidad», dijo en referencia la «intocabilidad», una forma antigua y degradante de opresión por castas que condenaba a millones de hindúes a un estado casi inhumano, impidiéndoles entrar en los templos y sometiéndolos a una violencia ciega.*

En 1915 sorprendió a su movimiento naciente al invitar a una intocable a vivir con él y su familia en su ashram, y más tarde adoptó como hija a una intocable. Cuando un mecenas reaccionó retirándole la financiación, Gandhi se encogió de hombros y aseguró que con gusto viviría en los suburbios con los intocables —a los que había llegado a conocer y admirar por su valentía en Sudáfrica— si era necesario. «Mi conciencia me dice que la intocabilidad no puede ser parte del hinduismo —declaró—. No creo que sea excesivo dedicar mi vida entera a eliminar la capa de pecado con que la sociedad hindú se ha cubierto durante tanto tiempo considerando estúpidamente a esas personas intocables. Solo lamento no poder consagrarme por entero a esa labor».

El motivo por el que no podía hacerlo es que recibió una llamada de unos obreros de una fábrica de Ahmedabad.

* Gandhi comenzó más adelante a referirse a los intocables como *harijans* («hijos de Dios») diciendo: «Aunque el cambio de nombre no provoque ningún cambio de estatus, al menos evita el uso de una palabra que ya de por sí es de oprobio».

Una vez más, la disputa no era contra los británicos. Los obreros querían recibir mejores sueldos de los dueños de la fábrica, en su mayoría indios. Gandhi se puso de manera instintiva de parte de los más débiles, aunque uno de los dueños de la fábrica había financiado personalmente su ashram cuando quedó abandonado debido al apoyo de Gandhi a los intocables. A las tres semanas del inicio de la huelga, la voluntad de los trabajadores se vino abajo. «¿Qué más le da a Gandhi?», preguntaron cuando él intentó animarlos. «Tú vas y vienes en tu coche..., comes comida exquisita, pero nosotros estamos agonizando; asistir a reuniones no evita el hambre».

Debido a ello, el 15 de marzo de 1918 Gandhi anunció que emprendería una huelga de hambre en solidaridad con los obreros. Había ayunado antes en busca de la purificación espiritual, lo había hecho para resolver disputas en el ashram, pero no tenía una gran noción de su poder político. De hecho, aunque se trataba de un gesto para animar a los obreros, para demostrar su fidelidad, sin querer también ejerció presión sobre los dueños de la fábrica. Tres días más tarde, los dos bandos aceptaron someter el asunto a arbitraje, gracias a lo cual los trabajadores obtuvieron un aumento de un 35 por ciento del sueldo.

La *satyagraha* contaba ahora con otra arma increíblemente poderosa.

Poco después, Gandhi empezó a promover lo que él llamaba *hartal*: una huelga general contra la ocupación británica de la India. La idea de la no cooperación se volvió clave en su visión de una India libre. ¿Cómo podían seguir colaborando con sus opresores? ¿Cómo pretendían liberarse de algo de lo que era tan evidente que dependían? Usaban sus trenes, pagaban sus impuestos, bebían su alcohol, codiciaban sus productos, imitaban su estilo de ropa, asistían a sus colegios. El premio no era la libertad, sino lo que él llamaba *swaraj*, autonomía. Para ser independientes por ley, primero tenían que independizarse de hecho, liberándose mental, espiritual y éticamente.

La independencia no era entonces un fin, sino un medio.

Nada lo reflejó mejor que la famosa Marcha de la Sal de Gandhi, una caminata de veinticuatro días por la India en señal de protesta por el monopolio de la sal que ejercían los británicos. El mundo siguió con avidez cómo aquel hombrecillo desafiaba a un imperio tomando una pizca de sal e invitando a la gente a que lo imitase, a que llenase las cárceles otra vez. Como consecuencia se produjeron más de sesenta mil detenciones: hombres y mujeres recibieron palizas sin piedad, los golpearon en la cabeza con culatas de fusiles, les pisotearon los dedos con los tacones de las botas, mientras la gente buscaba los usos más básicos a los recursos naturales de su país. En un único enfrentamiento, toda ilusión de autoridad por parte de los británicos se vino abajo; lo único que quedaba era el poder, que se erosionaba cada día con las incesantes protestas de Gandhi.

La India era libre. Como Frederick Douglass cuando decidió que no lo azotarían más —que moriría antes de permitir que un supervisor lo tocase—, tardarían años en resolverse los detalles legales de la autonomía, pero ellos ya tenían el control.

Con una sola palabra, Gandhi podría haber prendido fuego al país. Disturbios. Sabotaje. Asesinatos. Guerra sin cuartel. La India estaba a su disposición, a la espera de una orden. Era un hombre tan querido que sus admiradores le dejaban la piel en carne viva cuando pasaba y tenía que bañarse con vaselina por las noches para seguir con la lucha. Disponía de armas que le habrían permitido hacer presión más rápido.

Sin embargo, nunca las usó. Durante más de treinta años, Gandhi mantuvo una actitud estrictamente no violenta mientras los británicos maltrataban e incluso masacraban a sus seguidores. Él sabía que responder no habría hecho más que intensificar el conflicto; habría cambiado de manera irrevocable su carácter y el de su país. De modo que paciente, angustiosamente, soportaba el sufrimiento, luchando...

Estaba convencido de que la victoria era inevitable. Lo que importaba en ese momento, en todos, era que hiciesen lo correcto.

Cuando pronunciaba discursos ante grandes multitudes, Gandhi levantaba los cinco dedos de la mano, de uno en uno. «Este es la igualdad para los intocables», indicaba. Otro era la igualdad de las mujeres. El tercero era la cooperación entre hindúes y musulmanes. Otro era la sobriedad del vino, el opio y otros impulsos. El quinto eran las hilanderías, es decir, la autonomía económica. Y lo que unía esos dedos al cuerpo era la muñeca, que según él era la no violencia.

«No importa lo que hagáis —dijo Gandhi a los británicos—, no importa cómo nos reprimáis, algún día haremos que os arrepintáis; y os pedimos que lo penséis a tiempo, y que tengáis cuidado con lo que hacéis, y que procuréis no convertir a los trescientos millones de habitantes de la India en vuestros enemigos eternos».

¿Le hicieron caso? Por supuesto que no.

Lo detuvieron una y otra vez. Apalizaron y pisotearon a la gente una y otra vez.

No funcionó. No podía funcionar.

El poder de una ametralladora se desvanece contra personas que no temen a la muerte. El poder del dólar no sirve contra personas que valoran solo lo que es gratis y les pertenece por naturaleza. «Ten cuidado cuando trates con un hombre al que no le atraigan los placeres sensuales, al que no le atraigan el confort ni los elogios ni los ascensos, sino que simplemente esté decidido a hacer lo que considera que es correcto —había advertido un estudioso británico en referencia a Gandhi—. Es un enemigo peligroso e incómodo porque su cuerpo, al que siempre puedes vencer, no te permite comprar su alma».

Tanto en su día como después, la gente cuestionó los métodos de Gandhi en vista de la barbarie del siglo XX. ¿Cómo puede detener una huelga de hambre un tanque? ¿Qué esperanza tiene la *satyagraha* cuando el enemigo manda a sus prisioneros a cámaras de gas? Gandhi no hablaba por hablar cuando aconsejaba que la no violencia era siempre la respuesta, aunque es probable que su ignorancia de la tecnología moderna le impidiera comprender lo que los humanos eran capaces de hacerse unos a otros.

En un famoso ensayo titulado «Si yo fuese checo», Gandhi sostenía que la resistencia civil masiva a la tiranía y el genocidio podía dar resultado, no solo porque acabaría con la autoridad de un tirano, sino porque generaría solidaridad internacional. Hitler fue un asesino cruel empeñado en matar al mayor número posible de judíos. Gandhi creía que si esa violencia se hubiese expuesto a la luz pública, como los indios habían hecho con los británicos, su hegemonía habría sido más breve, y puede que la ayuda internacional hubiese llegado antes. «Su verdadera naturaleza solo se pone a prueba en esos casos —declaró sobre la no violencia durante la guerra—. Quienes sufren no necesitan ver el resultado en vida. Deben confiar en que, si su culto sobrevive, el resultado es una certeza. El método de la violencia no da mayores garantías que la no violencia».

Resulta razonable discrepar de Gandhi en este punto. Él también veía el problema moral como lo que en realidad era y veía la tragedia como lo que en realidad era. «Incluso después de haber renunciado por completo a la violencia —escribió Orwell de Gandhi—, tuvo la sinceridad de reconocer que en la guerra normalmente es necesario tomar partido».

Lo que es incuestionable es que la no violencia funcionó en la India y transformó a Gandhi. Habiendo rechazado el anhelo y el deseo, habiendo vencido el miedo a la muerte, habiéndose entregado por completo a una causa desinteresada, fue de lo más valiente. «Gracias», dijo un sonriente Gandhi al reunirse con el virrey británico, el hombre que lo había metido muchas veces en la cárcel, el hombre con el poder para ejecutarlo. A continuación introdujo la mano entre los pliegues de su *dhoti* y sacó el fruto de su manifestación ilegal. «Le pondré una pizca de esta sal a mi té —comentó con malicia— para que recordemos el famoso motín del té de Boston».

Se había vuelto «intocable» en otro sentido, más allá del plano físico. Y por extensión, también los millones de personas pobres y dolientes que habían elegido a ese hombre no como su dirigente electo, sino como su modelo espiritual.

Mientras tanto, Gandhi insistió en escuchar a los británicos, tratando de entenderlos, de apelar a algo bondadoso en su interior. «Tres cuartas partes de las desgracias y los malentendidos del mundo desaparecerán —explicó a sus seguidores— si nos ponemos en el lugar de nuestros adversarios y entendemos su punto de vista».

Gandhi se esforzó de manera infatigable por tratar bien a sus oponentes. En una ocasión, antes de que un doctor británico le practicase una operación quirúrgica, llamó al equipo médico para redactar una declaración pública en la que les agradecía de antemano el trato que le iban a deparar y los absolvía por adelantado de cualquier posible percance. Su mayor temor era que sus seguidores se pusiesen violentos, y no dudaba en cancelar cualquier acto que creía que pudiese degenerar en disturbios.

También era muy considerado, y en una ocasión suspendió una manifestación porque los británicos estaban lidiando con una huelga ferroviaria. Interrumpió una campaña durante Navidad y Año Nuevo para que sus adversarios cristianos pudiesen estar con sus familias. Pospuso otra que podría haber caído en Domingo de Pascua. Interrumpió campañas en múltiples ocasiones durante las dos guerras mundiales, al entender los problemas a los que se enfrentaba Inglaterra... pese a tener su bota en el cuello.

Antes de cada campaña, explicaba a sus rivales lo que se disponía a hacer y dónde, para brindarles una última oportunidad de reconsiderarlo. Nunca dejó de dar prioridad a la negociación y las reuniones cara a cara, pues esperaba lo mejor de cada virrey que los británicos destinaban para derrotarlo. «Siempre he querido ver a los que se han opuesto a mí —declaró— para poder explicar mi postura». Casi nunca daba resultado. «No convencerás a un inglés de que ceda —escribió Gandhi a su hijo—; solo cede obligado por los acontecimientos». Sin embargo, siguió apelando a los ángeles más benévolos del carácter de sus rivales, insistiendo en los ángeles más benévolos de su propio carácter, mientras acumulaba cada vez más poder. ¿Por qué? Porque los hacía mejores a él, a sus seguidores y a los británicos. «Dicen que soy un santo que se ha metido en la política —bromeó en una ocasión—. Lo cierto es que soy un político que se esfuerza por ser un santo».

Entretanto, Churchill no soportaba la idea de negociar con Gandhi, ya que consideraba «alarmante y nauseabundo ver al señor Gandhi, un abogado sedicioso de Middle Temple, posando como un faquir de esos tan famosos en Oriente, subiendo medio desnudo las escaleras del palacio del virrey, mientras sigue organizando y dirigiendo una campaña de desobediencia civil, para parlamentar en igualdad de condiciones con el representante del rey emperador». Tenía razón en el sentido de que Gandhi no era un igual: a través del poder purificador y elevador de la *satyagraha*, se había vuelto superior en todos los aspectos.

Utilizando los ideales cristianos de Occidente contra los occidentales y los ideales del hinduismo y el Islam para fortalecer el espíritu de sus seguidores, Gandhi consiguió obligarlos a ambos a mirar de frente sus defectos. No se limitaba a hablar de esos ideales, los encarnaba, pues vivía prácticamente con nada, sufría de forma voluntaria, confiaba siempre, perdonaba continuamente, los llamaba a todos a mejorar. Ninguno de sus oponentes —indios o británicos— podía negar que lo admiraba.

Por eso sus huelgas de hambre, a las que se sometió dieciocho veces en el curso de treinta y cuatro años, eran tan efectivas. Nadie quería decepcionarle, y menos aún ser responsable de su muerte. En quien más claro se veía eso era en el general Smuts —con quien Gandhi había luchado en Sudáfrica y que se había convertido en uno de sus aliados—, que escribía con regularidad al gobierno británico para que no lo encarcelasen, sino que negociasen con él de buena fe, y que en un momento dado escribió a Gandhi para intentar convencerlo de que no hiciese un ayuno de veintiún días que podía resultar fatídico.

Había destruido a su enemigo convirtiéndolo en su amigo.

A medida que avanzaba el siglo XX, Gandhi, como Truman, se vio dotado de un enorme poder. ¿Soportaría su bondad esencial la presión del escenario internacional? No había tiranía. Ni ajuste de cuentas. No había corrupción. Ni malicia. Ni ambición. Ni mala fe. Ni diferencia entre la figura pública y la privada. Si fuera dictador de la India por un día, le preguntaron en una ocasión, ¿qué haría? «No lo aceptaría», contestó él. Sí, pero si no le quedara más remedio. Limpiaría las casas de los intocables, respondió Gandhi, y convertiría mi residencia oficial en un hospital. Y en caso de que le dejaran un segundo día en el cargo, dijo que seguiría en esa línea.

A pesar de todos los problemas y las dificultades, las insensatas pruebas de voluntad y sufrimiento humano —más de dos mil trescientos días en la cárcel, décadas de activismo político—, nunca se desmoronó, ni traicionó su mensaje, ni tomó atajos, ni cedió al miedo, ni aceptó favores. «Comparado con otras destacadas figuras políticas de nuestro tiempo —escribió Orwell después de la muerte de Gandhi—, qué olor tan limpio consiguió dejar tras de sí».

El mismo mensaje simple repetido, expresado con paciencia y amor. «Cuando nos cansemos de partirnos la crisma unos a otros —dijo—, descubriremos que, a pesar de las disparidades de nuestras razas y religiones, podemos vivir juntos».

Al final, no fueron los británicos quienes más pusieron a prueba su fe en una idea tan noble (según algunos, totalmente ingenua).

En 1947, los británicos se fueron. Ocurrió poco a poco, y luego de golpe. El enemigo externo que había unido a indios de muchas religiones y castas se había marchado. Él había ahuyentado a los conquistadores sin disparar un solo tiro; un hombre desafiaba a un imperio que ni Hitler ni Stalin juntos habían logrado doblegar.

Sin embargo, la victoria fue amarga, porque los británicos se habían marchado y se habían llevado consigo cualquier posibilidad de una India unida. El país se hallaba dividido. Comenzó una gran migración, un gran conflicto entre hindúes y musulmanes, de una violencia trágica e inimaginable. Millones de personas murieron mientras la India se partía.

Gandhi tenía setenta y ocho años, pero fue de cabeza a la peor parte del enfrentamiento. «Solo sé que no estaré en paz conmigo mismo a menos que vaya allí», manifestó en su viaje a Calcuta. Insistió, pidió la paz entre las dos religiones y, al ver que esta no llegaba, puso su vida en juego por última vez.

«Así pues, empezaré a ayunar a partir de las 20.15 de hoy y no terminaré hasta que la cordura regrese a Calcuta», anunció. Se alojaba en casa de una familia musulmana de una zona musulmana para defender la tolerancia. Era un conflicto potencialmente espinoso e irresoluble —cientos de años de diferencias religiosas—, pero no se dejó intimidar.

«Por algún motivo, no pensamos en un ayuno de Gandhi como una experiencia terrible —observó un escritor—. Pensamos en ello como una maniobra política, una huelga, un gesto. Sin embargo, desde el punto de vista humano, era un proceso».*

* En una huelga de hambre de veintiún días que realizó en 1943, Gandhi perdió el 20 por ciento de su peso, con más de setenta años.

Gandhi, ya muy anciano, se mataría —terriblemente despacio— antes de acceder a la violencia. Exhalaría su último suspiro si con ello salvaba un alma.

«En el Punyab tenemos 55.000 soldados y disturbios masivos —escribió el último virrey británico, lord Mountbatten, a Inglaterra—. En Bengala nuestra fuerza consta de un solo hombre, y no hay disturbios». Mientras hindúes y musulmanes acudían a él para deponer sus armas, Gandhi les hizo una advertencia de la que no dudaron. «Si vuelve a romperse la paz —avisó—, volveré a ayunar hasta que me muera si es necesario».

Tal vez fuera una esperanza imposible, o como mínimo imposible en un periodo tan breve. En cualquier caso, Gandhi no viviría lo suficiente para volver. De nuevo, aunque esta vez no por elección propia, un rival decidiría utilizar la violencia contra él.

«No actúo pensando en el martirio —había declarado muchos años antes—, pero, si se cruza en mi camino..., me lo habré ganado, y en el futuro un historiador podrá decir que se cumplió el juramento que había hecho ante los *harijans* de morir en caso necesario para acabar con la intocabilidad».

En octubre de 1947, al despedirse de su nieto, le dio un pedacito de papel en el que figuraban los siete errores de la humanidad.

La riqueza sin trabajo.
El placer sin conciencia.
El conocimiento sin carácter.
El comercio sin moral.
La ciencia sin humanidad.
La religión sin sacrificio.
La política sin principios.

La obra de su vida, dijo, había consistido en abordar esos gérmenes de injusticia y la violencia que los acompañaba. Y ese era el legado que esperaba que su familia y sus seguidores continuasen.

La tarde del 30 de enero de 1948, camino de un encuentro de oración multiconfesional, Gandhi recorría el jardín de Birla House. De repente se oyeron disparos. Un asesino —un nacionalista hindú que consideraba a Gandhi demasiado complaciente con las exigencias musulmanas— disparó tres balas a quemarropa al Mahatma. Las últimas palabras de Gandhi fueron *He! Rama.* «¡Oh, Dios!».

Una vez más, parecía que siempre hubiese sabido que acabaría así. «La muerte es el fin señalado de toda vida. Morir a manos de un hermano, en lugar de a causa de una enfermedad o de cualquier otra forma, no puede ser para mí motivo de tristeza», había augurado mucho antes. «No albergo ningún pensamiento de cólera o de odio contra mi posible agresor —había dicho—. Sé que eso redundará en mi bienestar eterno, e incluso el agresor se dará cuenta más adelante de mi total inocencia».

Si hubiese tenido la oportunidad, le habría gustado más que nada en el mundo perdonar al hombre que le había disparado; le habría sonreído como había hecho su héroe del Gita, lo habría bendecido a él y a todo aquel con el que se había enfrentado antes de abandonar el mundo. Y si Gandhi hubiese tenido capacidad de decisión sobre la persona en quien se reencarnaría en la siguiente vida, sabemos con certeza que habría elegido volver como uno de los intocables por los que tanto había luchado.

El cuerpo de Gandhi fue incinerado en una pira funeraria al día siguiente. Él no deseaba un funeral ni un monumento. Su legado estaba en sus actos, seguiría vivo en su espíritu, convertido en legado por la gente que no lo dejara desaparecer.

«La luz de nuestra vida se ha apagado y todo está oscuro —declaró el sucesor nombrado por él, Jawaharlal Nehru, en su famoso panegírico—. La luz se ha apagado, he dicho, y sin embargo me he equivocado. Porque la luz que iluminaba este país no era una luz corriente. La luz que ha iluminado este país durante todos estos años seguirá iluminándolo muchos años más. Dentro de mil años, esa luz seguirá viéndose en este país, y el mundo la contemplará, y consolará a innumerables corazones. Porque esa luz representaba [...] la verdad viva, las verdades eternas».

Y ahora esa lucecita en una habitación a oscuras nos da esperanza. Podemos partir del árbol de entrenamiento de Gandhi, recoger su testigo para crear un mundo mejor mediante...

... el sacrificio y el sufrimiento.

... elevadas normas de conducta personal.

... la amistad y la tolerancia.

... la elevación de los desgraciados y los vulnerables.

... el pragmatismo virtuoso.

... el poder transformador de la no violencia.

... el perdón y el amor.

... y más amor y más amor y más amor.

Será un largo viaje. Será una lucha cuya victoria es posible que no lleguemos a ver.

Pero cuanto más le dediquemos, más sacaremos de ella.

Escala tu segunda montaña

Los primeros treinta y cinco años de la vida de Lou Gehrig estuvieron marcados por la disciplina monástica. El béisbol no lo era todo para él, era lo único que había. Era un esclavo del deporte, confesó, pero el resultado de esa servidumbre fue una forma de magnificencia cuya pureza prácticamente solo se ve una vez por generación, tal vez una sola vez en la historia del deporte.

Podía darle a todo. Soportarlo todo. Hacer todo lo que hiciese falta para ganar.

Y lo hizo. Fue campeón de la Serie Mundial en seis ocasiones y jugó 2.130 partidos consecutivos. Jugó el partido de los All-Star en numerosas ocasiones y fue elegido jugador más valioso múltiples veces. Ganó la Triple Corona. Hizo casi 500 *home runs.*

Proporcionó alegría y felicidad a los espectadores con su trabajo, hizo mejores a sus compañeros de equipo y al deporte dedicándose a él. Decir que alcanzó todo su potencial es quedarse corto.

Pero un buen día todo se vino abajo. La esclerosis lateral amiotrófica (ELA) lo privó de la capacidad de correr y de atrapar la pelota. Su carrera se vio interrumpida. Sus días de gloria con los Yankees se terminaron para siempre.

Sabemos por un famoso discurso de Gehrig en el que aseguró sentirse «el hombre más afortunado del mundo» que no se compadecía de sí mismo, que no se quejaba de lo que le habían arrebatado, que aceptó la sentencia que el destino le había reservado con dignidad, aplomo y valentía.

Sin embargo, ¿cuántas personas saben lo que hizo luego?

Si bien Gehrig podría haberse pasado los últimos —y por desgracia escasos— días de su vida viviendo con comodidad de los ahorros que había acumulado afanosamente, no lo hizo. En lugar de eso, se buscó otro trabajo.

Como Truman después de ser presidente, recibió todo tipo de ofertas: treinta mil dólares por prestar su nombre a un restaurante, cuarenta mil por aparecer con regularidad en un club nocturno... Sin embargo, las rechazó todas y aceptó un empleo público como jefe de la comisión de libertad bajo palabra de Nueva York. Tenía un sueldo de solo 5.700 dólares al año y comportaba muchas horas en cárceles frías y húmedas y despachos mal ventilados, pero lo aceptó.

El biógrafo de Gehrig escribió que «con su destino decidido y su separación de la mujer [su esposa] que le había brindado la única felicidad real que había conocido en la vida, decidió pasar sus últimos días no en una última tentativa febril de extraerle a la vida en dos años todo lo que podría haberle extraído en cuarenta, sino consagrado al trabajo y el servicio [...] sin escatimar en las fuerzas que le quedaban».

Incluso cuando su salud empeoró, iba cada día en coche a la oficina, leía con detenimiento el papeleo, dictaba las resoluciones, increíblemente complejas, a las que tenía que pegar un sello de goma, incapaz para entonces de firmar con su nombre.* Hablando del fútbol americano pero definiendo la transición de Gehrig casi a la perfección, Theodore Roosevelt dijo una vez: «Es algo positivo ser un buen corredor, pero es algo muy negativo que a los cuarenta años lo único que puedas decir de un hombre es que era un buen corredor». A los treinta y tantos años, acabada su carrera en el deporte que tanto había amado, Gehrig halló una forma de ser grande en un sentido completamente distinto, correspondiendo a la ciudad y a la gente de la que tanto había recibido.

El escritor David Brooks lo llamó «la Segunda Montaña». Llegamos a la cima de la primera montaña de nuestra vida, explicó, triunfando en los negocios, el deporte o alguna disciplina artística. Es maravilloso. Es gratificante; sobre todo desde el punto de vista económico. También puede beneficiar a los demás y al mundo. Sin embargo, en lo más recóndito de nuestra mente, sentimos que ese éxito tiene algo anticlimático. Inspeccionamos nuestro reino y nos sorprendemos preguntándonos: «¿Esto es todo lo que hay?».

Tal vez recibimos un diagnóstico como Gehrig. O tenemos un accidente. O caemos en una profunda depresión. O alguien nos dice algo, nos permite hacernos una idea de cómo es el resto del mundo, cómo vive la otra mitad.

La vida nos está diciendo algo. El vacío es una señal.

¿Volveremos a hacer las cosas como las hemos hecho siempre? ¿O buscaremos otra montaña, una que sea mucho más alta y que

* Uno de esos casos fue el del futuro campeón de peso medio Rocky Graziano, a quien Gehrig hizo volver al reformatorio.

represente mucho menos un monumento a nuestro ego? Una que nos desafíe a alcanzar nuestro potencial en un sentido más pleno, de una forma menos egoísta, más generosa y orientada a la comunidad.

Ya tuvimos tiempo de ganar, ganar, ganar; luego es tiempo de dar, dar, dar, de ayudar, ayudar, ayudar.

Sammy Davis Jr. se pasó años «pensando solo en triunfar», y una vez que lo consiguió, pensando solo en disfrutarlo. Y luego, ¿qué? «Llega un momento en que [una persona] desea otra cosa, algo más», confesó, pues el dinero, la fama y la diversión no «bastaban para justificar tu vida». De modo que se dedicó a los derechos civiles y a ayudar a los menos afortunados. Décadas más tarde, otro gran cantante, David Lee Roth, se encontraría en una encrucijada parecida y decidiría convertirse en enfermero de ambulancia en Nueva York.

No importa cuál sea la segunda montaña. Tiene que tratarse de algo que trascienda tu bienestar.

Refiriéndose a la escritora Doris Kearns Goodwin, Barack Obama habló en una ocasión de lo «común» que es la ambición en la mayoría de nosotros cuando somos jóvenes. Queremos hacernos ricos. Queremos que nuestro padre se sienta orgulloso de nosotros. Queremos dejar huella en el mundo. Pero a medida que envejecemos, dijo, esa ambición debe consumirse, sobre todo si tenemos la suerte de haber logrado alguna de esas cosas, a nuestra manera. En su lugar debe aparecer algo más general, algo más profundo; en el caso de él, explicó, su estrella polar se convirtió en «crear un mundo en el que personas de distintas razas, orígenes o religiones puedan reconocer la humanidad unas de otras, o crear un mundo en el que cada niño, independientemente de su origen, pueda esforzarse y desarrollar al máximo su potencial».

¿Y tú? No puede ser otra salida de capital riesgo. Otra temporada triunfal. Otro cliente importante.

En serio, ¡¿qué más da?! No solo tú lo has hecho ya, sino también innumerables personas más.

Es hora de seguir nuestra estrella polar hasta la próxima cima, hasta el próximo reto: uno que sea más espiritual que material, que nos haga mejores a nosotros y a los demás al aceptarlo.

No un reto más —ya hemos tenido muchos—, como cuando un músico prueba suerte en el mundo de la interpretación, sino como cuando un banquero de inversiones obtiene un título universitario y se hace maestro. Una montaña que no tenga tanto que ver contigo, con cosas materiales, con ganar o aplastar o quitar, y mucho más con todo el mundo, mucho más con todos nosotros.

Deja de pedir la tercera satisfacción

Lo que la escritora Dawn Dorland hizo fue increíble. Donó su riñón a un desconocido. Abrió su cuerpo y dio un trozo de sí misma en sentido literal, salvó la vida de otra persona. Y lo que es mejor, su donación movió a la pareja del receptor (que no era compatible) a donar su riñón a otra persona.

Menudo ángel.

La mayoría de las personas que la conocían la veían así.

Menos una.

Cuando Dorland empezó a escribir sobre la donación y el proceso de recuperación, sus amigos la apoyaron. Pero a Dorland le llamó la atención que una conocida llamada Sonya Larson, que también era escritora, guardara un extraño silencio. De modo que, en un momento que las dos lamentarían para siempre, escribió a la mujer para preguntarle el porqué.

Lo que ocurriría después fue un conflicto trágico, casi cómico, cuya intensificación no podría haber previsto ni el novelista más imaginativo. El deseo, muy humano, de reconocimiento de Dorland, de que se valorase lo que había hecho, el cinismo y la sensibilidad de Larson, el ridículo social, los frágiles orgullos, los caprichos del proceso creativo y el poder de las redes sociales chocarían primero en un relato de ficción poco halagüeño que Larson escribió sobre una mujer con complejo de «salvadora blanca», y culminarían en demandas, acusaciones de plagio y un aluvión de publicidad.

Lo más bonito que Dorland había hecho en la vida se transformó en una farsa, representado como un acto de narcisismo o algo peor. Larson, por su parte, se gastó en los tribunales miles y miles de dólares que no tenía para defender su arte de Dorland, cuya susceptibilidad y necesidad de atención prácticamente confirmaron la caricatura que Larson había retratado en la ficción.

Nada de aquello debería haber ocurrido; nada salvo el pecado original o, mejor dicho, el favor original.

Pero eso es lo que los antiguos nos habrían advertido, que nada bueno resulta de intentar buscar la gratitud o el reconocimiento por lo que has hecho. «Cuando has hecho un favor y otro se ha beneficiado, ¿por qué buscas como un necio una tercera satisfacción, que se reconozca la buena obra o recibir una recompensa?», se preguntaba Marco Aurelio.

El emperador romano volvería repetidas veces a esta idea en sus *Meditaciones*, porque, como a todos nosotros, le decepcionaba cuando sus más denodados esfuerzos no se entendían o no se apreciaban, y mucho menos se recompensaban. De hecho, ese era el destino de un líder, bromeó más adelante: granjearse una mala reputación mientras hace buenas obras.

Mucho se ha dicho que ser buena persona es una labor desinteresada, pero, si lo haces por el agradecimiento, ¿cómo de bueno eres en realidad?

No es solo que perseguir la tercera satisfacción nos traiga problemas, como le pasó a Dorland, sino que socava lo que hemos hecho. En cierto sentido, sus dos actos son incomprensibles. ¿Escribir a una amiga para preguntarle por qué no ha reconocido el acto increíble que has realizado? Está de más. ¿Renunciar a un órgano vital por alguien a quien no conoces? ¡También está de más! Y, sin embargo, lo primero empaña la belleza de lo segundo.

Cuando Churchill aludió al rescate de Europa por parte de Estados Unidos después de la Segunda Guerra Mundial como el «acto más generoso de la historia», debía de referirse en parte a Truman y su renuncia a ser reconocido o dejar un legado. «No lo hago por el mérito —explicaría Truman—. Lo hago porque es lo correcto. Lo hago porque es necesario si queremos sobrevivir a nosotros mismos».

No obstante, el desapego del gesto por parte de Truman, su desinterés, era lo que lo convertía en grande. Y también era lo que lo hacía tan brillante desde el punto de vista estratégico. Desde luego, los soviéticos no podrían haberlo logrado, y de hecho la oferta de ayuda, que se extendió al bloque soviético, los desconcertó.

De modo que Truman dedicó todo su capital político a donar capital, cosa que desató una reacción en buena parte abrumadora. Pero él ya había pasado por eso. Durante décadas, su intachable expediente político no había sido reconocido. ¡De hecho, se ganó injustamente reputación de corrupto! No era justo, aunque tampoco lo habría sido la alternativa. ¿Debería haber aceptado Truman los sobornos porque, qué demonios, todo el mundo creía que ya era corrupto?

Mejor obrar bien y quedar sin recompensa que obrar mal y escapar sin castigo.

Además, la acción ya es una recompensa. Siéntete fenomenal por hacer algo fenomenal; no necesitas que alguien te diga que lo eres.

La Biblia nos recuerda en Mateo 6, 2 que no debemos tocar la trompeta para anunciar lo que hemos hecho. Jesús también recordó a sus seguidores que cuando uno mira hacia atrás mientras ara el campo, deja que los caballos vayan sin rumbo. Lo mismo es aplicable a cuando miramos hacia atrás y admiramos lo que hemos hecho, regodeándonos en lo especiales o lo generosos que somos. Es una distracción que nos impide avanzar, es un error de cálculo.

Pero resulta difícil.

Queremos oír que nuestros padres están orgullosos de nosotros. Queremos que nuestra pareja nos dé las gracias, que reconozca lo que hemos hecho por ella. Queremos que se nos compense lo que hemos hecho, lo que hemos dado, lo que hemos sacrificado. Más que eso, queremos reconocimiento, queremos respeto, queremos agradecimiento, y cuando hacemos buenas obras, queremos que nos reconozcan el mérito.

¿Tan poco razonable es?

He aquí un argumento que lo es: «No has hecho nada que no tuvieras que hacer». Como persona inteligente y con talento, era tu deber hacerlo. Ya fuese un detalle o una proeza difícil de llevar a cabo, has hecho algo que eras capaz de hacer, para lo que te has preparado, que se esperaba que hicieses. Se supone que tienes que ser generoso. Se supone que tienes que ser amable. El hecho de que nadie corra a organizarte una fiesta es en cierta forma un cumplido. No nos sorprende... porque te conocemos. Sabemos quién eres.

¡Por supuesto que has obrado bien! Por supuesto que has ayudado a alguien o has limpiado algo o has asumido la culpa cuando no era responsabilidad tuya.

¿Quién mejor que tú para hacerlo?

Lo que resulta sorprendente, o más bien decepcionante, es descubrir que lo has hecho por los motivos equivocados. Que eras más egoísta que desinteresado. Que el acto no venía de un lugar de fuerza y generosidad, sino de inseguridad o ambición. No hay nada más desesperado —y calculador— que una persona que va por la vida pensando en su «legado». (Como si alguien fuera a estar aquí para disfrutar de la fama póstuma). ¿Es ingrata esa persona? No, es ingrato esperar más que el placer de saber por qué has hecho lo que has hecho.

Hazlo con una sonrisa. Sé esa persona maravillosa que va por el mundo cumpliendo con su deber, haciendo el bien, sin esperar ni pedir nunca nada.

Piensa en el bien que Dorland podría haber hecho si hubiese pasado a una nueva buena acción, en lugar de intentar ganarse —en vano, al final— la aprobación de una conocida. Imagínate que hubiese dedicado esas energías a convencer a más personas de que donasen sus riñones, de que continuasen con la cadena. ¿No habría hecho eso callarse a Larson? ¿No habría sido la refutación definitiva del cinismo y las dudas de alguien?

En cualquier caso, esa fue su decisión.

Centrémonos en el bien que podemos hacer nosotros.

Olvidémonos del mérito.

Olvidémonos del agradecimiento.

No necesitamos que nadie aprecie lo que hemos hecho, que nadie lo reconozca.

Hacemos el bien porque somos buenos, y todo lo demás es un añadido.

Dales esperanza

Frederick Douglass tenía sobrados motivos para dudar. Sobrados motivos para estar enfadado. Había presenciado no solo la hipocresía de los seres humanos, sino también su absoluta depravación, y había sido víctima de ella.

Aunque ya era libre, la lucha continuaba. Contra peones del Norte que se negaban a trabajar a su lado en el astillero, contra colegios que no admitían a sus hijos, contra la indiferencia o la incompetencia de los activistas abolicionistas y los políticos a los que solo parecía interesarles hablar, hablar y hablar del problema.

Él siguió intentándolo, siguió luchando.

Habían transcurrido años de lucha, y qué pocos progresos que lo demostrasen, salvo más días en lo que Martin Luther King Jr. describió como los «vientos fríos de la desesperanza que silban en un mundo movido por la agitación». Era normal que un día todo brotase de él en el escenario, como ocurrió en Salem, Ohio, en 1852, cuando pronunció un discurso ante un público que estaba en contra de la esclavitud. Perdió el dominio de sí mismo, su mensaje se volvió sombrío y violento, toda su esperanza pareció desaparecer, y clamó contra la injusticia que tan bien conocía.

El público se quedó atónito. El propio Douglass parecía en trance, después de pasar de luchador resuelto a nihilista desesperado delante de sus narices. Pero entonces una voz rompió el silencio lúgubre de la sala.

Era Sojourner Truth.

«Frederick —lo llamó—, ¿ha muerto Dios?».

Aquellas palabras fueron mágicas.

En su peor momento, Truth estaba dando esperanza a su amigo. Le estaba recordando que no tenía derecho a dejarse llevar por la desesperanza. Que no debía privar a su público de su entusiasmo, de su visión de un mundo mejor.

Era la misma lección que la hermana de Corrie ten Boom había intentado darle con sus últimas palabras mientras agonizaba en un campo de concentración. «No hay pozo tan profundo —dijo su hermana— donde no lleguen la gracia y el amor de Dios». Días más tarde, Corrie sería liberada de Ravensbrück por un error administrativo y escaparía por los pelos de una muerta segura. Si se hubiese dado por vencida, no lo habría conseguido.

Todavía había bondad en el mundo entonces. Todavía hay bondad ahora. Dios, signifique lo que signifique para ti, no ha muerto.

La desesperanza es una elección.

El cinismo es una excusa.

Ninguno de los dos contribuye a crear un mundo mejor.

Del mismo modo que luchamos contra el *statu quo* —causamos problemas buenos cuando es necesario—, debemos rechazar todas las formas de nihilismo, falta de seriedad y desesperanza.

«En este mundo el bien está destinado a ser vencido», escribió Walker Percy en su famosa novela *El cinéfilo*, basada en parte en la filosofía estoica de su querido tío. Aunque no parezca esperanzador, él pretendía que lo fuese. «Pero un hombre debe morir peleando —escribió Percy—. Esa es la victoria».

No dejar que te dobleguen. Seguir intentándolo. Centrarte en los progresos realizados, esa es la victoria.

Nuestra estrella polar sigue ahí arriba, brillando. Sigámosla.

Históricamente, la desesperanza es en realidad una herejía. Elige cualquier momento del pasado, el que quieras. ¿No es casi todo mejor ahora que entonces?

Es mejor porque gente como tú lo ha hecho mejor. Es mejor porque siempre hay algo más que lo que podemos saber en el presente, porque suele haber algo a la vuelta de la esquina que no podemos ver cuando estamos deprimidos y bajos de moral.

Ese es el motivo por el que tenemos que continuar, por el que tenemos que seguir creyendo, por el que no podemos sucumbir a la desesperanza.

Porque ¿dónde estaríamos si nuestros héroes hubiesen cedido a ella? ¿Y si Gandhi hubiese renunciado a la no violencia en 1940, ante la perspectiva de que el mundo fuese a la guerra por segunda vez en tres décadas? No solo la independencia de la India se habría retrasado o se habría frustrado para siempre, sino que el resto del siglo habría sido un espectáculo aún más horrible. ¿Y si los espantosos atentados con bombas en iglesias hubiesen hecho abandonar a Martin Luther King Jr. su idea, si lo hubieran convencido de que el alma de Estados Unidos no podía redimirse? ¿Y si Frederick Douglass se hubiese dado por vencido aquel día en Ohio, una década antes de la abolición?

¿Dónde estaremos si tú te das por vencido?

En noviembre de 1978, Harvey Milk se sentó a grabar un mensaje que habría puesto a prueba la determinación del activista más entregado. Se trataba de un mensaje dirigido al público pero en el contexto más extraordinario y deprimente: estaba pronunciando sus últimas palabras, que serían reproducidas tras el asesinato que había llegado a considerar casi inevitable. Sin embargo, al mismo tiempo que contemplaba su muerte a manos de un intolerante, se negaba a reconocer o considerar la muerte del movimiento que ya era mucho más grande que él.

«No puedo evitar que haya personas que se sientan indignadas, frustradas y furiosas —dijo de su asesinato, que de hecho se produciría solo nueve días después de la fecha de la grabación—, pero espero que cojan esa frustración y esa furia y, en lugar de manifestarse o algo parecido, se hagan con el poder y confíen en que cinco, diez, cien, mil personas se levanten». No podían permitir que sus oponentes ganasen, dijo, no podían permitir que doblegasen su espíritu, porque la gente los necesitaba.

Cuando te ves obligado a redactar tu testamento porque estás convencido de que van a matarte, la desesperanza es una respuesta razonable. Sin embargo, Milk había declarado en su primer discurso después de ser elegido que, aunque sus votantes no podían vivir solo de esperanza, no merecía la pena vivir la vida sin esperanza. De modo que, ante la posibilidad de su propia muerte, se aferró a esa creencia. No traicionaría esa confianza; de hecho, mientras hablaba no vaciló, ni se le quebró la voz, ni se interrumpió.

La semana anterior, explicó, había recibido una llamada de alguien de Altoona, en Pennsylvania, para quien su elección había sido una fuente de inspiración. «De eso se trata —afirmó, con lo que concluía la última anécdota que tendría ocasión de contar—. No de beneficio personal, ni de orgullo, ni de poder; se trata de dar esperanza a los jóvenes de Altoona, Pennsylvania».

Y, con sus últimas palabras, repitió ese mensaje esencial, la obligación que quería transmitir a todas y cada una de las personas: «Tenéis que darles esperanza».

Eso es lo que hizo De Gaulle por Francia con su coraje. Eso es lo que hizo Gandhi por la India con su bondad intrínseca. Eso es lo que tenemos que hacer nosotros a nuestra manera. Es nuestro deber, por encima de todos los demás.

La justicia, como el amor, no es un desfile triunfal. Es un camino largo y difícil. Rompe corazones, cuerpos, relaciones y fantasías como si fuesen ramas. Por supuesto que tenemos dudas, por supuesto que nos preguntamos si vale la pena, si podremos hacerlo.

Nadie dice que ahí fuera no esté oscuro. Y puede volverse todavía más oscuro.

Pero ¿a quién ayuda esa desesperanza? No hace salir el sol, eso seguro. No anima a los buenos. No ayuda a tus hijos ni a tus protegidos. No hace nada por ti ni por la gente que se merece, que clama justicia.

No dejes que maten el sueño que tuviste.

No solo debemos seguir teniendo esperanza, sino que debemos dársela al mundo.

Debemos seguir soñando.

Debemos portar el fuego.

Debemos mantener a los demás calientes, pero también ayudarles a encender sus propias lumbres.

Sé un ángel

Le habían perseguido. Le habían destruido. Le habían humillado. En 1895, a Oscar Wilde le habían quitado prácticamente todo lo que se le podía quitar a una persona, incluida su libertad.

Su esposa se había ido.

A sus hijos no volvería a verlos.

Su reputación había quedado destrozada.

Incluso los derechos de autor de sus obras le habían sido arrebatados.

¿Por qué? ¿Porque amaba a otro hombre? Por unas leyes injustas que seguirían vigentes en Inglaterra otros cien años.

Allí estaba él, arrastrado de su celda al tribunal de quiebras para asistir a una última vista, una última degradación abyecta. Derrotado, caminaba esposado por el largo pasillo de la cárcel, abucheado y juzgado por la multitud que se había reunido para verlo humillado, mientras los guardias lo empujaban con brusquedad para que anduviese más rápido.

Mantuvo la cabeza gacha de la vergüenza a cada paso del terrible trayecto menos una vez, solo una vez en que alzó la vista.

Y cuando lo hizo, contempló una imagen que guardaría para siempre, escribió más tarde, en el relicario de su corazón, algo «preservado, lozano para siempre gracias a la mirra y los nardos de innumerables lágrimas».

Robbie Ross, también escritor y viejo amigo de Wilde, se había asegurado un lugar en aquel horrible pasillo para poder ofrecer algo tan simple como una sonrisa y un gesto de respeto a un hombre en su peor momento. «No te he abandonado —decía sin palabras—. No estás solo —expresaba con su presencia—. No eres despreciable. No te rindas».

«Cuando la Sabiduría me ha resultado inútil, y la Filosofía estéril, y los proverbios y frases de los que pretendían ofrecerme consuelo han sido como polvo y cenizas en mi boca —reflexionó Wilde—, el recuerdo de ese pequeño gesto humilde y silencioso de Amor ha abierto para mí todos los pozos de la piedad, ha hecho que el desierto florezca como una rosa, y me ha llevado de la amargura del exilio solitario a la armonía con el corazón herido, roto y grande del mundo».

Tal vez parezca un tanto excesivo, pero quizá sea porque pocos de nosotros hemos sufrido una caída tan dura, pasando, como dijo Wilde de su vida, de comer del fruto de todos los árboles del jardín del mundo a un calabozo oscuro de vergüenza y sufrimiento.

Lo que hizo Robbie Ross por Oscar Wilde fue más que un gesto de amistad o lealtad, más que la nada que el resto de las personas de su vida le habían ofrecido. Fue un acto de gracia. El propio Wilde compararía el gesto de su amigo con los santos que lavaban los pies a los pobres o besaban a un leproso.

Al pasar revista a la depravación que había sido el Holocausto, Israel trató de reconocer a los ángeles que habían visto maldades y habían intentado impedirlas. El título de Justo entre las Naciones se concede en reconocimiento a los no judíos que salvaron a judíos del exterminio. Tres reinas lo han recibido, pero también periodistas, filósofos y un empleado de unos grandes almacenes. Se trata de un recordatorio de que la decencia no entiende de categorías ni de posiciones sociales, de que la responsabilidad de hacer el bien no se circunscribe a los poderosos, sino que nos apela a todos. Unas treinta mil personas respondieron a esa llamada: ángeles, todas ellas.

¿Y la inmensa mayoría de la gente que miró hacia otro lado? ¿Que se negó a reconocer, y mucho menos a intentar hacer algo para detener, el crimen monstruoso que tenía lugar delante de ellos?

Llámalos como quieras.

La gracia de Ross no se limitó a aquel momento en el pasillo.

Cuando liberaron a Wilde, Ross estaba allí.

Cuando los derechos de la obra de Wilde se pusieron en venta, Ross los compró pagándolos de su bolsillo y gestionó un fondo literario a nombre de los hijos del escritor. Cuando Wilde se moría, Ross también estuvo allí, llamó al sacerdote y lo consoló en sus últimas horas.

La familia Carter conoció a una mujer llamada Mary Prince cuando se mudó a la mansión del gobernador de Georgia en 1971. La habían destinado al personal de la casa como parte de un programa de trabajo para presidiarias. Rosalynn Carter no tardó en convencerse de la inocencia de Prince y quedó horrorizada al conocer los detalles de su condena: Prince, una mujer negra, había sido convencida por su abogado de que se declarase culpable de homicidio involuntario. El abogado la obligó a continuación a declararse culpable de homicidio, por lo que recibió la cadena perpetua. Los Carter solicitaron que se asignase a Prince el puesto de niñera de su hija pequeña, Amy, y al final le consiguieron la libertad condicional y el indulto pleno. Fue a vivir con ellos en la Casa Blanca. Después de su mandato como presidente, Carter le compró una casa en la misma calle en la que vivían ellos en Plains, Georgia, y Prince, que ahora tiene cerca de ochenta años, sigue siendo amiga íntima de la familia. Carter le dedicaría un libro titulado *Our Endangered Values* en 2006.

Un empleado público arrebata injustamente la libertad a una persona... y otro recibe a una extraña en su familia y lucha por su libertad. ¿Cuál quieres ser tú?

Según Séneca, debemos esforzarnos por «tratar a los demás como te gustaría que los dioses te tratasen a ti». Es decir, con compasión. Con una paciencia inagotable. Con una comprensión infinita. Con amor y generosidad. Bien sabe Dios que lo necesitamos para, como mínimo, intentar darlo.

Quién sabe si los ángeles existen realmente. Lo que sí es verdad es que puedes hacer algo parecido en la tierra.

Puedes ser uno de los buenos. Sobre todo por las personas a las que quieres y que te importan.

Eso es lo que el tío Will fue para Walker Percy cuando apareció y tomó cartas en el asunto después de que él y sus tres hermanos se quedaran huérfanos. Eso es lo que Dean Acheson trataba de hacer cuando se negó a abandonar a Alger Hiss, aunque una parte de él debía de sospechar de la culpabilidad de su amigo. Creía que había una obligación más elevada, explicó, expresada hacía mucho en «el monte de los Olivos... en el capítulo 25 del Evangelio según San Mateo».

Acheson se refería a las famosas palabras que se supone que constituyen los cimientos de la caridad y la hermandad cristianas: «Estuve desnudo, y me cubristeis; enfermo, y me visitasteis; en la cárcel, y vinisteis a mí».

Olvida quién tiene la culpa.

Olvida lo que pensarán los demás.

Piensa tan solo: «Si no fuera por la gracia de Dios...».

Cuando todo el mundo se ha apartado, acércate.

Haz lo que es bueno y decente y se necesita con urgencia.

De eso trata la parábola del buen samaritano. No de ayudar sin más, sino de ofrecer caridad o compasión. Trata de hacer esas cosas por alguien cuando las demás personas se han negado a ayudar.

Es algo sobrehumano y al mismo tiempo muy simple y muy humano. Y muy hermoso.

Nuestra misión más difícil está ahí, en esos momentos en que la humanidad escasea, cuando la bondad se ha dado a la fuga. Es ahí cuando debemos dar un paso adelante y mostrar apoyo.

El gesto cómplice en el pasillo. La negativa a unirse a la multitud. La carta escrita al preso. El cuarto de invitados ofrecido a la persona cuya vida ha quedado destrozada.

Si no lo hacemos nosotros, ¿quién lo hará?

Si los dejamos colgados, si los dejamos solos, si dejamos que se consuman y se mueran, ¿qué dice eso?

¿Del mundo? ¿De nosotros?

Perdona

Cuando Jimmy Carter indultó a quienes habían huido para evitar el reclutamiento durante la guerra de Vietnam, no pensaba en su futuro político. Pensaba en su simple deber cristiano. Trataba de fomentar la reconciliación y la paz.

Y estaba dispuesto a sacrificar sus perspectivas de reelección para lograrlo.

Eso es algo raro y hermoso.

Lo bonito —tal vez el poder secreto— del movimiento por los derechos civiles fue su convicción en lo que vendría después. Fue más que una carrera por el poder, más que una lucha por los derechos básicos. Fue una visión de futuro, la creencia en que un mundo mejor no solo era posible, sino inevitable.

No pierdas de vista el objetivo, se decían entre ellos. No pierdas de vista el objetivo.

Su objetivo era también aquel concepto mágico: la reconciliación. El mundo del sueño de King para sus hijos, en el que negros y blancos pudiesen llevarse bien, pudiesen quererse, ver el bien unos en otros... a pesar del mal atroz y los crímenes de los que los blancos habían sido culpables hasta hacía muy poco.

En resumen, era un movimiento basado en el perdón.

El mismo modelo de perdón que Jesús había sentado de forma tan dolorosa en la cruz, al gritar, en su momento de agonía: «Padre, perdónalos, porque no saben lo que hacen».

Fue ese modelo el que James Lawson aplicó en la realidad al formar a una generación de activistas jóvenes para las sentadas, pero también en 1968, cuando Martin Luther King Jr., su querido mentor y hermano espiritual, fue asesinado.

Como cristiano y verdadero practicante de la filosofía de la no violencia, Lawson se sintió llamado, con el tiempo, a conocer y perdonar al asesino de King, James Earl Ray. En los años posteriores al asesinato, Lawson pasó una cantidad de tiempo considerable con Ray, e incluso fue a conocer a su prometida. Pero, a pesar esa compasión y ese autodominio increíbles, a Lawson le costó, y con razón, cuando Ray dio el sorprendente paso de pedirle que oficiase su boda en la cárcel.

Le parecía demasiado. Era demasiado doloroso. ¿Era inmoral? ¿Transmitía el mensaje equivocado? Así que Lawson le preguntó a su familia mientras cenaban qué debía hacer. Fue una conversación breve. Casi antes de que él pudiese acabar, el hijo de diecisiete años de Lawson contestó: «Bueno —dijo sin necesidad de levantar siquiera la vista de la comida—, si crees en todo lo que has estado predicando estos años, lo harás».

Tenía razón. Y Lawson lo hizo: presidió la boda de un hombre que había asesinado sin sentido a su héroe, y con ello mostró gracia, pero también demostró quién ganaba en realidad la batalla contra el odio y la violencia.

Es importante señalar que Jesús no solo predicó el perdón en aquella ocasión en la cruz. Antes de su muerte, Pedro le preguntó por el perdón. Consciente de su importancia, el apóstol le consultó cuántas veces debía perdonar a su hermano. ¿Una vez por cada error? ¿Y si su hermano volvía a hacerlo? ¿Y si lo hacía siete veces? ¿Debía perdonarlo siete veces? «No te digo hasta siete —respondió Jesús—, sino hasta setenta y siete veces». De hecho, según algunas traducciones, Jesús dijo «setenta veces siete».

Pero incluso eso se queda corto. La base entera del cristianismo consiste en que, dado que Dios ha perdonado a cada persona de forma total y absoluta, un cristiano debe hacer otro tanto. Sea cual sea tu espiritualidad, el trato es el mismo: alguien bueno, alguien generoso, alguien a quien ni siquiera conocemos nos ha perdonado antes como mínimo una vez. De hecho, la vida te ha dado innumerables segundas oportunidades, una tras otra. La «justicia» te habría repudiado hace tiempo, pero aquí estás.

Ahora cargamos con esa deuda, y por lo tanto debemos perdonar a otros. Mejor aún, tenemos el poder de enriquecernos a nosotros mismos y al mundo invirtiendo activamente ese perdón siempre que sea posible, siempre que tengamos la oportunidad de ofrecer gracia a alguien que nos ha ofendido.

Es difícil. Puede que sea lo más difícil que existe.

No lo hacemos necesariamente en un momento de gracia transformadora; no nacemos santos. Perdonamos poco a poco, día a día, hasta que dejamos correr el asunto. Tenemos que trabajar en ello. Recuerda, Marco Aurelio se sorprendió mejorando en la lucha, en el poder, en todo menos en lo que sabía que tenía que mejorar: «ser más indulgente respecto a los desprecios del prójimo». El perdón es algo más que una tradición cristiana; también forma parte del camino de superación personal. Cuando a Marco Aurelio lo traicionó su general más fiel, Avidio Casio, el emperador romano se refirió a ello como una oportunidad de ganar un «gran premio, tanto de guerra como de victoria, un premio como nunca jamás ha obtenido otro ser humano. ¿Y cuál es ese premio? El de perdonar a un hombre que me ha agraviado, conservar como amigo a uno que ha traicionado la amistad, seguir siendo fiel a uno que ha roto la confianza».*

¿No reside ahí también la belleza de la vida de Gandhi y de las injusticias que padeció? Como eligió amar, perdonar y no aferrarse al odio, lo que resultó de todo ello no solo fue la justicia para la India, sino también un manual para poner en práctica la no violencia: el que usarían asimismo Lawson y King. «El perdón es el adorno de los valientes», dijo el Mahatma, citando un viejo proverbio. La misericordia, la clemencia son las mejores túnicas con las que puede vestirse un líder.

Sin embargo, es importante que no descartemos ese tipo de gracia como algo de otro mundo que solo los verdaderos santos pueden alcanzar. Muchas personas han señalado que el perdón es un don que nos concedemos ante todo a nosotros mismos. Eso es lo que descubrieron los líderes del movimiento por los derechos civiles: que no había nadie más digno de compasión que las personas a las que se enfrentaban, tan dominadas por el odio y la cólera que ya ni sabían lo que era un ser humano.

* Su objetivo era, según él, «arreglar este asunto por las buenas y demostrar a toda la humanidad que puede sacarse algo bueno incluso de las guerras civiles».

«Si me diera la vuelta cada vez que alguien me llama "maricón" —declaró una vez Harvey Milk—, caminaría hacia atrás, y no quiero caminar hacia atrás». Si se ofendía, si se aferraba a todo lo que le habían dicho o hecho, si no perdonaba ni olvidaba las injusticias que experimentaba, ¿cómo iba a avanzar? ¿Cómo iba a albergar esperanzas con respecto a algo, y no digamos dar esperanza a otros?

Igual que tú. Nunca conseguirás saldar cuentas... salvo que pagues tú. No puedes aferrarte a ello eternamente.

Tendrás que dejarlo correr, ser más magnánimo, ser más grande. Tendrás que entender, perdonar, amar.

Por ellos. Por ti. Por el mundo.

Es el único camino. Es el camino.

El perdón no es sinónimo de martirio; es una forma de conquistar, de trascender al rival, la situación y a ti mismo.

Nada frustra el mal como el perdón. Nada confunde al odio como no recibir odio a cambio.

De modo que utilizaremos esa gracia como un arma, por nosotros y por el mundo.

Repara el daño

John Profumo fue un hombre temerario, arrogante e irresponsable. Su nombre se halla tan asociado al escándalo y la vergüenza en la política británica que su sola mención trae a la mente esta historia. Y lo hace con razón: el caso Profumo, como se conoce, abarca la infidelidad conyugal del ministro con una corista de diecinueve años, las mentiras al Parlamento sobre el asunto y, a causa de esa deshonra y unas preocupaciones muy reales en materia de seguridad nacional, la caída del primer ministro británico.

Profumo dimitió, avergonzado, expulsado de la vida pública y política.

Pero, en lugar de despotricar contra lo que hoy llamaríamos «cultura de la cancelación», planear su regreso o sacar provecho escribiendo unas memorias donde lo contase todo, Profumo hizo algo muy distinto.

Pocas semanas después de su dimisión, apareció en Toynbee Hall, una organización benéfica contra la pobreza en Inglaterra. Cuando preguntó si podía ayudar en algo, enseguida le dieron unas prendas de ropa sucia para lavar, una tarea humilde que cambió su vida para siempre.

Con el tiempo, se convertiría en el voluntario más antiguo de Toynbee Hall y ascendería del trabajo manual a la colecta de fondos, dedicando miles y miles de horas durante los siguientes cuarenta años, sin apenas reconocimiento ni grandes alardes.

Ojalá todos reaccionáramos a las vueltas que da la vida con esa discreción y esa bondad.

A la mayoría de nosotros se nos da sorprendentemente mal esta idea de reparar el daño, de expiar pecados o errores; sorprendentemente porque cualquiera diría que siendo tan imperfectos por naturaleza, como mínimo habríamos perfeccionado el arte de corregir nuestros errores. Desde luego, nuestra larga lista de meteduras de pata y transgresiones debería habernos dado oportunidades de sobra para mejorar.

Hasta Gandhi sabía que no era perfecto. No dudaba en admitir sus errores. No dudaba en responsabilizarse; en todo caso, se pasó de la raya, pues expió durante toda su vida el pecado que supuestamente cometió cuando murió su padre.

Sin la capacidad de reconocer los errores y responsabilizarse de los actos, no hay justicia.

Mucho antes de la guerra de Secesión, Lincoln fue objeto de burla en un acto por parte de un rival político llamado Jesse Thomas. Al enterarse de los insultos, Lincoln cruzó la ciudad a toda prisa para dirigirse a la multitud antes de que Thomas abandonara el acto. En un gesto inusual, Lincoln empezó con una imitación casi perfecta de Thomas, emulando cómo caminaba y hablaba. La multitud estaba disfrutando de lo lindo, reía a carcajadas. Arrastrado por su energía, Lincoln siguió ridiculizando y criticando a Thomas de forma tan demoledora que un testigo lo describió como un «desollamiento» público, agravado por el hecho de que el ridiculizado estaba atrapado en el público, observando su propia humillación. Thomas se marcharía entre lágrimas.

Cuando el incidente se convirtió en la comidilla de Springfield, Lincoln no tardó en tomar conciencia de lo cruel que había sido, aunque él no había atacado primero ni pretendía ofender a nadie. Si bien a un hombre de su inteligencia y su talento le había resultado muy fácil mostrarse ingenioso (y divertido), le resultó más duro ver lo desagradable que había sido. Localizó por su cuenta a Thomas y le pidió perdón. Pero, más que una simple disculpa, se llevó una lección de lo que significaba ir demasiado lejos, y años más tarde seguía recordando el momento «con el más profundo disgusto».

Y, lo más importante, el Lincoln que salió de aquel intercambio era un hombre más sabio, más paciente y más compasivo; más parecido al hombre que basaría su segundo discurso de investidura no solo en los innegables pecados del Sur esclavista, sino también en la complicidad y la responsabilidad del Norte.

Por alguna razón, casi doscientos años más tarde, seguimos teniendo problemas con el mismo tema, incluso para reconocer los pecados que cometieron otras personas en el pasado. El estado de Virginia pidió perdón por la esclavitud... ¡en 2007! ¡El primer estado de Estados Unidos que lo hizo! ¿Cuántos estados del Norte —cuyos bancos y fábricas formaban parte del mismo sistema— se plantearían pedir una disculpa parecida? Por ese motivo, «reparación» se ha convertido en una de las palabras más ofensivas de la política estadounidense, cuando en realidad podría verse como una bonita idea, una que, aun siendo irrealizable, redime incluso como objeto de debate.

El caso de Estados Unidos no es único. Turquía se niega a pronunciar siquiera la palabra «genocidio» con respecto a la deportación y la matanza de cientos de miles de armenios. Japón nunca ha reconocido plenamente la terrible utilización de las «mujeres de consuelo» y los demás delitos sexuales de su imperio. La Iglesia católica pasó décadas ocultando y negando los espantosos escándalos de abusos cometidos por sus miembros.

En muchos casos, ni siquiera queda vivo nadie directamente culpable de esas graves injusticias y, sin embargo, nadie quiere enfrentarse a ellas. No ser culpable no lo exime a uno de responsabilidad. Pero negarse a verla, ocultarla, te convierte en cómplice. Te hace moralmente responsable cuando vuelve a ocurrir.

Los alemanes tienen una palabra —*Vergangenheitsbewältigung*— que significa hacer frente al pasado, a la responsabilidad colectiva de la injusticia. En toda Alemania hay unas setenta y cinco mil *Stolpersteine*, o piedras con las que tropezar, pequeños indicadores por encima del nivel del suelo que señalan injusticias —en la mayoría de los casos, asesinatos— relacionadas con el Holocausto. Una vez más, la inmensa mayoría de la gente que da con esas piedras, que han sido instaladas en aceras y carreteras, ni siquiera estaba viva cuando se cometieron los horribles crímenes a los que hacen referencia. Pero, como con la esclavitud, las implicaciones de esos crímenes perduran en la actualidad, las injusticias siguen existiendo.

Aunque no podemos cambiar el pasado, sí podemos obrar mejor —rehusando negarlo— en el futuro. Al hacerlo, empezamos a reparar el daño de lo que ha sucedido.

Y debemos reparar ese daño. Debemos curar, mejorar y encaminar la situación en una dirección más favorable.

Hablando del colonialismo, Albert Schweitzer, misionero, filósofo y ganador del Premio Nobel, explicó que el trabajo incansable que llevó a cabo en clínicas de África se basaba en la idea de que «cargamos con una gran deuda. No tenemos la libertad para conceder o no conceder esos beneficios a esas personas como nos plazca. Es nuestro deber. Cualquier cosa que les damos no es un acto de benevolencia, sino de expiación. Ese es el fundamento del que deben partir todas las deliberaciones sobre las "obras de misericordia"».

Ya sea un intercambio cruel como el de Lincoln, una aventura como la de Profumo, la inclinación al acoso escolar o la forma como actuamos en un momento determinado de nuestro matrimonio, cada uno de nosotros debe tener el valor de afrontar el pasado. Nuestro pasado colectivo y nuestro pasado personal. Debemos contar con la fuerza para reconocer el error, pero también para hacer las cosas mejor.

Si bien no se puede deshacer lo que se ha hecho, siempre tenemos la oportunidad de hacerlo mejor. Tenemos la oportunidad de convertirnos en una persona mejor como resultado de lo que ha sucedido, aunque para ello haya que dar un paso al frente y asumir la desagradable responsabilidad por lo ocurrido.

La negación, la resistencia, el rechazo son muestras de inseguridad. Son personas débiles y sociedades débiles las que se niegan a corregir la situación. Las que piensan que no pueden permitirse pedir disculpas o reparar el daño cometido.

Del mismo modo que debemos tratar de perdonar a los que nos ofenden, debemos hacer un esfuerzo activo por buscar el perdón por las ofensas que hemos cometido. No podemos hacer como si no se hubiesen producido.

Tenemos que arreglar las cosas.

Se lo debemos a aquellos a quienes hemos hecho daño.

También nos lo debemos a nosotros mismos.

No alcanzamos todo nuestro potencial huyendo de las cosas, sino haciéndoles frente, sobre todo a las difíciles.

Lo que hicimos, lo que ha sucedido, no tiene por qué ser un secreto vergonzoso, no tiene por qué ser una herida abierta, un peso que nos arrastre hacia abajo.

Puede ser algo que nos transforme, un vehículo para la redención y la mejora.

Puede hacernos más justos, a nosotros y al mundo.

La gran unidad

En 1950 un hombre de luto por la reciente muerte de su hijo pequeño a causa de la poliomielitis recibió una carta de Albert Einstein. Como hombre de ciencia, cabría pensar que Einstein tendría una visión bastante resignada de la naturaleza trágica de la condición humana.

Nacemos. Nos vemos zarandeados por fuerzas que escapan a nuestro control, a nuestra comprensión, y morimos.

A menudo sin motivo, esas fuerzas dejan un profundo sufrimiento a su paso.

Dada la enormidad de los acontecimientos que tuvieron lugar a mediados del siglo XX —el Holocausto y la devastación de la era atómica—, resultaba bastante razonable que Einstein fuese inmune a la pérdida de un solo niño con el que no tenía ninguna conexión.

Sin embargo, la carta de Einstein era de un sentido y filosófico pésame.

«Un ser humano es parte del todo que denominamos "universo" —escribió—, una parte limitada en el tiempo y en el espacio. Está convencido de que él, sus pensamientos y sus sentimientos son algo independiente de los demás, una especie de ilusión óptica de su conciencia. El esfuerzo para liberarse de este engaño es el tema central de la verdadera religión. No alimentar esa ilusión sino tratar de superarla es la manera de alcanzar cierta tranquilidad».

Einstein estaba expresando una de las pocas cosas en las que físicos y filósofos parecen coincidir: todo y todos estamos mucho más conectados de lo que tendemos a pensar. Compartimos una fuerza animadora, una energía, una unidad que, independientemente de lo que pase o de lo distintas que parezcan las cosas, siempre está ahí. Incluso en el sufrimiento, en el dolor, conectamos con algo eterno y vasto, algo que hace que nos demos cuenta de que no estamos solos, ni mucho menos.

«Crees que tu dolor y tu congoja no tienen precedentes en la historia del mundo —escribió James Baldwin—, y luego lees». Fueron los libros, la historia, la filosofía, según Baldwin, los que le enseñaron que «las cosas que me atormentaban eran las mismas que me conectaban con todas las personas que estaban vivas o habían estado vivas».

Todos somos uno.

Es muy fácil olvidarlo, pero es cierto.

Nadie lo ha sentido con más intensidad que los astronautas que han vivido la experiencia única de observar la Tierra desde el espacio. Ya fuesen estadounidenses, rusos o chinos, todos se sentían abrumados por lo que se ha denominado el «efecto perspectiva», una conciencia global instantánea, una sensación inevitable de que todo el mundo está en el mismo barco, independientemente del lugar en el que viven o de las creencias que profesan.

Lo que ellos experimentaron contemplando la «canica azul» que es nuestro planeta fue lo mismo sobre lo que intentaba enseñar Hierocles hace dos mil años. Sí, pensamos de forma natural en nosotros mismos y en las personas a las que queremos primero, pero con trabajo podemos ampliar ese círculo de afectos más y más, hasta que veamos todo lo que está vivo como un único organismo enorme. Los astronautas experimentan lo mismo que Gandhi, que nunca voló en avión ni vio a la humanidad desde una altura superior a varias plantas de un edificio, llamó «la gran unidad».

Descubrirla, dejar que nos invada, quedarnos impresionados con ella es más que una lección de humildad. También nos hace más generosos, más valientes, más comprometidos con lo que es justo. Nos hace estar menos pendientes de nimiedades, de distinciones absurdas, de rencores o de nuestro dolor.

Es una sensación de euforia. Pero también puede ser devastadora desde el punto de vista existencial.

Tras una vida entera explorando el espacio en la televisión y el cine, el actor William Shatner visitó por fin el cosmos a los noventa años. Pensó que se asombraría de la belleza de todo lo que contemplase. En cambio, al mirar la Tierra de lejos, lo único que sintió fue tristeza.

Porque comprendió que todo lo importante estaba allí abajo, en la Tierra, y que la gente no lo valoraba. Estaban destruyendo esa maravilla, maltratándola, robándosela a las generaciones que todavía no habían nacido.

La interdependencia, el gran vínculo de humanidad del que habló Frances Ellen Watkins Harper, es real. Pero ¿en qué estado se encuentra en la actualidad? El medioambiente está deteriorado. Miles de millones de personas viven en la pobreza. Millones de personas mueren por causas totalmente evitables. La injusticia rasga la tela que nos une. ¿Cuánto tiempo podrá campar a sus anchas antes de que todo se desmorone?

> Estoy convencido de que es mucho mejor para las personas que su ciudad se encuentre en buen estado y no que a cada uno le vaya bien y que toda la comunidad se pierda. Cuando a un hombre le va bien pero su país se viene abajo, él se desmorona con él, pero si a un individuo le va mal tendrá muchas más posibilidades si su país prospera.

¿Es el lamento de un político moderno? ¿El manifiesto de un revolucionario socialista de principios del siglo XX?

No, es Pericles en 431 a. C.

La razón de ser del gobierno y del contrato social gira en torno a esa idea. Todo gobierno, como dijo uno de los Padres Fundadores de Estados Unidos, tiene como único objetivo el bienestar general.

¿De qué sirve nuestro éxito si se consigue a costa de otros? ¿Hasta qué punto estamos a salvo si nuestra seguridad deja a otros desamparados? ¿De qué servimos si no podemos ayudar a los demás? Estamos todos unidos en esto que llamamos la vida en común. Compartimos este planeta. Cuando lo olvidamos, o perdemos de vista cómo afectan nuestros actos a los demás, la injusticia prospera.

La frase de Marco Aurelio «Lo que no es útil a la colmena tampoco lo es a la abeja» podría ser una ocurrencia en un debate político próximo como podría aparecer en una página de opinión de *The New York Times*. Es algo que él necesitaba recordarse continuamente, igual que nosotros. Se esforzaba por ver el mundo «como un ser vivo, una naturaleza única y un alma única [...] [donde] todo alimenta esa misma experiencia, avanza con un solo movimiento. Y cómo todo ayuda a producir todo lo demás, entretejiéndose». ¿Sus políticas y sus decisiones reflejaban siempre eso? No. Y sus mayores fracasos —la persecución de los cristianos por los romanos de la época— son un reflejo de lo que ocurre cuando perdemos de vista esa estrella polar definitiva.

«No tengo conciencia de haber vivido ninguna experiencia durante mi estancia de tres meses en Inglaterra y Europa —comentó Gandhi después de una de sus visitas— que me hiciera sentir que, a fin de cuentas, Occidente es Occidente y Oriente es Oriente. Al contrario, me he convencido más que nunca de que la naturaleza humana es en gran medida la misma, independientemente del clima en el que florece».

Por eso él no podía odiar. Por eso no podía volver la espalda. Por eso soñaba con un mundo mejor en el que hubiese menos divisiones, en el que los problemas no se resolviesen con violencia ni con dominación. «La vida no será una pirámide con un vértice sostenido por la base —explicó, como si fuese Hierocles—. Será un círculo oceánico en cuyo centro se hallará el individuo siempre dispuesto a perecer por su comunidad; una comunidad dispuesta a morir por todo el círculo, hasta que al final todo se una en una sola existencia compuesta por individuos, nunca agresivos en su arrogancia, sino humildes, que compartan la majestuosidad del círculo oceánico del que son unidades integrales».

Esa es la causa a la que dedicó los últimos años de su vida, el motivo por el que estaba dispuesto a morir no solo por la independencia, sino también por la igualdad de los intocables y por la paz entre musulmanes e hindúes. «Soy musulmán —dijo—, hindú, budista, cristiano, judío, parsi».

Y tú también. Todos lo somos.

Somos una misma cosa.

Todos mortales. Todos imperfectos.

Todos dotados de un potencial increíble. Todos merecedores de justicia, respeto y dignidad.

Todos individuos únicos y, sin embargo, parte inseparable de la humanidad, del pasado, el presente y el futuro.

Truman llevaba un verso de un poema de Milton en la cartera, que decía:

> *El parlamento de la humanidad, la federación del mundo.*

A eso pertenecemos. Eso es lo que debemos proteger.

Expande el círculo

En los Juegos Olímpicos de Los Ángeles de 1932, un llamativo jinete japonés llamado Shunzo Kido realizó una de las actuaciones más extraordinarias de la historia del deporte. Consiguió ponerse en cabeza en una carrera de resistencia de treinta y seis kilómetros con cincuenta obstáculos en la que normalmente no competía. Y para la que su caballo ni siquiera estaba entrenado.

Un compañero de equipo se había lesionado, y Kido lo sustituyó. Pero de repente, cuando se había escapado del pelotón y había superado el penúltimo obstáculo, con la medalla de oro casi al alcance de la mano, tiró de las riendas y se retiró de la carrera.

¿Por qué?

Una parte de él presintió que el caballo no aguantaba más, que, aunque pudiese ganar, el caballo no sobreviviría a la victoria. Como reza la placa situada en el Friendship Bridge del camino del monte Rubidoux, en California, que conmemora su inaudita muestra de deportividad: «El teniente coronel Shunzo Kido rechazó el premio para salvar a su caballo. Oyó la voz queda de la misericordia, no los sonoros aplausos de la gloria».

Cómo tratamos a las personas que trabajan para nosotros y a los desconocidos dice mucho de nosotros.

¿Cómo tratamos a los indefensos? ¿A los que no tienen voz? ¿A otras especies? Según Gandhi, lo dice todo de nosotros. «Lo que hicisteis a uno de mis hermanos más pequeños».

En *La insoportable levedad del ser*, de Milan Kundera, que transcurre durante la Primavera de Praga y la ocupación militar soviética, Tereza, la sensible y compasiva protagonista, dice a su marido: «Es mucho más importante desenterrar a una corneja que mandarle una petición al presidente».

Por supuesto, la política es importante. Por supuesto, las grandes luchas de nuestro tiempo son importantes. Pero también importan las cosas pequeñas que apenas vemos. Los jainistas de la India, practicantes de una religión que se remonta al siglo VI a. C. y que hace hincapié en el respeto a todos los seres vivos, se negaban por norma a hacer sus peregrinajes durante la temporada de lluvias porque no querían pisar la hierba nueva. Qué hermosa y benigna práctica en torno a la que elaborar los planes, una práctica además de un recordatorio metafórico de que incluso las más mínimas elecciones afectan al mundo que nos rodea. Sin duda influyó en Gandhi, cuyo vegetarianismo fue la madre del resto de sus compasivas decisiones.

Un filósofo antiguo decía que la bondad era más importante que la justicia porque la justicia tenía que ver con la ley, con los seres humanos, pero la bondad tenía que ver con cómo tratamos a los animales y todos los seres vivos. Eso es lo que los estoicos trataban de hacer: ampliar la definición de los destinatarios de la bondad y la justicia.

Leonardo da Vinci es famoso por sus cuadros y creaciones

geniales. ¿Y sus amigos? Ellos sabían que era la clase de persona que, al ver un pájaro enjaulado en un mercado, lo compraba solo para poder liberarlo. Antes de que Lincoln supiese lo que era la esclavitud, su empatía moral despertó cuando su hermanastro pequeño, John Daniel Johnston, cazó una tortuga y la aplastó contra un árbol por diversión. La dolorosa y absurda muerte de la tortuga fue demasiado para el muchacho, que empezó, según su hermanastra, a «predicar contra la crueldad hacia los animales, sosteniendo que la vida de una hormiga era para ella tan valiosa como la nuestra para nosotros». De modo que años más tarde, cuando Lincoln vio por primera vez a unos esclavos encadenados —«unidos entre sí como muchos peces en un palangre», como los describió gráficamente—, se quedó horrorizado. Esa no era forma de tratar a nadie ni a nada.

Por supuesto, es más fácil no pararse a pensar en lo que debe suponer para un pájaro estar enjaulado. Es más fácil pensar solo en el olor cuando pasas por delante de una granja industrial, pensar solo en el precio cuando comparas dos productos de orígenes muy distintos en el supermercado. Es una lata detenerse a recoger a un perro en la calle. Pero, del mismo modo que debemos preocuparnos por cómo vive la otra mitad, debemos considerar la existencia de los miles y miles de millones de otras formas de vida de este planeta.

¿Has visto el famoso vídeo en el que Koko la Gorila, tras años viendo el programa de televisión de Mr. Rogers, por fin tiene ocasión de conocerlo? De inmediato, estira los brazos y le quita sus famosas zapatillas azules: un gesto de buena vecindad en todo el reino animal, un recordatorio de que la evolución ha concedido a muchas especies la capacidad de ser gentiles.

Y, como consecuencia, nos ha obligado a nosotros a ser también gentiles.

A Catón el Viejo, el bisabuelo de Catón, lo juzgaron en su época por la forma en que explotaba a los animales que trabajaban en su granja. No contento con beneficiarse de su trabajo, los mataba a trabajar y luego los sustituía. Era legal y sin duda rentable, pero eso no hacía que estuviese bien.

Es bueno que nos estremezcamos al oírlo, como hacemos cuando miramos un viejo mapa y descubrimos que, hace apenas unas generaciones, nuestros antepasados dividieron un continente entero por lo que podían sacar de él: Costa de Oro, Costa de Marfil, Costa de los Esclavos.

Es una ingenuidad pensar que esos impulsos, esa cruda explotación, desaparecieron sin más. Debemos examinar las lucrativas crueldades de nuestro estilo de vida y nuestros negocios, y hacer todo lo posible por ponerles fin... o al menos mitigarlas. La labor de Temple Grandin, por ejemplo, ha contribuido a reducir el sufrimiento en los mataderos, al igual que la labor de los defensores de los derechos de los animales ha movido a millones de personas a preguntarse si deben comer carne. Son dos maneras distintas de entender lo que es justo, pero son dos maneras de hacer del mundo un lugar mejor.

Los cazadores y los agricultores tienen relaciones radicalmente distintas con la vida silvestre, pero los ecologistas han hecho causa común en la conservación de las especies en peligro de extinción, el clima y el mundo del que todos disfrutamos. Del mismo modo que cualquier persona debería poder sentarse debajo de su higuera y no amedrentarse, la majestuosa fauna de este planeta —animales que llevan aquí mucho más que nosotros— debería poder sobrevivir, prosperar y dedicarse a lo suyo.

Y no solo las especies majestuosas o las adorables..., la propia higuera merece protección. La vid merece tierra fértil. Los ríos deberían discurrir sin contaminación. La hierba debería poder crecer tan alta que se doblase por el peso, como observó Marco Aurelio en una ocasión. El mundo entero es un templo, dijeron los estoicos. La naturaleza es una diosa; cometemos un sacrilegio cuando la maltratamos.

«Un hombre es realmente ético —escribió Albert Schweitzer— solo cuando obedece a la compulsión de ayudar a toda vida que le sea posible beneficiar y rehúye dañar cualquier cosa viviente. No pregunta hasta qué punto esta o aquella vida merece compasión según lo valiosa que es, ni hasta dónde es capaz de sentir. Para él la vida le es sagrada como tal». Eso es lo que movió a Schweitzer a hacerse vegetariano y a dejar la mayor parte de su obra filosófica para dirigir clínicas en África.

Ehrfurcht vor dem Leben fue la hermosa frase que se le ocurrió en una travesía en barco por el río Ogooué en lo que ahora es Gabón, en África. «El respeto por la vida».

Tenemos que preocuparnos por todas las formas de vida, aunque nuestra vida se vea asediada por preocupaciones mucho más personales o urgentes. Porque dice algo de nosotros. Porque es un legado que dejaremos al futuro... En realidad, puede que determine si hay un futuro.

No debería sorprendernos que Catón el Viejo, tan indiferente a la vida de los animales que poseía, fuese también un despiadado propietario de esclavos. Esa es la cuestión. La lógica que dice que algunos humanos son menos importantes que otros —porque no se parecen a nosotros, porque viven lejos de nosotros, porque no están emparentados con nosotros— es la misma lógica que dice que otras formas de vida son menos importantes.

Algo así no solo es una abominación para los principios de la justicia. Es corruptor y peligroso para la persona que lo sostiene. La falta de amabilidad, la indiferencia, la crueldad en una esfera... se extienden. Pero también supone una oportunidad: cuanto más abrimos el corazón en una esfera, más abiertos podemos estar en otras.

Al «expandir el círculo», como lo denomina el filósofo Peter Singer, hacemos el mundo mejor.

Y también nos hacemos mejores a nosotros mismos.

Encuentra el bien en todo el mundo

Si Harvey Milk hubiese sido un poco más cerrado de mente, puede que siguiese vivo.

Sin embargo, si hubiese sido un poco más cerrado de mente, no habría sido Harvey Milk.

Incluso antes de su fatídico enfrentamiento con Milk, la mayoría de la gente pensaba que había algo raro en Dan White, un expolicía reconvertido en político local con ideas marcadamente homófobas.

«Harvey, ese tío es un cerdo», le había dicho un vecino.

Pero Harvey insistía en que simplemente era cuestión de ignorancia. «Es de clase obrera y católico, lo han criado con todos esos prejuicios —explicaba Milk, en defensa de un hombre al que tenía pocos motivos para defender—. Voy a sentarme a su lado todos los días y a hacerle ver que no todos somos tan malos como cree».

La gente le decía que estaba perdiendo el tiempo. La gente le decía que se arrepentiría. «Hay hombres a los que no puedes llegar...».

Milk lo intentó de todas formas. Formaba parte de su filosofía de creación de aliados.

«A medida que pasen los años —sostenía Harvey—, se le podrá educar... A todo el mundo se le puede educar y ayudar. Vosotros pensáis que hay personas que no tienen remedio, yo no».

En efecto, encontrarían puntos en común, se harían amigos y trabajarían codo con codo en distintos proyectos, a pesar de contar con experiencias muy distintas. Fue White quien consiguió que nombrasen a Milk presidente de la junta de la Comisión de Urbanismo y Transporte. Milk asistiría al bautizo del hijo de White en 1977. White apoyaría la primera y única ley que aprobó Milk, y también se declararía en contra de una medida destinada a permitir que los comités escolares locales despidiesen abiertamente a los profesores gais.

Y entonces, tras una serie de desacuerdos con Milk y con el alcalde de la ciudad, White disparó cinco veces a su colega, las dos últimas balas a bocajarro en el cráneo.

¿Sirvió de algo la amabilidad? ¿Valió la pena?

No son las preguntas que habría hecho Milk.

Las preguntas que él se habría formulado eran si estaba bien y qué vía era la más compasiva, la que albergaba más esperanza.

Si Harvey Milk solo hubiese visto la intolerancia de la gente, si solo hubiese visto los peligros que representaba, nunca se habría aliado con el Sindicato de Camioneros en primer lugar. Desde luego no habría hallado esperanza en nada ni en nadie, ni habría conseguido dársela a la gente.

Cada uno de nosotros tiene un Hitler en su interior, escribiría más adelante la doctora Edith Eger, así como una Corrie Ten Bom (una de las galardonadas con el título de Justo entre las

Naciones). ¿A cuál dejaremos salir? ¿A cuál decidiremos ver en los demás?

En uno de sus numerosos encarcelamientos en Sudáfrica, Gandhi mató el tiempo confeccionando sandalias. Cuando se marchó de África a la India en 1914, regaló uno de aquellos pares al general Jan Smuts, el primer ministro de Sudáfrica, con el que había discutido en multitud de ocasiones y que lo había mandado personalmente a la cárcel.

Smuts combatiría en las dos guerras mundiales. Se convertiría en un político destacado de su época. Sin embargo, durante todo ese tiempo, pensaría en Gandhi, sobre todo cuando, como pretendía el Mahatma, se ponía las sandalias. Pensaría en la gracia de Gandhi, en su llamada moral, en su coraje. El día del septuagésimo cumpleaños de Gandhi, Smuts le devolvió las sandalias. «He llevado estas sandalias muchos veranos desde entonces —discurrió—, aunque siento que no soy digno de calzarme los zapatos de un hombre tan grande». En realidad, a pesar de la complicidad previa de Smuts con un sistema racista y explotador, llevó esas sandalias con dignidad. Contribuyó de manera decisiva a la fundación de la Sociedad de las Naciones. Dos décadas más tarde, redactó el borrador de la Carta de las Naciones Unidas. Ayudó a buscar una patria a los judíos después del Holocausto.

Según él, fue Gandhi quien lo redimió, quien lo liberó de «una sensación de trivialidad e inutilidad» y le sirvió, a él y a toda la humanidad, de «inspiración... para no cansarme de hacer el bien».

«No debes perder la fe en la humanidad —escribió Gandhi más adelante a Amrit Kaur, la primera ministra de Sanidad de la India tras de la independencia. Estaba consolándola, pero también se lo recordaba a sí mismo—. La humanidad es un océano. Y el océano no se ensucia porque haya unas cuantas gotas sucias».

La premisa de la filosofía de Gandhi era que había bondad en los demás, o, al menos, en la mayoría de la gente. Para él nadie era intocable, nadie era irrecuperable, nadie era indigno de abogar por él. De eso dependía la no violencia, a eso apelaba. Dio resultado con los británicos porque, a pesar de todas las riquezas que el imperio había cosechado del colonialismo, les avergonzaban su codicia y su crueldad cuando veían su reflejo. Y después de pasar bastante vergüenza —un sentimiento con el que Gandhi también estaba familiarizado—, accedieron a cambiar. Mejor aún, trataron de obrar mejor.

Gandhi tenía motivos de sobra para perder la fe en la humanidad. Los manifestantes a favor de los derechos sociales y las sufragistas también los tenían. Veían a diario lo peor de la gente, y, sin embargo, miraban más allá, se concentraban en el objetivo, seguían creyendo y apelando a la humanidad de sus oponentes, que muchos concluían, no sin motivo, que no existía. Y fue así, a través del testimonio creativo, de la resistencia valiente, demostrando su humanidad, como esos activistas sacaron poco a poco esa humanidad a sus por lo demás crueles opresores. El bien no se busca, se encuentra. Porque está ahí, por muy bien oculto que se encuentre. Cada malhechor, cada desconocido, todo el mundo, explicó Marco Aurelio, tiene una naturaleza parecida a la nuestra. En cada uno de ellos hay bondad, un papel que estaban destinados a desempeñar en nuestra vida.

Algo así supondrá un desafío para nosotros, nos volverá vulnerables, nos asustará, como sabía Marco Aurelio por experiencia. Con afecto, el emperador romano escribió que hasta su imperfecto hermanastro le había ayudado a mejorar su carácter. Aun así, su hermano también debió de defraudarlo y de fallarle repetidamente.

Imbuido de gracia, Marco Aurelio emplearía su experiencia con Casio, un viejo amigo que lo traicionó, como una oportunidad para enseñar y crecer como líder. Dentro de poco todos estaremos muertos, se recordaba, y además no nos han hecho daño de verdad ni han trastocado nuestra capacidad de ser justos y buenos.

Mickey Schwerner era un chico judío que fue al Sur durante el Verano de la Libertad de 1964. Impartía cursos. Inscribía a votantes. Buscaba trabajo a la gente. Debido a ello fue maltratado por la policía, luego lo secuestraron y lo llevaron a una oscura carretera rural a punta de pistola. En sus últimos momentos, cuando se enfrentaba a la tortura y la muerte, uno de sus captores lo agarró y le preguntó: «¿Eres ese amiguito de los negros?».

Y Mickey lo miró a los ojos y pronunció sus últimas palabras: «Señor, sé cómo se siente».

Sus asesinos se dijeron muchas cosas: que Mickey era un agitador, que Mickey era un traidor a la raza, que Mickey era comunista, que Mickey era un forastero ateo empeñado en destruir su estilo de vida.

El escritor William Bradford Huie confrontó de manera remarcable a uno de los hombres que asesinaron a Mickey y luego enterraron su cuerpo sin vida en un dique con otros dos activistas, convencidos de que no los descubrirían nunca.

—Es verdad que se declaraba ateo —explicó Huie.

—Ah, ¿sí? ¿No creía en nada?

—Oh, sí —contestó Huie—. Creía en algo. Creía fervientemente.

—¿En qué creía?

—¡Creía en ti!

—¿En mí? Pero ¿qué demonios...?

—Sí. Creía en ti. Creía que el amor podía vencer el odio. Creía que el amor podía cambiarte incluso a ti. No pensaba que no tuvieras remedio. Eso es lo que lo mató.

Es cierto, muchas veces nos sentiremos decepcionados. También es lo que mató a Harvey Milk. En ocasiones descubriremos que la bondad que buscábamos en una persona palidece en comparación con la oscuridad o la crueldad que convive con ella.

Sufriremos por conceder ese beneficio de la duda, por conceder ese perdón, por albergar esa esperanza. Sin embargo, debe brotar de nosotros eternamente. Aunque no sea correspondido.

No podemos ver a las personas como inamovibles. No podemos verlas como exclusivamente malas.

Porque, si lo hacemos, significa que nuestra labor ha concluido. Significa que el cambio es imposible. Significa que la justicia ha muerto.

¿Conoces la letra de «Amazing Grace»?

Gracia sublime, qué dulce sonido
que salvó a un infeliz como yo.
Estaba perdido, pero me han encontrado,
estaba ciego, pero ahora veo.

Su autor, John Newton, era un hombre roto y lleno de defectos. En contra de su voluntad, fue reclutado con crueldad en la marina británica, donde lo maltrataron, lo azotaron y abusaron de él. Devolvió esos abusos convirtiéndose en un reclutador cruel y ejerciendo de capitán de un barco de esclavos en innumerables viajes.

Motivos de sobra para dar por perdida a una persona, para considerarla malvada o destruida de manera irremediable.

Sin embargo, Newton acabó convirtiéndose en un ferviente abolicionista, un miembro decisivo de la campaña de Thomas Clarkson, un aliado sin el cual el cambio quizá no habría sido posible.

Las personas son peores de lo que nos gustaría. Pero también son mejores de lo que alcanzamos a comprender. Ahí radica el poder de la gracia.

Por eso nos sentamos con los Dan White del mundo, aun cuando corremos peligro. Aunque a menudo no dé resultado.

Porque no podemos permitirnos desaprovechar las ocasiones en que sí da resultado.

Porque la esperanza, la paciencia y la fe de esos actos nos hacen mejores.

Ofrece todo tu fervor

Cuando Régulo volvió a Cartago como prisionero voluntario, sus captores no lo colmaron de alabanzas por cumplir su palabra. El hombre que había dejado a su familia llorando, que había tenido ocasión de pasar unos cuantos días en su querida patria al cabo de tantos años, no recibió un trato compasivo por parte de sus captores en deferencia a sus impresionantes principios.

No, lo torturaron. Hasta matarlo.

Como él sabía que harían.

La versión más amable de su ejecución es una crucifixión. Según una de las peores, Régulo fue privado del sueño hasta que perdió la cabeza, y su sufrimiento solo concluyó cuando murió pisoteado por un elefante.

Había acudido a Cartago por voluntad propia, convencido de que le aguardaba esa «destrucción manifiesta». Mantuvo su palabra por el mismo motivo que Gandhi regresó de forma voluntaria a la cárcel después de que le concediesen una semana para enterrar a su querida esposa. Sí, podrían haber escapado —habría sido mejor para ellos—, pero por eso mismo no lo hicieron.

Como representante de Roma, las promesas y las decisiones de Régulo no le concernían exclusivamente a él. «Los motivos de esta actitud son varios —explicó—, aunque el principal es que, si cumplo mi juramento, solo yo sufriré el desastre, pero, si lo rompo, afectará a la ciudad entera». Prefería sufrir en persona a aplazar ese precio a generaciones de futuros romanos de cuya palabra ningún amigo ni enemigo podría fiarse.

Emily Davison, que soportó la cárcel y una durísima huelga de hambre casi mortal antes de su último acto de sacrificio político, lanzándose ante el caballo del rey, explicó: «Lo he hecho a propósito y en plenas facultades porque pensaba que solo el sacrificio de la vida humana llevaría al país a darse cuenta de la terrible tortura a la que se enfrentan nuestras mujeres».

Gerald Ford no quería arruinar su posibilidad de una reelección, pero consideró que los principios de clemencia, reconciliación y buen gobierno exigían que indultase a su predecesor, Richard Nixon. No es que Nixon se mostrase especialmente agradecido, ni que el país entendiese especialmente el sacrificio que cometía. Pero lo hizo. Como, después de él, Carter ejercería el mismo poder en un momento de gracia que pagó igual de caro.

En 1781, Thomas Nelson veía a los invasores británicos acercarse a Yorktown. Cuando dio orden de disparar, no se acobardó y mandó a sus artilleros que apuntasen a la casa solariega que los británicos habían ocupado cerca del puerto, en la calle principal. Mientras ajustaba la puntería de sus hombres, para lo que ofreció una recompensa de cinco guineas a quien acertase en el objetivo, pocos de sus artilleros podrían haber adivinado que su comandante los estaba ayudando a destruir su propio hogar.

A algunos se les pide que den poco. A otros, mucho. A otros se les pide que lo den todo.

Cuando tenemos una estrella polar, nos aclara lo que debemos hacer. Nuestra marcada conciencia de nosotros mismos nos permite ser desinteresados. Incluso cuando duele, incluso cuando cuesta caro.

Por supuesto, la claridad no hace que un sacrificio como ese resulte fácil.

Régulo debió de dudar, como habría dudado cualquier ser humano. No solo durante la intensa agonía de su tortura, o en la larga y solitaria travesía de vuelta a su doloroso destino. También en los duros momentos de reflexión, mientras lidiaba con sus distintas obligaciones, como las que tenemos todos, porque el trabajo, la familia, el país y el honor no siempre van a estar alineados. Bastante terrible fue que tuviese que renunciar a ver a su esposa los primeros días tras su regreso a Roma, sabiendo que el amor podía imponerse al deber. ¿Te imaginas lo que sintió cuando sus hijos se le aferraron a la pierna, cuando sus amigos le rogaron que lo reconsiderase, cuando le dijeron que no tenía por qué hacerlo, que nadie lo juzgaría por quedarse?

Pero él se marchó de todos modos y, según Séneca, incluso después de esa muerte horrible Régulo habría vuelto a hacerlo si le hubiesen dado la oportunidad, como uno sospecha que habrían hecho Carter, Ford, King y Gandhi. «¿Quieres saber lo poco que se arrepintió de poner ese precio a la virtud? —escribió Séneca sobre Régulo, y se refirió a él no como un desgraciado, sino como alguien feliz—. Pues bájalo de la cruz y devuélvelo al Senado: perseverará en el mismo parecer».

«No me quitaría la vida —explicó en una ocasión Martin Luther King Jr. sobre su compromiso—, pero daría con gusto la vida por lo que creo que es justo».

Régulo no estuvo para ver los beneficios de su compromiso, pero generaciones de compatriotas sí que los vieron. Y sus enemigos también. La gente supo que podía confiarse en la palabra de un romano hasta la muerte.

Los denunciantes que alertan de algo casi nunca salen beneficiados. Pagan una fortuna en abogados, se quedan sin trabajo y pierden años de vida.

Se dice que abolir la esclavitud costó a Gran Bretaña aproximadamente el 2 por ciento de su producto interior bruto durante el medio siglo siguiente. Ese porcentaje se convertiría a la larga en una cifra medida en billones de dólares. Y el gobierno británico estuvo haciendo pagos hasta 2015. Pero, en retrospectiva, ¿había otra forma?

Porque conviene señalar que lo contrario también tiene un precio. Uno paga por su egoísmo, nos recuerda Oscar Wilde en *El retrato de Dorian Gray*, «con remordimientos, con sufrimiento, con..., bueno, la conciencia de la degradación».

Con suerte, el bien que hacemos y el precio que pagamos serán valorados. Tal vez no.

Tal vez la gente lo entienda. Tal vez no. Pero no se trata de eso. No se trata de nosotros en absoluto. Se trata de las personas que confían en nosotros.

Además, no buscamos la tercera satisfacción, y está bien, porque puede que no estemos cuando la gente finalmente se avenga a concedérnosla.

Lo único que importa es que hagamos lo que importa.

El altruismo de Harvey Milk no se limitaba a la gente a la que intentaba dar esperanza, aunque fue por ellos por quienes estuvo dispuesto a enfrentarse a la sensación de muerte inminente.

La decisión final de Milk también fue un acto de entrega desinteresada, un acto práctico y al alcance de todos nosotros. Y es que cuando Milk murió, como había solicitado, se donaron sus órganos. Todos tenemos la oportunidad de aceptar en vida dar en la muerte.

Aunque nunca hubiese salvado del suicidio a los gais a los que había animado a salir del armario, aunque no hubiese fomentado la paz y la armonía entre estilos de vida y creencias radicalmente distintos, solo por esa decisión final seguiría siendo un héroe, una fuente de esperanza y felicidad..., como puedes serlo tú.

Con marcar una simple casilla en un impreso.

Con comprometerte con lo que haces, sea grande o pequeño, a dar. A apreciar a los demás más que a ti mismo.

A valorar lo que es justo más que tu vida.

A ofrecer todo el fervor, que es para lo que estamos aquí.

Ese es nuestro deber. En eso consiste la justicia.

El amor vence

Malcolm X era un hombre enfadado.

Los periódicos lo describían como el hombre más enfadado de Estados Unidos. Y él no lo negaba.

Era totalmente comprensible. Antes incluso de centrarse en las terribles injusticias de su país en aquella época, había nacido en la pobreza. Su padre murió de forma trágica y espantosa cuando él no tenía más que seis años. Malcolm se vio absorbido por el submundo criminal y pasó años en una cárcel fría y húmeda.

Y el racismo siempre estuvo presente. A los trece años, su profesor de octavo le preguntó qué quería hacer con su vida. Malcolm, inteligente y hábil orador, contestó que quería ser abogado. El profesor, a quien Malcolm admiraba y respetaba, le quitó el entusiasmo en un momento desgarrador. «Eres negro, y tienes que ser realista —le dijo el hombre—. Ser abogado no es una meta realista para un negro».

Imagina una vida con tanta desgracia y crueldad. Imagina mil humillaciones y decepciones. Imagina un mundo en el que eres legalmente un ciudadano de segunda. Imagina un mundo en el que todo eso se impone con la omnipresente amenaza de la violencia y la muerte.

De modo que sí, estaba enfadado. De modo que sí, como producto del odio, odiaba.

«Lo más terrible —escribió Wilde desde una celda oscura no muy diferente de la que conoció Malcolm— no es que te rompa el corazón». Al fin y al cabo, el corazón estaba hecho para romperse. Lo realmente terrible de la injusticia, dijo, es «que te lo convierte en piedra».

En la cárcel, Malcolm empezó a leer. Leía filosofía e historia. Le pasó como a Gandhi en Inglaterra: lo absorbía todo. Pero, como Gandhi sabía, todos esos conocimientos tenían un riesgo potencial. Pueden destruir las ilusiones que a uno le quedan. Al líder indio le preguntaron en una ocasión qué le preocupaba más en la vida, y respondió: «La dureza de corazón de los hombres cultos». La verdad que aprendió Malcolm en esos libros, lo que aprendió sobre lo que habían hecho a su pueblo durante cientos y cientos de años, tuvo el mismo efecto.

Malcolm se convirtió a una secta separatista del islam, la Nación del Islam, que predicaba la supremacía negra radical. La frase «El hombre blanco es el demonio», que oyó durante su proceso de conversión religiosa, le pareció verdadera frente a prácticamente todas las experiencias que había tenido en la vida y todo sobre lo que había leído. Era casi inevitable, reflexionaría Malcolm más adelante, que reaccionase a esa idea y que «los doce años siguientes de [su] vida se consagrasen y dedicasen a propagar esa frase entre la población negra».

Malcolm ascendió rápido en la Nación del Islam y salió de la cárcel convertido en uno de los oradores más provocadores y apasionados de su generación. Pero, a diferencia de Martin Luther King Jr., su mensaje era violento. Era amargo. Estaba impulsado por la ira y no por la esperanza.

En un momento especialmente difícil de 1961, por orden de Elijah Muhammad, el líder de la Nación del Islam, se encontró debatiendo una posible colaboración con el Ku Klux Klan. Dos visiones del mundo radicalmente distintas, sí, y pese a estar en extremos opuestos del espectro, de una proximidad inquietante.

Malcolm estaba enfadado, y con razón.

El problema es que eso no lo llevaba a ninguna parte.

El odio que sentía no solo lo estaba devorando a él poco a poco, sino que la Nación del Islam también se hallaba paralizada por el rencor. Sí, escribía y hablaba con elocuencia de las injusticias de Estados Unidos en la época. Pero no abolían la segregación en las cafeterías. A pesar de lo mucho que hablaban de la necesidad de contraatacar, en realidad no libraban batallas ni emprendían guerras. De hecho, la rabia justificada de los miembros de la organización se veía traicionada por Elijah Muhammad, que se dedicaba a enriquecerse y a andar detrás de las mujeres.

En las *Meditaciones*, Marco Aurelio escribió que «lo que no transmite luz crea su propia oscuridad». Cuando nos cerramos al amor y la esperanza, naturalmente experimentamos menos amor y esperanza. «El que endurece su corazón —nos recuerda la Biblia— caerá en el mal». Creamos nuestras propias tinieblas.

Estas dos ideas reflejan a la perfección la trampa en la que había caído Malcolm X.

En circunstancias mucho menos duras, muchos hacemos lo mismo. Pero debemos resistir, hacer sitio al amor.

Piensa en cómo acabó Gandhi. Tras presenciar casi ochenta años de injusticias y luchas, cuando por fin triunfó, no vio los Campos Elíseos, sino una violencia a una escala que nunca habría imaginado. Sus viejos aliados abandonaron la única fuerza que los había conducido a la victoria. Sus compatriotas se volvieron unos contra otros y llevaron la violencia hasta la puerta de su casa.

Tenía motivos sobrados para dejarse arrastrar por la desesperanza, para darse por vencido.

Podría haber estado más enfadado que Malcolm X, tal vez incluso debería haberlo estado. Lo cual hace que los últimos días de su vida sean todavía más hermosos y perfectos. Persistió. «Ninguna causa intrínsecamente justa puede darse por perdida», escribió. Amó. Mantuvo el corazón abierto. Dio más. Fue su última actuación, su sermón definitivo.

Dado que Malcolm X murió a causa de la misma violencia que predicó, podría pensarse erróneamente que su historia concluyó de forma oscura, que se fue de este mundo con el corazón endurecido.

Todo lo contrario.

A los treinta y nueve años, expulsado de la Nación del Islam, pero con la fe religiosa intacta, Malcolm visitó la Meca. Allí, descorazonado y furioso, se sorprendió abriéndose, receptivo a la luz que creía que se había apagado en el mundo.

Conoció tanto a líderes mundiales como a personas corrientes. Se reunió con cristianos y musulmanes. Se reunió con blancos que lo trataron con respeto, con personas que compartían su misma fe. Entendió por primera vez que no todo el mundo era racista, que quizá el mundo no fuese una guerra de todos contra todos, sino un lugar en el que la mayoría de la gente daba lo mejor de sí, que había más amor ahí fuera de lo que él pensaba.

«Ya estoy harto de la propaganda de otros —escribió al volver a casa—. Quiero la verdad, sea quien sea el que la diga. Quiero la justicia, sean quienes sean sus defensores y detractores. Por encima de todo, soy un ser humano y, como tal, quiero todo lo que sea bueno para la humanidad en conjunto».

Después de visitar la Meca, su vida se expandió: incorporó a su círculo de amigos a cristianos, judíos, budistas, hindúes y no creyentes. «El verdadero islam —reflexionó más adelante— me ha enseñado que se necesitan todos los elementos o características religiosos, políticos, económicos, psicológicos y raciales para formar una Familia Humana y una Sociedad Humana completas».

Fue esa perspectiva más amplia, esa experiencia, la que trasladó en 1964 a las calles de Harlem que había recorrido primero como delincuente y luego como airado predicador. En sus últimos días —le quedaban menos de tres meses de vida—, su mensaje cambió por completo. «Solo cuando la humanidad se someta al Dios que lo ha creado todo —declaró ante el público por primera vez desde una postura de amor—, se acercará a la "paz" de la que tanto se habla, pero a la que tan pocas medidas se han visto encaminadas».

Malcolm abandonó el odio y se dirigió a la luz, al amor. Dejó atrás el separatismo y adoptó los conceptos de los derechos humanos y la unidad humana.

Debemos tener cuidado cuando luchamos contra la injusticia. Puede endurecernos, embrutecernos y destruirnos con suma facilidad. Nietzsche advirtió de que quien lucha con monstruos debe cuidarse de convertirse en uno. Dice mucho del verdadero carácter de Malcolm X que, inmerso como estaba en el mal y el odio, al final de su vida lograse escapar de su atracción.

No era perfecto. No le dio tiempo a deshacerse de todas sus antiguas creencias (el antisemitismo, por ejemplo). Pero el hecho de que cambiase de rumbo a esas alturas, después de todo lo que había visto y había vivido, nos da esperanza al resto de los humanos.

No podemos permitir que esos hijos de puta nos conviertan en hijos de puta. No podemos permitir que la inhumanidad nos prive de nuestra humanidad. No podemos permitir que la oscuridad nos vuelva oscuros: siempre debemos estar abiertos y ser un canal de luz. De lo contrario, el mundo se sumirá en la penumbra. Y nosotros nos sumiremos en la penumbra.

«El odio, que podría destruir tanto —escribió James Baldwin—, nunca ha dejado de destruir al hombre que odiaba, y esto [es] una ley inmutable». El amor, por otra parte, protege. Da confianza. Da esperanza. Persevera. No falla.

El amor siempre vence.

Desde luego, es una forma de vida mejor.

¿Aumenta o se reduce tu corazón?

¿Aumentan o se reducen tu compasión y tu conexión con otras personas, tu esperanza en un futuro mejor?

El corazón es un músculo. Debes procurar que esté fuerte.

Fuerte, no duro y quebradizo.

Lo bastante fuerte para amarlo todo y a todos en todas las situaciones.

Lo bastante fuerte para que no se rompa con el mundo.

Crea una cadena de favores

Ralph Ellison atravesaba un edificio de Harvard una noche después de cenar cuando, por casualidad, le dio por levantar la vista. Allí, en el Memorial Hall, que está situado en Cambridge Street, justo enfrente de Harvard Yard, vio una larga lista de nombres grabados en mármol.

«Supe su significado casi sin saberlo —relató el escritor más adelante—, y la sorpresa que me llevé al caer en la cuenta me llenó de angustia. Algo dentro de mí gritó: "¡No!" ante aquel doloroso descubrimiento, pues supe que me hallaba en presencia de hombres de Harvard que habían dado su joven vida para liberarme».

Esos hombres lo habían dado todo en la guerra de Secesión de Estados Unidos, sacrificándose en la flor de la vida por la idea de que todos los hombres nacen libres, y habían liberado a los abuelos de Ellison y el alma del país de la esclavitud.

Ellison tenía motivos para no haber pensado demasiado en ese gesto de humanidad, pues había nacido en un entorno de pobreza y racismo, y desde una edad temprana había vivido disturbios raciales, linchamientos y las terribles injusticias derivadas de la época de las leyes Jim Crow. Además, estaba ocupado viviendo su vida, librando sus propias batallas y alcanzando el éxito literario.

De modo que lo que tanto le impresionó allí fue adquirir una comprensión de la historia que se le había escapado hasta entonces, un sentimiento de deuda que no le abandonaría nunca.

Y que no puede abandonarnos a nosotros.

Todos tenemos una gran deuda con aquellos que sacrificaron el pasado para que nosotros tuviésemos un presente mejor, para que el futuro fuese mejor.

Cruzaron océanos. Se pudrieron en cárceles. Entraron voluntariamente, temblando de miedo, en grandes campos de batalla. Esperaron. Aceptaron. Confiaron. Soportaron.

Alguien te consoló cuando estabas desconsolado. Alguien cuidó de ti cuando eras pequeño. Alguien trabajó muchas horas para mantenerte.

Alguien construyó estas carreteras. Alguien pagó sus impuestos, alguien invirtió ese dinero, alguien ejerció esos cargos, se ofreció voluntario después de catástrofes, se alzó contra la maldad. Alguien inventó esto. Alguien aprobó estas leyes y creó estas instituciones.

Alguien hizo eso por nosotros.

¿Qué hacemos nosotros con ese regalo? Debemos ser generosos.

Aunque nadie nos lo haya pedido, aunque nuestros antepasados diesen sin esperar la tercera satisfacción, sigue existiendo una deuda. Una espléndida deuda espiritual ligada a la existencia.

Tammy Duckworth perdió las dos piernas en el acto cuando el helicóptero Black Hawk que pilotaba fue abatido por un lanzacohetes. Su tripulación le salvó la vida —su copiloto, el suboficial mayor Dan Milberg; el artillero, Kurt Hannemann, y el jefe de tripulación, el sargento Chris Fierce— al sacar su cuerpo destrozado de entre los restos, establecer un perímetro defensivo a pesar de las heridas que habían sufrido y llevarla a un hospital con la mayor urgencia. Necesitaría días de operaciones quirúrgicas y años de rehabilitación para recuperarse, pero lo hizo, acabó trabajando para el Departamento de Veteranos y más tarde consiguió un escaño en el Senado de Estados Unidos.

Sin embargo, sigue viviendo atormentada, no solo con el dolor ocasional del miembro fantasma, sino con cierta deuda. «Me despierto cada día pensando: "No voy a hacer que [mi tripulación] se arrepienta nunca de haberme salvado la vida"», ha explicado.

En esta vida no podemos limitarnos a recibir. La filosofía del rey francés Luis XV se resumía en la frase *Après moi, le déluge*. «Después de mí, el diluvio». O como decimos actualmente: «Ni tú ni yo estaremos aquí». ¿Por qué preocuparnos por las consecuencias?

Hum, ¿porque afectarán a alguien? ¿Porque alguien se preocupó por las consecuencias que nos afectarían a nosotros?

Teniendo presente nuestra deuda, no debemos limitarnos a saldarla, sino que debemos crear una cadena de favores.

Porque del mismo modo que nosotros —que ahora vivimos esa vida mejor— importamos a alguien hace mucho, debería importarnos cómo vivan las generaciones futuras. Tenemos que plantar árboles por ellos. Tenemos que iniciar procesos, portar el fuego, encender una procesión de antorchas que perdurará después de nosotros.

Nuestro deber es hacer del mundo un lugar mejor en el que vivir, explicó el político y estoico LeRoy Percy (padre del tío Will de Walker Percy), siempre y cuando «recordemos que los resultados serán infinitesimales». Gandhi no estaba convencido de que llegara a ver cómo los británicos se iban de la India, y nunca prometió que la *satyagraha* compensase al individuo. Pero creía que cada uno de nosotros era capaz de hacer una pequeña aportación y que todas esas aportaciones juntas permitirían comprar un futuro mejor.

Queremos que nuestros hijos puedan descansar a la sombra de los árboles que hemos plantado, comer la fruta de los árboles que hemos plantado y respirar el aire fresco que esos árboles han filtrado. «Si mi padre hubiese hecho esto —dijo un manifestante primerizo de setenta y ocho años, con cojera, durante el movimiento por los derechos civiles—, me habría ido mucho mejor». Hagámoslo para que nuestros hijos no tengan que decir eso. Debemos esforzarnos para evitar la decepción de las generaciones futuras. Porque esa es la prueba definitiva de cualquier sociedad con valores morales, escribió Dietrich Bonhoeffer, «la clase de mundo que deja a sus hijos».

No hace falta que seamos líderes de un movimiento multitudinario que deje un mundo mejor. Podemos ayudar a una sola persona. Podemos ser generosos, podemos ser leales. Podemos cumplir nuestra palabra, podemos negarnos a abandonar a alguien. Podemos ser un aliado. Podemos perdonar. Podemos elegir una segunda montaña. Podemos seguir intentándolo, solucionando poco a poco un gran problema.

Hay un poema sobre un anciano que en su último viaje se topa con un camino en muy mal estado. Consigue pasar al otro lado, pero cuando lo logra, en lugar de seguir adelante, se detiene. Allí el anciano trabaja afanosamente para construir un puente. «¿Por qué malgasta sus fuerzas? —le pregunta otro viajero—. Ya ha logrado cruzar».

El anciano constructor alzó la cabeza.
«Amigo, por este mismo camino», dijo con firmeza,
«hace unas horas vi que me seguía
un joven inexperto que por aquí cruzaría.
Este barranco para mí no ha sido nada,
pero para el joven será una encrucijada.
Será el crepúsculo cuando llegue aquí,
por eso para él este puente construí».

Tal vez el puente no llegue a estar terminado mientras vivamos. No lo estuvo en el caso de Gandhi. Ni en el de King. Truman no supo con certeza que su reputación se restablecería, como Milk no pudo prever cuántos seguirían su ejemplo.

Pero esa obra de toda una vida también da sentido a la propia vida. Habiendo sido bendecidos con tanta bondad, es nuestro deber —y nuestra dicha— dispensársela a otros.

Hemos sido bendecidos con tanta bondad que podemos compartirla con otros.

El futuro depende de ello.

Epílogo

No creo que hubiese podido escribir un libro sobre la justicia cuando era más joven. Sinceramente, no estoy seguro de que me importase lo suficiente.

Como la mayoría de la gente, cuando me interesé por primera vez por el estoicismo, me atrajo lo que podía hacer por mí. Buscaba cosas que me resultasen útiles. Mi estoicismo era en gran parte estricto y giraba en torno a la idea de tratar el cuerpo con rigor, como dijo Séneca. Levantarse temprano. Correr. Alcanzar tu potencial. Dominar las emociones. Disciplina. Fortaleza. Firmeza.

Había un egocentrismo juvenil en mi primera interpretación de la filosofía: haz caso omiso de lo que no te concierne, preocúpate ante todo de ti mismo y de tu ecuanimidad. Si quieres saber cómo acaba alguien siendo director de Marketing de una empresa que cotiza en bolsa poco después de cumplir la edad legal para beber alcohol, esa es la respuesta. También es cómo acaba alguien trabajando para ciertos indeseables y publica *Confía en mí, estoy mintiendo: Confesiones de un manipulador de los medios* a los veinticinco años.

Tenacidad, ajetreo, ambición y determinación: un cóctel explosivo.

Pero lo bueno del estoicismo es que actúa sobre ti. Tengo la suerte de haber dado con el estoicismo no solo porque me ha ayudado a permanecer tranquilo y sereno bajo presión, sino porque, a medida que pasan los años, he asimilado el mensaje más profundo de los estoicos. El motivo por el que abandoné el marketing en lugar de convertirme en un mero provocador es que el estoicismo me proporcionó la lucidez para comprender que esa no era la persona que estaba destinado a ser. Esa no era una buena dirección en la que orientar la vida, por muy rico o poderoso que me hiciese.

Si pasas el tiempo suficiente con Marco Aurelio, te das cuenta de que se refiere mucho al «bien común» (más de ochenta veces, como señalé en *Diario para estoicos*). Cuando estudias la vida de los estoicos (como hice en un libro con ese título), no te queda duda de la importancia que tuvo el tema de la justicia en la vida de los filósofos menos conocidos que lucharon contra la tiranía y las injusticias de Nerón, Julio César y otros emperadores corruptos.

A medida que el estoicismo pasaba de la antigua Grecia a la antigua Roma, de filósofos aislados a líderes de la vida civil, sufrió una transformación. Un estudioso lo definió como una «suavización», aunque no es la palabra adecuada. A lo largo de generaciones, los estoicos se volvieron más abiertos, más comprometidos con la comunidad, más decentes, más generosos. Se convirtieron en pilares de la sociedad, líderes y héroes cuyo ejemplo de desinterés, coraje y principios han perdurado durante miles de años.

Pese a que no puedo decir eso de mí mismo, sin duda soy mejor persona ahora que cuando empecé.

Recuerdo una ocasión en que oí que mi padre decía que si no eres progresista de joven no tienes corazón, pero si no eres conservador de mayor no tienes cerebro. Más adelante descubrí que era una frase habitual en los programas de radio, y de hecho algunas versiones de esa frase se remontan a la década de 1870.

Dejando de lado nuestros modernos partidos políticos, esa idea me parece tristísima. ¿No cabría esperar justo lo contrario? ¿Que cuando eres joven pienses sobre todo en ti y en tus necesidades, y que a medida que te haces mayor, que vives más experiencias, que conoces a más y más personas, te vuelvas más tolerante, te abras más al cambio, te intereses más, estés más dispuesto a ayudar? Sí, puede resultar difícil mantener el idealismo ante un mundo hostil, pero ¿qué clase de vida estás viviendo si te vuelves más egoísta y más frío a medida que envejeces?

Los estoicos más importantes, en consonancia con su filosofía, fueron en la otra dirección. El emperador Adriano vio potencial en un joven Marco Aurelio, si bien se habría quedado pasmado ante los progresos que hizo su protegido, que pasó de ser un joven intenso a un líder benévolo de millones de ciudadanos, evitando, como escribió en las *Meditaciones*, la temida lacra de ser «cesarizado», de dejarse contaminar por la riqueza y la autoridad.

Se trata de un viaje que debemos emprender todos, en el que eludamos el egoísmo y el cinismo a medida que envejecemos, pero también nos aseguremos de que nuestra profesión o nuestras circunstancias no nos endurezcan. Si el tiempo y la experiencia no te hacen más generoso, menos amenazado por los demás y sus necesidades, más empático, ¿qué clase de vida llevas? Porque parece una cárcel, una especie de maldición que un enemigo lanzaría en una tragedia, como el coste de vender tu alma.

Nunca habría pensado que mis libros sobre una no demasiado conocida escuela de filosofía antigua me introducirían en el sector industrial, pero Daily Stoic se ha convertido en una editorial, una empresa multimedia, un negocio de comercio electrónico y una librería de un pueblo de Texas. Es un negocio pequeño en el sentido de que solo somos seis o siete en la oficina a diario, y sin embargo, si consideramos sus ingresos y su alcance, que ahora se extiende a decenas de millones de personas al mes, no es tan pequeño.

El motivo por el que la mayoría de las empresas subcontratan no es que salga más barato. Es que ojos que no ven, corazón que no siente. Así no tienen que pensar en lo que su negocio hace y representa, o a quién afecta.

De modo que, al levantar mi negocio, he tratado de hacerme las preguntas a las que ya se enfrentaron los estoicos en los tiempos de Antípatro: las relacionadas con la transparencia, la externalización, las consecuencias negativas.

En Daily Stoic vendemos monedas conmemorativas inspiradas en conceptos filosóficos (en una pone *Memento Mori*; en otra, *Amor Fati*) que a muchos lectores les resultan imprescindibles en su práctica diaria del estoicismo. Después de recibir muchas ofertas, me enteré de que fabricar las monedas en China saldría considerablemente más barato que en Estados Unidos. He leído sobre los uigures que viven en China en campos de concentración, me he informado acerca de las condiciones laborales en el extranjero y sé que no resulta beneficioso para el medioambiente enviar de manera innecesaria mercancías a través del Pacífico.

Pero la ética comporta unos gastos empresariales: el precio más elevado por unidad saldría de mi bolsillo. Yo sería el que tendría que dirigirme a los clientes y pedirles que pagasen un precio más alto. Yo era el que me exponía a copias e imitadores.

Finalmente, decidí trabajar con una gran empresa estadounidense, Wendell's, que lleva en activo en Minnesota desde 1882. No era más barata, pero era menos contaminante y, aun así, más rentable. Los dos salimos ganando dedicándonos a nuestros respectivos intereses; Adam Smith se habría sentido orgulloso. No obstante, conviene recordar que, antes de su obra sobre el capitalismo, Adam Smith estudió el estoicismo y, en su libro *La teoría de los sentimientos morales*, escribió sobre la necesidad de actuar como si tuvieses en el hombro a un espectador imparcial, que observa y juzga las decisiones que tomas.

Nadie te elogia cuando haces lo correcto. Pese a lo mucho que nos gustaría que el karma existiese de verdad, tiene una curiosa forma de no cumplirse. Uno de mis pasatiempos más raros consiste en recoger basura. Llevo una bolsa y uno de esos palos con un pincho en un extremo, y me dedico a recorrer las carreteras rurales de nuestra zona. A lo largo de los años he tirado basura equivalente a contenedores enteros (incluyendo, lo más inquietante de todo, cadáveres de animales hervidos y perros de pelea desechados). A la policía no parece importarle, tampoco a la mayoría de mis vecinos. ¿El karma? Por muchos clavos que quito del suelo, no dejo de sufrir pinchazos en las ruedas.

Pero no lo hacemos por el reconocimiento. Lo hacemos porque, si no lo hacemos nosotros, ¿quién lo hará?

Empezamos por algo pequeño y vamos creciendo. Descubrí que Wendell's envasaba al calor cada una de las monedas. Me explicaron los beneficios protectores del plástico —y que era barato—, y estoy seguro de que el 95 por ciento del exceso de embalaje del mundo existe por esos motivos. Pero con una sola decisión tuve más efecto que una vida entera recogiendo basura.

Después de que los tanques de Putin entrasen en Ucrania con el apoyo del presidente de Bielorrusia, Alexander Lukashenko, tuve que revisar detenidamente los negocios que hacía con el fabricante de ediciones encuadernadas en piel de varios libros que he publicado. En definitiva, no era ilegal trabajar con Bielorrusia, y me costó el doble encontrar un proveedor británico que hiciese lo que había estado haciendo el bielorruso, pero, como suele decirse, un principio no es un principio a menos que te cueste dinero.

¿Podría haberlo hecho si se hubiese tratado de una decisión multimillonaria? No tengo ni idea. Me compadezco de los directores generales de empresas que se enfrentan a esas decisiones. Pero ahora se me da mejor tomar decisiones caras: decidir no vender cosas que he pensado que son mediocres y que no servirían (aunque los clientes las hayan pedido). Decidir no aceptar anunciantes que venden alcohol o marihuana o que promocionan el juego. Decidir no contribuir a la desvergüenza del Black Friday y el Cyber Monday (los dos días de ventas más lucrativas del año) y emplear esos periodos para hacer colectas anuales de alimentos (627.000 dólares recaudados hasta la fecha, aproximadamente 6,2 millones de comidas).

Tomamos decisiones pequeñas para poder tomar las grandes, aunque nadie mire, aunque solo nos importe a nosotros.

Algo que ha llegado a ejercer de estrella polar para mí —dado que no inventé el estoicismo y no reivindico otra cosa que el hecho de que a la gente parece que le gusta lo que digo— está escrito en una tarjeta al lado de mi escritorio: «¿Estás siendo un buen representante del estoicismo?».

Al tener acceso a las estadísticas de las suscripciones al correo electrónico de Daily Stoic que se cancelan, puedo ver claramente que a la menor mención de nuestras obligaciones con los demás, de problemas como el racismo o la desigualdad, pierdo lectores y clientes. «¿Qué diría Séneca de utilizar el estoicismo para hablar de política?», escribirán personas indignadas, olvidando que Séneca no solo desempeñó funciones en el gobierno, sino que dijo que el estoicismo obligaba a un filósofo a participar en la vida política (de hecho, muchos estoicos eran políticos). Se trata de una prueba a la que nos enfrentamos en un mundo regido por algoritmos: ¿decimos a la gente lo que quiere oír, o decimos y hacemos lo que creemos que hay que hacer?

El estoicismo atrae en especial a los jóvenes que buscan un propósito y un rumbo en la vida. Lo sé porque yo fui uno de ellos. Tenía problemas con mi padre. No pertenecía a ninguna tribu, no tuve ninguna guerra en la que demostrar mi valor ni un grupo de hermanos que me apoyasen. Cada generación tiene la sensación de que su papel en la sociedad es precario, pero durante una generación los jóvenes se han enfrentado a crisis, atentados terroristas, malestar político e instituciones con problemas, y esos golpes repetidos han puesto a prueba su fe en el futuro.

Tenemos una generación de jóvenes perdidos. Las mujeres prosperan en la escuela, en la educación superior y en sus lugares de trabajo de forma esperanzadora y estimulante. Según las estadísticas, los hombres de Estados Unidos y de muchos países parecen hallarse en una especie de círculo vicioso. Tienen problemas. Están enfadados. Están enfadados porque, además de sus problemas, se supone que tienen que preocuparse por otras personas que tienen problemas por otros motivos. Porque tienen que considerar las desventajas de otras personas, otras injusticias aparte de las propias.

No debería sorprendernos que demagogos y estafadores llenen ese vacío, aprovechándose de esas inseguridades, ofreciendo (malos) consejos además de agravios. Han tomado los principios de la filosofía estoica, la han pervertido, la han mezclado con masculinidad tóxica y resentimiento a partes iguales, asimilando temas de debate de la extrema derecha y normalizando una suerte de ignorantismo contemporáneo. Está claro que es un buen negocio, como indica el público multitudinario de determinadas figuras controvertidas. Se dirigen a personas que se han visto ninguneadas y que se sienten maltratadas, y tal vez era inevitable que alguien se ofreciese a satisfacer esa demanda.

Lo único que sé es que yo no pienso ser una de esas personas. Con cada suscripción cancelada y cada acusación de que me he vuelto *woke*, aumenta mi determinación.

El karma no ha intervenido demasiado. Para mi familia y para mí, los últimos años han estado marcados por un acoso casi constante de trols y extremistas por las posturas que hemos adoptado contra la prohibición de libros, por apoyar los derechos de los gais y las personas trans, por los derechos de las mujeres, por hacer de voluntarios en clínicas de vacunación y por contribuir en nuestra localidad a la retirada de monumentos en honor a la Confederación.

Pero tengo dos hijos y son mi responsabilidad. Me siento obligado a probar otra vía. He contraído una deuda que debo saldar siendo buen padre y buen ciudadano.

Oponerse a la crueldad y la indiferencia no es postureo ético. Defender la bondad, la justicia y los derechos inalienables no te convierte en un «guerrero de la justicia social». Pero, aunque así fuese, ¿existe algo mejor por lo que ser un guerrero que la justicia o algo mejor con lo que hacer postureo que la virtud? ¿Qué tiene que pasarle a tu cerebro para que te opongas a esas cosas?

Durante la pandemia, un periodista observó una tendencia que llamó «estoicismo covid», la actitud de «No me da miedo el virus. No necesito llevar mascarilla ni vacunarme como una nenaza. ¿Por qué tengo que cambiar mi conducta por otras personas?». Es un tipo de indiferencia reaccionaria, casi performativa, una incapacidad de concebir «cómo vive la otra mitad», de considerar que no todo el mundo es joven ni saludable ni tiene el mismo acceso a la atención médica. Básicamente, una crisis de la sanidad pública destruye el mito del aislamiento, la mentira del individualismo. La pandemia debería habernos recordado que estamos juntos en esto, que estamos tan a salvo como el más vulnerable de nosotros.

Más de un millón de estadounidenses murieron. En el mundo, millones de personas fallecieron. Muchas no tenían por qué haber muerto. Si todos hubiésemos tomado mejores decisiones, muchas de esas personas estarían hoy vivas.

Eso es lo contrario del estoicismo. No estamos aquí por nosotros. No podemos quedarnos mirando cómo arde el mundo. Nuestro deber es intentar salvar el mundo, y en su defecto, como mínimo, debemos intentar no ser parte del problema.

El estudio de la historia me ha llevado a creer que existe una especie de materia oscura en el hombre. Se diferencia del mal —del que, por supuesto, todo el mundo es capaz— y es una suerte de energía oscura oposicionista que va de un tema a otro, de una época a otra. Tiene sus raíces en el interés propio, la supervivencia, el miedo, el deseo de no ser molestado, de no cambiar, de no tener que involucrarse. Se manifiesta de mil formas, pero cuando sabes cómo reconocerla, la ves por todas partes.

Ha estado presente en momentos decisivos de la historia. El juicio de Sócrates, la crueldad judicial de Poncio Pilato, la Inquisición, la Confederación, la explotación del colonialismo, el desbaratamiento de la Reconstrucción, el colaboracionismo en la Francia de Vichy, los insultos y abucheos dirigidos a Ruby Bridges cuando fue al colegio por primera vez. También está en momentos cotidianos del presente: la agotadora obstrucción de un vecino que se opone a una mejora en el barrio en una sesión del ayuntamiento, el acoso a bibliotecarios por hacer su trabajo, la indiferencia ante otro tiroteo masivo y la aceleración del cambio climático porque la solución es difícil desde el punto de vista político, la bandera de la delgada línea azul, los excesos de la cultura de la cancelación, el repudio a un niño gay o trans que acaba de salir del armario, la propuesta de dejar que un virus que está causando estragos y matando a la población campe a sus anchas.

Esa energía oscura está dentro de cada uno de nosotros, pero también contamos con el ángel más benévolo de nuestro carácter. ¿Cuál se impondrá?

Me gusta especialmente el comentario de Marco Aurelio, escrito durante su propia pandemia devastadora, de que hay dos tipos de plagas. Según él, una puede arrebatarte la vida, pero de la que hay que preocuparse es de la que puede destruir tu carácter. Una de las imágenes más indelebles que tenemos de Marco

Aurelio es la del hombre llorando desconsolado por las incontables víctimas que habían fallecido a causa del virus de su tiempo, y sin duda también descargando su frustración ante la crueldad y la indiferencia de la gente a la que creía conocer, ante la dificultad de intentar hacer lo correcto.

Cualquier filosofía que te insensibilice ante el sufrimiento de otras personas, cualquier filosofía que apunte hacia abajo (a las personas que son distintas, a las personas que tienen menos) en lugar de hacia arriba (como hizo la oposición estoica con César, Nerón y Domiciano), cualquier filosofía que aliente la ira en lugar del amor... Todas esas ideas son la plaga de nuestro tiempo.

Si hay algo que no he llegado a tratar lo suficiente en este libro es el tema del amor y las relaciones. Siempre he pensado que los estoicos no profundizaron lo bastante en la conexión de la amistad y el afecto con la virtud de la justicia. Hay una historia sobre Charles de Gaulle que me quedé con ganas de incluir en *La llamada del coraje* y a la que tampoco he conseguido encontrar sitio en este libro. En 1928, su esposa y él tuvieron una hija llamada Anne. La niña tenía síndrome de Down, aunque en el lenguaje de la época la gente debía de referirse a ella con palabras menos amables, y desgraciadamente la mayoría de las familias mandaban a los niños con ese tipo de trastorno genético a manicomios. De todas las cosas que De Gaulle consiguió, de todo lo que hizo por Francia y por el mundo, la relación con su hija es una de las que más me impresionan.

«Ella no pidió venir al mundo —declaró—. Haremos todo lo que esté en nuestra mano para que sea feliz». Pero al final lo importante no fue lo que él hizo por ella, sino lo que ella hizo por él. Lo ablandó, le ayudó a abrirse, le hizo mejor persona.

«Creo que ella desempeñó un papel muy profundo en su vida —dijo un amigo íntimo—. En Londres, cuando iba con ella de la mano era cuando solía reflexionar, y tal vez el tono de sus reflexiones habría sido algo distinto si no hubiesen nacido en presencia del dolor».

En el epílogo de *La disciplina marcará tu destino* hablé del muro con el que me había topado y confesé que había estado a punto de pedir una prórroga a mi editor. Con el presente libro he dado ese paso..., pero por razones muy distintas. Decidí aplazar la finalización de este libro para poder ser mejor padre, mejor marido, mejor jefe y mejor ser humano.

Todos los artistas son profundamente egoístas de alguna forma; la entrega a su arte los consume por naturaleza y lo supeditan todo a él. Wright Thompson —el periodista deportivo cuyos artículos sobre Michael Jordan, Tiger Woods, Muhammad Ali y Ted Williams he empleado en muchos de mis libros— habló de «el precio de esos sueños». Ser grande en una actividad exige mucho a una persona, pero exige mucho más a las personas que la rodean. Su pareja, sus hijos, sus empleados, las personas con las que compite, los extraños con los que se encuentra en la calle. Una gran parte del precio del éxito no la pagamos nosotros, sino aquellos que nos quieren, que nos apoyan, que trabajan incansablemente por nosotros (que, aun estando bien pagados, probablemente no reciban el mérito que les corresponde).

En última instancia, no importa la clase de trabajo que hagas o los logros que consigas. Al final, se te mide por cómo tratas a tus más allegados. Esa prórroga fue un regalo. Pero también supuso un reto. Sacó a la luz cosas con las que yo no tenía que lidiar cuando estaba más ocupado o era menos accesible.

Me hice una idea más clara de la carga que los demás habían estado llevando por mí, de los sacrificios que hacían por mí para que yo pudiese cumplir mis sueños. No puedo imaginarme lo que es vivir conmigo a diario, y menos aún estar casado conmigo todos estos años, aunque he llegado a comprender que no ha resultado precisamente fácil para mi esposa. Intentar compensarlo ha sido un proceso difícil, pero si no podemos mirar nuestro pasado ni nuestros errores de frente, seguiremos cometiéndolos.

Al retomar el material y empezar a escribir de nuevo, he tenido que practicar otro tipo de disciplina de trabajo, centrándome más en el equilibrio y en anteponer a los demás y sus necesidades. El beneficio inesperado de ese cambio ha sido que, después de tomar la algo temible decisión de anteponer lo personal a lo profesional, creo que el producto final ha resultado mejor.

Además, soy más feliz y mi casa es un hogar más equitativo.

He tratado de devolver esa energía al mundo.

Hace tiempo descubrí que uno de mis empleados favoritos había estado actuando en beneficio propio, creando una empresa a la que luego adjudicaba contratos inflados y embolsándose decenas de miles de dólares del trabajo que subcontrataba.

Me enfadé mucho. Muchísimo.

Ese momento fue un dilema para esa persona, pero también para mí. Mi yo más joven no solo habría querido desquitarse, sino que lo habría hecho, habría deseado demostrar que no era una persona con la que conviniera tener problemas. En cambio, traté de contemplarlo a «la luz serena de la apacible filosofía», traté de ejercer la gracia sobre la que estaba escribiendo.

En *Los miserables*, el obispo Myriel deja que el ladrón se quede con los artículos robados, que «utilice ese dinero para convertirse en un hombre honrado». Eso me parecía demasiado. Sin embargo, llegamos a un acuerdo por el que toda ganancia ilícita sería restituida. Sorprendentemente, esa persona quiso conservar su empleo, y una parte débil de mí quiso hacer como si no hubiese pasado nada. Pero no habría sido justo para el resto de los miembros de la empresa. («La justicia es un tirano horrible», dijo Truman). Aun así, podía permitir que esa persona no perdiese su dignidad y su futuro. Ese empleado podía aprender de la experiencia y crecer..., dondequiera que acabase.

¿Llegaré a arrepentirme de esa decisión? Tal vez. Tal vez el carácter de esa persona ya esté formado y sea demasiado tarde. Pero me siento bien sabiendo que el mío sigue intacto, que mi capacidad de empatía ha aumentado. El olvido, dicen, es un regalo que te haces a ti mismo. Mi objetivo fue ahorrarme la amargura, la paranoia, el rencor, la distracción y la culpabilidad. Mi objetivo fue no hacer nada de lo que llegase a arrepentirme y no desperdiciar tiempo, energías y dinero en disfrazar de «justicia» lo que era una venganza o un castigo.

Los estoicos quieren que recordemos que, a pesar de todas las dificultades que nos causan las personas problemáticas, nos ofrecen la misma cantidad de oportunidades. No fue una experiencia divertida, pero sí que determinó la redacción de este libro.

A mis hijos, puede que como a los tuyos, no les interesa especialmente mi trabajo. De hecho, mientras escribía este epílogo, mi hijo mayor cogió un ejemplar de *Diario para estoicos* y dijo: «Oh, es el libro de papá, *Diario para estúpidos*».

Siempre está bien que te den un baño de humildad...

Aunque sospecho que este libro no será el que más se venda de la serie de las virtudes, si hay un libro que me gustaría que mis hijos leyesen algún día es este, pues lo he escrito para ellos como una especie de testamento ético.

Ya dije más arriba que lo que primero me atrajo del estoicismo era lo que podía hacer por mí. A lo largo de los años y de mis propias batallas, estoy más convencido que nunca de que elegir esta filosofía supone aceptar una cierta responsabilidad. Supone asumir un cierto servicio.

Hasta a los mejores les costará estar a la altura.

Pero somos mejores por intentarlo.

Nos supondrá un reto, nos avergonzará y nos abrumará.

Pero será lo más valioso y gratificante que hagamos jamás.

Al final de nuestra vida no nos importará tanto que la gente piense que hemos trabajado duro o que los riesgos que hemos corrido en nuestras carreras han valido la pena. Querremos que alguien diga: «Fue una buena persona. Fue sincera, decente, generosa, leal y amable. Hizo del mundo un lugar mejor».

La vida es corta.

Sé bueno. Haz el bien.

Ama y sé amado.

Procura dejar este sitio mejor de lo que lo encontraste.

Haz lo correcto.

Ahora.

RYAN HOLIDAY

Miramar Beach, Florida, 2023

¿Qué leo ahora?

A la mayoría de la gente le aburren las bibliografías. Para los aficionados a la lectura, en cambio, es la mejor parte. En este libro, basado en tantos escritores y pensadores maravillosos, no podía incluir una bibliografía completa. En lugar de eso, he preparado una lista con todos los libros que influyeron en las ideas que acabas de leer, y también con lo que saqué de ellos y por qué podrían interesarte.

Para recibir la lista, envía un correo electrónico a **books@therightthingrightnow.com** o visita **therightthingrightnow.com/books**.

¿Me recomiendas más libros?

SÍ. También puedes apuntarte a mi lista de recomendaciones literarias mensuales (que ya va por su segunda década de existencia). Ha ido aumentando hasta incluir a más de doscientas mil personas de todo el mundo y ha recomendado miles de libros que cambian la vida de quien los lee: **ryanholiday.net/readingnewsletter**. Empezaremos con diez libros increíbles que estoy seguro de que te encantarán.

Agradecimientos

El otro capítulo al que esperaba hacer un hueco en este libro pero para el que no he logrado encontrar sitio era sobre la gratitud. Ninguno de nosotros estaría aquí sin la ayuda de muchas personas, y desde luego este libro no existiría sin innumerables amigos y gestos de altruismo. Doy las gracias a mi editorial, Portfolio, y a la gente que trabaja allí, que no solo publicaron mi primer libro, sino todos los que he escrito desde entonces. Le debo mucho a mi agente, Stephen Hanselman, por su apoyo y su defensa. Concretamente, este libro ha mejorado gracias a las notas de Dolores Molina (mi abuela extra), David Roll, Sam Koppelman, Peter Singer, Nils Parker, Dear Beloved, Tyler Shultz, Hristo Vassilev y Billy Oppenheimer. Gracias al difunto Paul Woodruff por los ánimos y sobre todo por cómo ejemplificó la vida del filósofo, hasta el final. El universo de Daily Stoic no estaría activo sin personas como Dawson Carroll, Deezie Brown, Chelsea Dobrot, Rachel Penberg, Jess Davidson, Brent Underwood y muchas otras. Me siento agradecido y en deuda con multitud de escritores, pensadores y figuras heroicas cuyas obras, ideas y vida han llenado las páginas de este libro, y ciertamente toda mi obra. No podría haberlo hecho sin vosotros... Solo puedo intentar aportar algo. Y, como dije en el epílogo, le debo más que a nadie a mi familia. Samantha, gracias por tu paciencia, tu comprensión y tu amor. A mis hijos, Clark y Jones, gracias por darme algo por lo que despertarme y volver a casa. Jones, me pediste que mencionase a los conejitos en este libro, así que dalo por hecho. Conejito, conejito, conejito.